New York im Film

Hendrik Sachs

Hendrik Sachs

New York im Film

1. Auflage 2008

ist erschienen im

Reise Know-How Verlag

ISBN 978-3-89662-229-7

Herstellung
© Dr. Hans-R. Grundmann GmbH
Am Hamjebusch 29
26655 Westerstede

Gestaltung
Umschlag: Carsten C. Blind/Asperg
Gestaltung: Carsten C. Blind / Asperg
Lektorat: Burghard Bock, Hartmut Ihnenfeldt
Fotos: siehe Nachweis auf Seite 341
Karten: Elke Krauß, Karlsruhe

Druck
Wilhelm & Adam, Heusenstamm

Dieses Buch ist in jeder Buchhandlung
in Deutschland, Österreich und der Schweiz erhältlich.
Die Bezugsadressen für den Buchhandel sind

- Prolit GmbH, 35463 Fernwald
- AVA Buch 2000, CH-8910 Affoltern
- Mohr Morawa GmbH, A-1230 Wien
- Barsortimenter

Wer im lokalen Buchhandel Reise Know-How-Bücher
nicht findet, kann diesen und andere Titel der Reihe auch beim
Verlag (Fax 04488/761030; Internet: www.reisebuch.de) oder
bei der Germinal GmbH, Verlags- und Medienhandlung bestellen:
Postfach 70, D-35463 Fernwald; ✆/Fax 0641-41700.

Zu diesem Buch

Schon in meinem Kinderzimmer hing eine Postkarte vom Empire State Building. Ein Gruß vom Uronkel aus New York. Dazu gab es vergilbte Fotos von großen Limousinen, davor der stolze Onkel Fritz, ausgewandert aus einer sächsischen Kleinstadt und nun Arbeiter in einem Brooklyner Schlachthof.

Seitdem hält mich diese Stadt gefangen. Ich arbeitete bereits fürs Fernsehen, als ich das erste Mal auf dem Broadway stand und mich innerlich Filmbilder überfluteten, die sortiert werden wollten. Nun sind sie sortiert.

Ganz New York ist eine Traumfabrik, seine Insel Manhattan aufgeteilt in rechteckige Claims des Erfolgs: Broker, Künstler, Couturiers, Händler, Spekulanten, Entertainer und viele andere Glücksjäger strömen – der Idee des *American Dream* folgend – täglich in diese Kulisse aus Stahl, Beton und Glas. Der feste Glaube an ihren Traum bringt sie dazu, sich ins Zeug zu legen, um vielleicht eines Tages ganz oben anzukommen. Ihre Tagträume sind oft Stoff für die Leinwand, den Publikum in aller Welt verfolgt

Tatsächlich weckt nichts die Reiselust in Richtung New York mehr als das Kino. Aus Filmen wie Ghostbusters, Hitch der Date Doktor, Spiderman, Men in Black, Harry and Sally, Love Story und anderen haben sich die Bilder New Yorks in viele Köpfe eingebrannt. Und so zieht es Millionen Menschen jährlich an die Schauplätze zwischen Castle Clinton und Inwood Hill Park, in Neugier darauf, mit eigenen Augen zu sehen, was ihnen schon lange so vertraut scheint. Sie sind mit dem Paten in Little Italy, klettern mit King Kong aufs Empire State Building oder irren verwirrt mit Woody Allen durch die Nacht.

Aber wo sind diese Plätze, wo ist der Lüftungsschacht, auf dem Marilyns Rock im Wind flatterte, wo die Einsatzstation der Ghostbusters? Unzählige gehen an ihnen vorbei und kennen sie nicht. Dabei fällt man in New York von einer Filmkulisse in die nächste und wer es weiß, kann die Aha-Erlebnisse kaum zählen. Ich lade Sie ein, auch einmal eine Hauptrolle in New York zu spielen. Wenn nicht im Film, dann doch als Akteur in Szenen Ihrer Kinoerinnerungen.

Mein Dank gilt meiner Frau und meiner Familie, die die monatelange Detektivarbeit geduldig ertrugen und natürlich meinem Verleger, der sich auf das Wagnis dieses Buches einließ.

Hendrik Sachs

P.S.: Im Film fließen Schein und Sein bekanntlich ineinander. Manches Kinoereignis kommt hier nicht vor: Denn obwohl der Film in New York spielt, gibt es nur ungenaue Ortsangaben, oder die Produktion fand vielleicht nur im Studio oder am Computer statt. Manchmal wird auch in Toronto gedreht: Sieht fast so aus wie New York, kostet aber weniger und Straßensperrungen sind auch nicht so kompliziert. Daher fehlt mancher Klassiker wie z.B. West Side Story, Forrest Gump oder Round Midnight.

Inhaltsverzeichnis

1 Lower Manhattan

2 Soho, Tribeca, Hudson Square

3 Lower East Side

4 Greenwich Village & East Village

5 Chelsea

6 Union Square, Gramercy und Murray Hill

7 Midtown

8 Midtown East

9 Upper West

10 Central Park

11 Upper East Side

12 Harlem und Morningside High

13 Hotels

14 Restaurants, die eine Rolle spielen

15 Filmreif Shoppen

16 Die Lichter der Nacht – Bars, Clubs & Discos

17 New Yorker »Film«-Theater

Zur Orientierung

New York
im Film
I ♥ NY

1

Lower Manhattan

Battery Park City, Battery Park, Financial District, Fulton

Dieser Teil New Yorks ist die historische Keimzelle der Stadt. Hier handelten die geschäftstüchtigen Holländer 1621 den ahnungslosen Indianern die Insel Manhattan für Schmuck im Werte von $24 ab. Ein derart geniales Geschäft müsste die heute so mächtige Finanzwelt vor Neid erblassen lassen. Nachdem der erste Präsident George Washington in der *Federal Hall* seinen Amtseid geleistet hatte, nahm auch die Regierung der USA für einige Zeit hier ihren Sitz. Manhattan ist mit seinen riesigen Banken und Geschäftshäusern bis heute immerhin die Finanzhauptstadt der Welt geblieben.

1 Woolworth Building

233 Broadway, zw. Park Place & Barclay Street
www.nyc-architecture.com/SCC/SCC019.htm

Als dieser neogotische Wolkenkratzer im Frühjahr 1913 eingeweiht wurde, war er, wie könnte es auch anders sein, mit 242 m das höchste Haus der Welt. Hier wurde nicht gespart: Eine sakral wirkende Eingangshalle, überladen mit Mosaiken, Fresken und Marmor. Einer der Gnome, die die Deckenkonsolen tragen, ist der Geld zählende Mr. Woolworth persönlich. Als er seinen Bau mit über 13 Mio. Dollar bar bezahlte, wird er beim Zählen wohl Unterstützung gebraucht haben. Die Firmengruppe residierte hier bis 1997.

Filme

- 1991 **Billy Bathgate**
  R: Robert Benton, D: Dustin Hoffman, Nicole Kidman, Bruce Willis, Loren Dean

  Loren ist Laufbursche von Gangsterboss Dustin Hoffman geworden. Als er zum verabredeten Zeitpunkt in Manhattan aus der Subway steigt, sieht Loren staunend das Woolworth Building vor sich aufragen.
- 1997 **Im Auftrag des Teufels**
  R: Taylor Hackford, D: Keanu Reeves, Al Pacino, Charlize Theron

  Mit Blick auf das Woolworth Building vergehen im Zeitraffer in wenigen Sekunden zwei Tage und Nächte. Im Hintergrund stehen noch die Türme des World Trade Centers.

»Im Auftrag des Teufels«

2 Brooklyn Bridge

Park Row & Centre Street
http://en.wikipedia.org/wiki/Brooklyn_Bridge

Diese Brücke ist eine der wirklichen Mythen, die die Faszination New Yorks begründen. John A. Roebling, ein deutscher Einwanderer, wagte den ersten Versuch einer Stahlhängebrücke, der sich nach 14 Jahren Bauzeit 1883 als Geniestreich herausstellte. Dieses unbestreitbar schöne Bauwerk ist selbst nach mehr als einem Jahrhundert den Anforderungen des modernen Straßenverkehrs souverän gewachsen. Wer es versäumt hat, die neugotischen Doppelbögen zu Fuß zu durchqueren, war nicht wirklich in New York.

Brooklyn Bridge

Filme

- 1987 **Mondsüchtig**
  R: Norman Jewison, D: Cher, Nicolas Cage, Danny Aiello
  Der Vollmond überwältigt alle. Cher hat gerade mit Danny Aiello Heiratspläne geschmiedet, geht aber mit ihrem zukünftigen Schwager Nicolas Cage ins Bett. Ihr zauseliger Großvater spaziert mit seinen Hunden an die Brücke, um mit ihnen den Mond anzuheulen.
- 1991 **Hudson Hawk** □4
  R: Michael Lehmann, D: Bruce Willis, Andie MacDowell, Danny Aiello
  Von der Mafia mit einem Krankenwagen gekidnappt, werfen die Entführer Bruce Willis samt rollendem Bett auf der Brooklyn Bridge aus dem fahrenden Rettungsfahrzeug. Eine wunderliche Verfolgungsjagd zwischen Bruce auf seiner rasenden Trage und dem Krankentransporter beginnt.
- 1995 **Eine Couch in New York**
  R: Chantal Akerman, D: Juliette Binoche, William Hurt, Richard Jenkins
  Der Psychoanalytiker William Hurt macht, gerade aus Paris zurückgekehrt, eine erschütternde Entdeckung: Seine französische »Austauschmieterin« Juliette Binoche hat einfach seine profitablen Klienten übernommen. Den Schreck erst einmal verdauend, vergisst er das mit seinen Sachen vor der Tür wartende Taxi. Als er wieder auf die Straße tritt, ist es mit all seinen Habseligkeiten verschwunden. So muss er zu Fuß über die in der Dämmerung liegende Brücke zu seinem Bruder nach *Brooklyn* laufen.

- 1998 **Ausnahmezustand** □5
  R: Edward Zwick, D: Denzel Washington, Annette Bening, Bruce Willis
  Vor dem monumentalen Bauwerk stehend, verhängt der despotische General Bruce Willis den Ausnahmezustand über New York. Gleichzeitig rücken seine Truppen über die Brücke vor, um Brooklyn abzuriegeln.

5

- 1998 **Godzilla** □2
  R: Roland Emmerich, D: Matthew Broderick, Jean Reno
  Diese Brücke bringt selbst diesen durch Atomversuche zum Riesenmonster mutierten Dinosaurier zur Strecke. Er verfängt sich in den dicken Stahlseilen, so dass ihm die anfliegenden Kampfjets mit einer Salve Lenkraketen den Rest geben können.
- 2001 **Kate und Leopold** □3
  R: James Mangold, D: Meg Ryan, Hugh Jackman
  Meg Ryans Ex-Freund hat ein Zeitportal entdeckt, das ihm erlaubt, in die Vergangenheit zu reisen. Um das Portal zu erreichen, muss man von der Brooklyn Bridge in den *East River* springen. Diese Möglichkeit wird nun von allen Beteiligten rege in Anspruch genommen. Am Ende des Films springt Meg Ryan beherzt ins kalte Wasser, um zu ihrem adligen Kavalier ins ausgehende 19. Jahrhundert zu gelangen.
- 2003 **Die Wutprobe**
  R: Peter Segal, D: Jack Nicholson, Adam Sadler, Rudolph Giuliani, John McEnroe
  Von seiner Terrasse hat Adam Sadler einen wunderschönen Blick auf die Brücke. Der Genuss wird jedoch durch seinen Zwangsuntermieter Jack Nicholson getrübt. Ein Gericht hat ihn zu diesem Antiaggressionstrainer verdonnert.
- 2004 **30 über Nacht** □1
  R: Gary Winick, D: Jennifer Garner, Mark Ruffalo, Judy Greer
  In funkelnder Nacht spazieren Jennifer Garner und Mark Ruffalo am Ufer des East River entlang. Über ihnen spannt sich die Brooklyn Bridge nach Manhattan. Auf einem Kinderspielplatz kommen sich beide endlich wieder näher.

3 South Street Seaport

Museum · 207 Front Street, NY 10038
✆ (212) 748-8600, Fax (212) 748-8610
www.southstseaport.org

Das Meer und der Hafen haben New York reich und berühmt gemacht. Einst war er der bedeutendste Warenumschlagplatz der USA. Ein Teil des alten Seaports, der 1967 zum historischen Distrikt erklärt wurde, ist den Neugierigen, Geschichtsinteressierten und Kauflustigen erhalten geblieben. Die Piers 15 bis 17 und ihre angrenzenden Blocks bilden eine Kulisse aus dem 19. Jahrhundert. Das über mehrere Gebäude verteilte Museum zeigt Ausstellungen über Schifffahrt und den Hafen. Die an den Piers liegenden Segler kann man ebenfalls besichtigen. Auf dem Pier 17 ist ein dreistöckiges Einkaufszentrum entstanden, in dem es sich gut einkaufen und, wenn das Geld reicht, auch gut essen lässt. Vom Pier 16 aus starten Schiffsrundfahrten.

South Street Seaport – *»Die Waffen der Frauen«*

Filme

- 1977 **Der Stadtneurotiker**
  R/D: Woody Allen, D: Diane Keaton, Christopher Walken

  In der romantischen Abenddämmerung auf dem Pier 16 überschüttet Woody Allen Diane Keaton mit Komplimenten. Mit der *Brooklyn Bridge* im Hintergrund versichern sich beide ihrer Liebe.
- 1988 **Die Waffen der Frauen** □
  R: Mike Nichols, D: Melanie Griffith, Harrison Ford, Sigourney Weaver, Alec Baldwin

  Die Sekretärin Melanie Griffith nutzt die Einladungskarte ihrer erkrankten Chefin Sigourney Weaver, um den für ihr Karriereprojekt wichtigen Geschäftspartner Harrison Ford kennenzulernen. Melanie verlässt überstürzt die Party, um nicht erkannt zu werden, und bittet Harrison, ihr den Mantel von der Garderobe zu holen. Als er am Pier 16 das wartende Taxi erreicht, ist sie durch eine Überdosis Valium unaufweckbar eingeschlafen.

4 Fulton Fishmarket

Fulton Street, NY 10038, auf Pier 18

Infos im Kapitel »Filmreif Shoppen« ▸ S. 242

Filme

- 1991 **Herr der Gezeiten**
  R/D: Barbra Streisand, D: Nick Nolte, Jason Gould
- 1992 **Kevin – allein in New York**
  R: Chris Columbus, D: Macaulay Culkin, Joe Pesci, Daniel Stern
- 1998 **Godzilla**
  R: Roland Emmerich, D: Matthew Broderick, Jean Reno
- 2005 **Hitch – Der Date Doktor**
  R: Andy Tennant, D: Will Smith, Eva Mendes, Kevin James, Amber Valletta

5 Wintergarten des World Financial Centers

West Side Highway/Vesey Street, NY 10285 · www.worldfinancialcenter.com

Umrahmt von den vier Türmen aus Granit und Glas, die mächtige Bankzentralen beherbergen, befindet sich im Herzen des World Financial Centers ein Wintergarten. In der imposanten, 36 m hohen Glaskathedrale wachsen 16 urwaldgroße Palmen aus dem spiegelnden Steinfußboden. Obwohl die Zahl der Shops und Restaurants in diesem Areal beträchtlich ist, kann man auf den um die Palmen stehenden Bänken sitzen und ausruhen, ohne etwas verzehren zu müssen. Gelegentlich finden in diesem Atrium auch Theatervorführungen und Konzerte statt.

Filme

- 1990 **Fegefeuer der Eitelkeiten**
  R: Brian De Palma, D: Tom Hanks, Melanie Griffith, Bruce Willis

  In der Rahmenhandlung ist Bruce Willis ein gefeierter, aber völlig betrunkener Schriftsteller, der im Wintergarten den Gewinn des Pulitzer-Preises zelebriert.
- 1992 **Boomerang**
  R: Reginald Hudlin, D: Eddie Murphy, Halle Berry, Grace Jones, Eartha Kitt

  Bei der Riesengala, die Eddie Murphys Werbeagentur für eine Kosmetikfirma veranstaltet, setzt ein Hubschrauber eine Kiste am Hafen vor dem Palmengarten ab. Heraus fährt die peitschenschwingende Grace Jones auf einem Streitwagen, gezogen von vier kräftigen weißen Sklaven. Grace ist das neue Markengesicht des Kosmetikkonzerns.
- 2005 **Hitch – Der Date Doktor** □
  R: Andy Tennant, D: Will Smith, Eva Mendes, Kevin James, Amber Valletta

  Vor dem Palmengarten hat Will sein erstes Date mit Eva gut vorbereitet. Er hat zwei Jetski-Bikes gemietet, um mit ihr zu einem geheimen Ort zu düsen.

»Hitch – der Date Doktor«

6 Ground Zero (Twin Towers, WTC)

Church Street, zwischen Vesey & Liberty Street

http://groundzero.nyc.ny.us

Die Terroranschläge auf die Twin Towers am 11. September 2001 haben die Stadt verändert. Büros in den oberen Etagen der Wolkenkratzer waren lange Zeit aus Angst vor ähnlichen Attacken schwer zu vermieten. Einen der Türme des World Trade Centers in »**Armageddon**« brennen zu sehen, löst nun wirkliches Entsetzen aus. Wer konnte ahnen, dass diese apokalyptische Vision von der Realität noch in den Schatten gestellt werden würde?

Filme

- 1975 **Die drei Tage des Condors**

  R: Sydney Pollack, D: Robert Redford, Max von Sydow, Faye Dunaway

  Im WTC befindet sich das Hauptquartier der CIA, das Robert Redford unter Einsatz seines Lebens aufsucht.
- 1976 **King Kong**

  R: John Guillermin, D: Jeff Bridges, Jessica Lange

  Jessica Lange in seiner Hand einschließend, klettert King Kong auf das Dach des World Trade Centers. Als der Riesenaffe seine zerbrechliche Geliebte freilässt, wird er gnadenlos niedergemetzelt und stürzt in die Tiefe.
- 1992 **Kevin – allein in New York** □

  R: Chris Columbus, D: Macaulay Culkin

  Als er allein durch die Stadt streift, besucht Kevin die Aussichtsplattform des WTC und blickt über die gewaltige Skyline Manhattans.
- 1998 **Armageddon**

  R: Michael Bay, D: Bruce Willis, Ben Affleck

  Ein Meteoritenhagel trifft ausgerechnet New York City. In einer Luftaufnahme sieht man die Verwüstungen in der Stadt. Ein Turm des WTC steht in Flammen.

• 2002 **25 Stunden**
R: Spike Lee, D: Edward Norton, Barry Pepper, Philip Seymour Hoffman

Edward hat als abgeurteilter Drogendealer in wenigen Stunden eine 7-jährige Haftstrafe anzutreten. Seine besten Freunde wollen ihn durch die letzte Nacht begleiten. Um den Abend zu planen, treffen sie sich im Apartment des erfolgreichen Wallstreet-Brokers Barry Pepper in Lower Manhattan. Bedrückt schauen beide Protagonisten, am Fenster stehend, in die klaffende Wunde von Ground Zero.

7 Federal Reserve Bank

33 Liberty Street/Nassau Street, NY 10005 · www.ny.frb.org

Sie ist der Traum eines jeden Bankräubers. In den Tresoren der fünf Kellergeschosse lagert der größte Goldschatz der Welt, und noch ist »die Beute« komplett. Die Bank ist für »Observationen« geöffnet:

Mo-Fr 9.30-14.30 Uhr, Führungen stündlich, Eintritt frei.

Film

• 1995 **Stirb langsam – Jetzt erst recht**
R: John McTiernan, D: Bruce Willis, Samuel L. Jackson, Jeremy Irons

Der böse Jeremy schafft es tatsächlich, die sicherste Bank der Welt zu knacken. Er fährt das geraubte Gold der Bank per LKW ab.

8 Chase Manhattan Bank Building

1 Chase Manhattan Plaza, NY 10005, zwischen Pine & Liberty Street

Das 240 m hohe Gebäude wurde 1960 im Auftrag von David Rockefeller errichtet. Die Aluminiumfassade verleiht dem Haus einen besonderen Glanz. Vor dem Eingang steht Jean Dubuffets berühmte Skulptur «Group of Four Trees«. □

Filme

• 1988 **Die Waffen der Frauen □1**
R: Mike Nichols, D: Melanie Griffith, Harrison Ford, Sigourney Weaver, Alec Baldwin

Melanie hat es geschafft, sie ist endlich von der Sekretärin zur Managerin aufgestiegen. In diesem Wolkenkratzer bezieht sie ihr eigenes Büro.

1

2

- 1998 **Auf den ersten Blick** ☐2
  R: Irwin Winkler, D: Val Kilmer, Mira Sorvino

  Val Kilmer, der nach einer Augenoperation nun endlich sehen kann, betrachtet staunend die Skulptur. Mira, die ihm geduldig die visuelle Welt erklärt, hat die »Group of Four Trees« als beispielhaftes Kunstwerk ausgewählt.

9 Continental Center

180 Maiden Lane, NY 10038, zwischen Front & South Street

Das 1983 fertiggestellte Gebäude hat eine Außenhaut aus Glas. Aus jeder Perspektive lassen sich interessante Spiegelungen entdecken.

Film

- 1997 **Im Auftrag des Teufels** ☐
  R: Taylor Hackford, D: Keanu Reeves, Al Pacino, Charlize Theron

  Im obersten Stockwerk ist das Büro des teuflischen Al Pacino untergebracht. Von hier aus hat er einen atemberaubenden Blick über Manhattan. Die fantastischen Wasserflächen auf dem Dach stammen, obwohl New Yorker Architekten alles zuzutrauen ist, aus dem Computer.

10 Federal Hall

28 Wall Street/Nassau Street, NY 10005
© (212) 668-2561 · www.nps.gov/feha
Mo-Fr 9-17 Uhr

Das einem dorischen Tempel nachempfundene, 1842 vollendete Gebäude diente zuerst als Zollhaus, dann als Schatzamt. Der davor thronende George Washington leistete an dieser Stelle vom Balkon des vor langer Zeit abgerissenen Rathauses den ersten präsidialen Amtseid der Vereinigten Staaten. Deshalb ist der von Wolkenkratzern eingezwängte Tempel seit Ende der 1930er Jahre nationale Gedenkstätte.

Filme

- 1990 **Ghost – Nachricht von Sam** ☐1
  R: Jerry Zucker, D: Patrick Swayze, Demi Moore, Whoopi Goldberg

1

2

Patrick kommt mit seinem falschen Freund Tony vor dem Gebäude aus der Subway. Ein paar Filmmeter später spendet Wahrsagerin Whoopi Goldberg an der Federal Hall einer Nonne schweren Herzens einen Scheck über 4 Millionen Dollar.

- 1998 **Godzilla** □2
  R: Roland Emmerich, D: Matthew Broderick, Jean Reno

  Auf den Stufen vor dem Portal hält der New Yorker Bürgermeister eine Krisenrede. Auch Godzilla kommt, um zuzuhören, macht aber wieder alles kaputt.

11 Trinity Church

74 Trinity Place, NY 10006
✆ (212) 602-0800 · www.trinitywallstreet.org

Als die Kirchengemeinde 1846 ihr drittes Bauwerk an dieser Stelle eröffnete, war die neugotische Episkopalkirche mit fast 90 Metern das höchste Bauwerk New Yorks. Auf dem ältesten Friedhof der Stadt liegt neben anderen Berühmtheiten der Dampfschifferfinder Robert Fulton. Im Museum der Kirche ist viel über die Geschichte New Yorks und die Historie der Trinity-Gemeinde zu erfahren.

Film

- 1996 **Wer ist Mr. Cutty?**
  R: Donald Petrie, D: Whoopi Goldberg, Dianne Wiest, Bebe Neuwirth, Donald Trump

  Im Schatten der Kirche liegt der Subway-Eingang der Wall Street Station. Am Morgen strömt das Heer der Banker und Broker aus dem Untergrund kommend in ihre Büros. Das im Film noch hinter der Kirche stehende World Trade Center lässt das Gotteshaus winzig erscheinen.

12 Killarney Rose

127 Pearl Street, NY 10005

Infos im Kapitel »Restaurants, die eine Rolle spielen« ▶ S. 219

Film

- 2000 **Risiko – Der schnelle Weg zum Reichtum**
  R: Ben Younger, D: Giovanni Ribisi, Ben Affleck, Ron Rifkin

13 Irving Trust Building

heute: Bank of New York
1 Wall Street, NY 10005

Das Hochhaus im Art-Deco-Stil wurde 1932 fertig gestellt. Der Eingang erinnert mit seiner sakralen Gestaltung an die gegenüberliegende Trinity Church. Im Inneren findet man eines der prächtigsten Art-Deco-Interieurs von ganz New York.

Film

- 1990 **Ghostbusters – Die Geisterjäger** ◻
  R: Ivan Reitman, D: Bill Murray, Dan Aykroyd, Harold Ramis, Sigourney Weaver, Rick Moranis

  In dieser Bank holen sich die Geisterjäger den Kredit zur Eröffnung ihres gespenstischen Unternehmens.

14 New York Stock Exchange

8 Broad Street/Wall Street, NY 10005
www.nyse.com

Das Allerheiligste der Weltwirtschaft. Die Börsenmakler aller Herren Länder starren gebannt auf alle Zahlen, die dieses Gebäude, das mit korinthischen Säulen seine Macht demonstriert, verlassen. Täglich erfüllen sich an diesem magischen Ort Träume von Reichtum, aber mindestens ebenso viele Existenzen werden zerstört. Wenn die New Yorker Börse niest, bekommt die Finanzwelt einen Schnupfen.

Zur Zeit ist ein Besuch der Börse wegen der hochgehaltenen Terrorgefahr nicht möglich.

Filme

- 1996 **Wer ist Mr. Cutty?**
  R: Donald Petrie, D: Whoopi Goldberg, Dianne Wiest, Bebe Neuwirth, Donald Trump

  Die clevere Finanzexpertin Whoopi Goldberg muss sich erst als Mann verkleiden, um in ihrem Geschäft Erfolg zu haben. An der Börse werden hektisch die Aktien gehandelt, die »er« empfiehlt.

- 1987 **Wall Street** ◻
  R: Oliver Stone, D: Michael Douglas, Charlie Sheen, Daryl Hannah

  Das Epos um Geld, Gier, Reichtum und schmutzige Geschäfte kommt natürlich nicht ohne

Kamerablicke auf das Börsenparkett aus. Mit der Rolle als Gordon Gekko ist Michael Douglas zur Kultfigur der New Yorker Börsianer geworden.

15 Empire Building

71 Broadway/Rector Street, NY 10048

Der ehemalige Sitz der U.S. Steel ist heute ein Apartment-Haus. Das neoklassizistische Gebäude liegt direkt neben der Trinity Church.

Film

- 1993 **Schlagzeilen – Je härter, desto besser** ☐
  R: Ron Howard, D: Michael Keaton, Glenn Close, Marisa Tomei, Robert Duvall

  Der beeindruckende Bogen des Portals, von zwei auf hohen Säulen thronenden Adlern begrenzt, ist der Filmeingang zur Redaktion der »New York Sun«.

16 Harry's at Hanover Square

1 Hanover Square, NY 10004

Infos im Kapitel »Restaurants, die eine Rolle spielen« ▶ S. 216

Film

- 1976 **King Kong**
  R: John Guillermin, D: Jeff Bridges, Jessica Lange

17 30 Broad Street, NY 10004

Das 1932 erbaute Büro-Hochhaus verfügt über 47 Etagen.

Film

- 1954 **Sabrina** ☐
  R: Billy Wilder, D: Audrey Hepburn, Humphrey Bogart

  Humphrey Bogart, der Industriemagnat und Manager seines Familienclans, herrscht in diesem Gebäude. Mit ihm verabredet steht Audrey Hepburn vor dem Haus und kann sich nicht entscheiden, zu ihm ins Büro hinauf zu fahren. Aus der Lobby ruft sie an und sagt ab. Er lässt sie reden, um sie dann an der Telefonzelle abzufangen.

18 Delmonico's

56 Beaver Street, NY 10004, Höhe William Street

Infos im Kapitel »Restaurants, die eine Rolle spielen« ▶ S. 210

Filme

- 2000 **Es begann im September**
  R: Joan Chen, D: Richard Gere, Winona Ryder
- 1996 **Wer ist Mr. Cutty?**
  R: Donald Petrie, D: Whoopi Goldberg, Dianne Wiest, Bebe Neuwirth, Donald Trump

19 Vietnam Veterans Memorial Plaza

55 Water Street, NY 10004, in Höhe South Street beim Downtown Heliport

Diese 1985 aufgestellte gläserne Mauer mit Inschriften aus Tagebüchern von im Vietnam-Krieg gefallenen Amerikanerinnen und Amerikanern ist den Opfern dieses traumatischen Krieges gewidmet; www.nyvietnamveteransmemorial.org.

Film

- 1988 **BIG** ◻
  R: Penny Marshall, D: Tom Hanks, Elizabeth Perkins

  Der durch eine zauberhafte Wunschmaschine zu groß geratene Schuljunge Tom Hanks nutzt die Plaza mit seinem Freund für eine kleine Pause. Das Leben als Erwachsener ist turbulenter, als er dachte.

20 Downtown Manhattan Heliport

Liberty Helicopter Tours,
Downtown Manhattan Heliport, Pier 6 and The East River, NY 10004
✆ (212) 967-6464 & 1-800-542-9933, Fax (212) 967-1553
www.libertyhelicopters.com · www.heliny.com

Wer es ganz besonders eilig hat, besteigt in einem der großen Flughäfen einen Helikopter und landet nach wenigen Minuten in Downtown Manhattan. Der im

Dezember 1960 eingerichtete Hubschrauberlandeplatz konnte um die Jahrtausendwende jährlich fast 30.000 Flugbewegungen verzeichnen. Von hier aus startet auch eine der ungewöhnlichsten Stadtbesichtigungstouren. Die Häuser-Canyons und die Freiheitsstatue aus der Luft zu betrachten ist ein unvergessliches Erlebnis.

Film

- 1993 **Ein Concierge zum Verlieben** □
  R: Barry Sonnenfeld, D: Michael J. Fox, Gabrielle Anwar, Anthony Higgins

  Concierge Michael J. Fox hat eine Vision von seinem eigenen Luxushotel. Auch einen Finanzier hat er schon: Anthony, für den Michael nun alle großen und kleinen Probleme lösen muss. Auch als Anthonys Geliebte Gabrielle Anwar zu dessen Hochzeitstagsparty unterwegs ist, bekommt Michael einen Hilferuf. Er steigt in einen Hubschrauber, um eine drohende Katastrophe für seinen schmierigen Geldgeber zu verhindern. Nachdem genügend Verwirrung gestiftet ist, schultert er die Kleine. Eine süße Last, denn auch Michael ist in sie verliebt.

21 Standard Oil Building

26 Broadway/Bowling Green, NY 10004

Das 1922 erbaute Verwaltungsgebäude von J. D. Rockefellers Ölkonzern folgt der Biegung des hier gerade begonnenen Broadways. Der Schornstein, der die Spitze des Hochhauses prägt, hat die sehr passende Form einer Öllampe.

Film

- 1987 **Wall Street**
  R: Oliver Stone, D: Michael Douglas, Charlie Sheen, Daryl Hannah

  Börsenaufsteiger Charlie Sheen ist von Finanztycoon Michael Douglas beauftragt, einen Konkurrenten auszuspionieren. Er folgt ihm ins Standard Oil Building.

»Ein Concierge zum Verlieben«

22 The Charging Bull

Bowling Green/Beaver Street

Das mächtige Tier gräbt seine Hufe in den nördlichsten Punkt des Bowling Green. Angeregt vom großen Börsencrash 1987 schuf der italienische Künstler Arturo Di Modica diese über 3.000 Kilogramm schwere Bronzeskulptur und stellte sie im Dezember 1989, ohne irgend jemand zu fragen, als Weihnachtsgeschenk an die New Yorker vor die Börse. Als die Polizei den Bullen bei den Hörnern packt und entfernt, erhebt sich ein Sturm der Entrüstung. Um die Gemüter zu besänftigen, erhielt er den heutigen Platz. Seitdem ist er Symbol und Maskottchen des Finanzdistrikts.

Film

- 2005 **Hitch – Der Date Doktor**
  R: Andy Tennant, D: Will Smith, Eva Mendes, Kevin James, Amber Valletta
  Eva erpresst sich von einem widerlichen Macho, am Hinterteil des Bullen stehend, die Telefonnummer des ihr unbekannten Date-Doktors. Zum Abschied tritt sie dem Ekel kräftig zwischen die Beine, der Hintern des Bullen gibt ihm gerade noch den letzten Halt.

23 Bowling Green

ist der älteste Park der Stadt. Nachdem das weidende Vieh das Feld geräumt hatte, traf man sich hier ab 1734 zum Kegeln. Gut 40 Jahre später, nach dem Verkünden der Unabhängigkeitserklärung, wurde die im Park aufgestellte King-George-III.-Statue geschleift und zu Munition für den Befreiungskrieg verarbeitet (www.connecticutsar.org/articles/king_georges_head.htm). Heute kann man in dem massiv umzäunten Park die an ihm vorbeihetzende Finanzwelt beobachten.

Film

- 1949 **Ehekrieg**
  R: George Cukor, D: Katherine Hepburn, Spencer Tracy
  Mit einem Revolver in der Tasche lauert die eifersüchtige Judy Holliday ihrem treulosen Ehemann Tom Ewell auf und folgt ihm in die Subway. Als sie dann wegen versuchten Gattenmordes vor Gericht steht, teilt sich das Ehepaar Katherine Hepburn und Spencer Tracy den Job. Er ist Staatsanwalt, sie Verteidigerin.

24 National Museum of the American Indian

U.S. Custom House, One Bowling Green, NY 10004

Infos im Kapitel »Film-Museen« ▶ S. 292

Filme

- 1988 **Die Waffen der Frauen**
  R: Mike Nichols, D: Melanie Griffith, Harrison Ford, S. Weaver, A. Baldwin

- 1989 **Ghostbusters II**
  D: Dan Aykroyd
- 1997 **Fletchers Visionen**
  R: Richard Donner, D: Mel Gibson, Julia Roberts, Patrick Stewart
- 2000 **Es begann im September**
  R: Joan Chen, D: Richard Gere, Winona Ryder
- 2005 **Hitch – Der Date Doktor**
  R: Andy Tennant, D: Will Smith, Eva Mendes, Kevin James, Amber Valletta

25 Fraunces Tavern Museum

54 Pearl Street, NY 10004-2429 · www.frauncestavernmuseum.org

Infos in den Kapiteln »Film-Museen« ▶ S. 287 und »Restaurants« ▶ S. 214

Film

- 2002 **Ein Chef zum Verlieben**
  R: Marc Lawrence, D: Sandra Bullock, Hugh Grant

26 17 State Street

NY 10004, Höhe Pearl Street

Das einen viertel Kreis beschreibende, blau schimmernde Glasgebäude fängt die Blicke, die über die Skyline von Lower Manhattan schweifen. Der schon 1988 fertig gestellte Wolkenkratzer mutet wie ein Gruß aus der Zukunft an, obwohl er mit 165 m Höhe und 41 Etagen nicht gerade ein Riese in der New Yorker Hochhauslandschaft ist. An derselben Stelle stand das Geburtshaus von Herman Melville, der mit dem Roman »Moby Dick« zu Weltruhm kam. Geschichtsträchtig ist auch das Museum der Archäologie von New York City, das hier untergebracht wurde. In ihm sind 5.000 Jahre New Yorker Geschichte zu bestaunen.

Film

- 2000 **Glauben ist alles** □
  R/D: Edward Norton, D: Ben Stiller, Jenna Elfman

  Bens und Edwards Kinderfreundin Jenna kommt in die Stadt, um einen Job zu erledigen. Von ihrem Büro in einem der oberen Stockwerke des Gebäudes kann sie mit dem Fernglas die Freiheitsstatue und auch die Liebesabenteuer im Nachbarhochhaus beobachten.

27 Castle Clinton National Monument

im Battery Park, zwischen Pearl & State Street

Infos im Kapitel »Film-Museen« ▶ S. 286 und unten Nr. 28: Battery Park

Film

- 1997 **Men in Black**
  R: Barry Sonnenfeld, D: Tommy Lee Jones, Will Smith

28 Battery Park

Der Battery Park bildet die Südspitze Manhattans und ist heute ein herrlicher Ort voller Blumen und Skulpturen. Ideal für die gestressten Broker, um zu flanieren, auszuruhen und natürlich zu joggen. Wie fast alles in New York hatte auch der Park und das in ihm stehende Castle Clinton eine bewegte Geschichte. Zwischen 1807-1811 aus Furcht vor den Engländern gebaut, fristete das nach einem New Yorker Bürgermeister benannte Castle mangels Kampfhandlung ein recht nutzloses Dasein. Noch nie wurde aus seinen Mauern ein Schuss abgegeben. Schließlich wurde es mit einem Dach versehen zu einem riesigen Amüsierbetrieb für 6000 Menschen. Konzerte und Opernaufführungen wurden für wenig Geld angeboten. Mit der Pleite des Unternehmens 1855 war auch der Spaß vorbei. Castle Clinton wurde zum Main Emigrant Landing Depot und damit zur Prüfstation für viele Millionen Einwanderer. Nachdem Ellis Island diesen Job übernommen hatte, war es als New York Aquarium ein Zuschauermagnet. Aber die Fische zogen bald nach Coney Island, und so schien das Schicksal der nun wieder nutzlosen Wehranlage besiegelt. Zum Glück wurde es, auch eine New Yorker Alltagsgeschichte, in letzter Minute vor dem Abriss gerettet. Seit 1946 ist das ehemals Manhattan vorgelagerte, aber durch Landgewinn immer weiter in den Park gewanderte Castle Clinton ein Nationalmonument, in dem man eine Ausstellung besuchen und die Karten für die Fähre zu Lady Liberty und Ellis Island kaufen kann. Am Hudson Richtung Norden schließt sich die Battery Park City an. Dieses Land wurde durch den Aushub das World Trade Centers gewonnen. In den schicken Apartment-Häusern wohnen zumeist gut betuchte Börsianer. An der Uferpromenade lässt es sich bequem bis zum World Financial Center spazieren.

Filme

- 1985 **Susan... verzweifelt gesucht** □
  R: Susan Seidelman, D: Madonna, Rosanna Arquette, Aidan Quinn

Rosanna Arquette ist eine reiche, gelangweilte Hausfrau. Einige Zeit schon verfolgt sie die Verabredungsinserate zwischen Madonna und ihrem Freund. Als eine Zeitungsanzeige ein Treffen im Battery Park ankündigt, kann Rosanna nicht widerstehen und geht ebenfalls dort hin, um beide zu beobachten.

- 1991 **Herr der Gezeiten** □

  R/D: Barbra Streisand, D: Nick Nolte, Jason Gould

  Nick Nolte reist nach New York, um seiner Schwester nach einem Selbstmordversuch beizustehen. Rat suchend nimmt er Kontakt zu ihrer Psychoanalytikerin Barbra Streisand auf, lernt sie kennen und schnell auch lieben. Doch er muss auch an Frau und Kinder daheim denken. Von einem Münztelefon auf der Promenade ruft Nick seine Familie in Texas an.

- 1997 **Men in Black**

  R: Barry Sonnenfeld, D: Tommy Lee Jones, Will Smith

  Nachdem Will Smith die ersten Außerirdischen mit eigenen Augen gesehen hat, stellt ihn Tommy Lee Jones vor die Wahl, alles zu vergessen oder aber sein bisheriges Leben aufzugeben und ein Man in Black zu werden – während sie zusammen auf einer Bank vor dem Castle Clinton sitzen. Die Nacht, die Will als Bedenkzeit eingeräumt wird, verbringt er auf dieser Bank.

- 2000 **15 Minuten Ruhm**

  R: John Herzfeld, D: Robert De Niro, Edward Burns, Karel Roden, Oleg Taktarov

  Gerade nach Amerika gekommen, zieht der Exil-Tscheche Karel mit dem Russen Oleg folternd und mordend durch die Stadt. Sie dokumentieren ihre Bluttaten auf Video und kommen schnell mit einer TV-Station ins Geschäft. Als die Bilder von der bestialischen Hinrichtung des Polizeichefs Robert De Niro im Fernsehen laufen, reagieren die New Yorker panisch. Karel wird zwar gefasst, aber für unzurechnungsfähig erklärt. Ein Schiff soll ihn vom Battery Park aus in die Psychiatrie bringen. Mitten im Medienrummel taucht der Russe Oleg auf. Eine wilde Schießerei beginnt. Beide Bösewichte sterben, aber Oleg, der Hobby-Filmer, schafft es als letzten Akt, sein eigenes Ableben zu dokumentieren.

29 Staten Island Ferry

Whitehall Terminal, 1 Whitehall Street/South Street, NY 10004

✆ (212) 806-6901 · www.siferry.com

Alle 30 Minuten legt eine Fähre von der Südspitze Manhattans ab. Eine halbe Stunde später erreicht sie den New Yorker Bezirk Staten Island. Für Touristen ist hier der Weg das Ziel. Vom Schiff aus hat man eine herrliche Sicht auf die Wolkenkratzer von Lower Manhattan, die Freiheitsstatue und Ellis Island. Sich während der guten Stunde auf Hin- und Rückfahrt einmal auszuruhen und den Blick über das herrliche Panorama schweifen zu lassen, ist erfreulicherweise ein kostenloses Vergnügen.

Filme

- 1979 **Manhattan** ▢1
  R/D: Woody Allen, D: Diane Keaton, Mariel Hemingway, Michael Murphy, Meryl Streep

  In die Ouvertüre zum Film hat Woody Allen alles verewigt, was ihm an Manhattan wichtig ist. Auch die Fähre hat ihren Platz gefunden.
- 1988 **Die Waffen der Frauen**
  R: Mike Nichols, D: Melanie Griffith, Harrison Ford, Sigourney Weaver, Alec Baldwin

  Um ihren Job zu machen, fährt die clevere Sekretärin Melanie Griffith jeden Morgen mit der Fähre in die brodelnde Finanzmetropole. Das gebrochene Bein ihrer hinterhältigen Chefin Sigourney Weaver kann sie zum Sprung auf die Karriereleiter nutzen.
- 1997 **Vertrauter Feind** ▢2
  R: Alan J. Pakula, D: Harrison Ford, Brad Pitt

  Der untergetauchte IRA-Kämpfer Brad Pitt kommt mit der Fähre nach Manhattan, um am Terminal einen seiner irischen Mitstreiter zu treffen.
- 2003 **Wie werde ich ihn los – in 10 Tagen** ▢3
  R: Donald Petrie, D: Kate Hudson, Matthew McConaughey

  Nachdem Kate und Matthew einen tollen Tag verbracht haben und die Funken nun doch übersprangen, fahren sie mit der Fähre an Lady Liberty vorbei wieder zurück nach Manhattan.

Panoramablick während der Überfahrt mit der Staten Island Ferry

30 Ellis Island

✆ (212) 344-0996 · www.ellisisland.com
täglich 9.30-17 Uhr

Fährtickets im Castle Clinton erhältlich, Abfahrt halbstündlich vom Battery Park.

Die Trauminsel für Millionen von Einwanderern. Seit 1892 entschied sich hier bei den Einwanderungsprozeduren das Schicksal derer, die alles auf eine Karte gesetzt hatten. Von den täglich bis zu 2.000 in die neue Welt strömenden Menschen bestanden 98% die behördlichen Tests und konnten auf das greifbar nahe Manhattan übersetzen. Nachdem das Lager 1952 alle Regierungsaufgaben erfüllt hatte, fiel die Insel in einen Dornröschenschlaf. Eine Initiative sammelte fast $160.000.000 für die Rettung der vom Verfall bedrohten Bauwerke und die Errichtung eines Museums. Die große Summe ist nicht verwunderlich, da der Weg fast der Hälfte aller amerikanischen Familien über Ellis Island führte. Seit 1990 ist das Immigration Museum nun geöffnet, und wieder pilgern jährlich Tausende auf die Insel. In einer Datenbank mit 22 Millionen Registrierungen kann jedermann Ahnenforschung betreiben.

Film

- 2005 **Hitch – Der Date Doktor** □
  R: Andy Tennant, D: Will Smith, Eva Mendes, Kevin James, Amber Valletta

  Will Smith, der Verabredungsprofi, hat ein schlaues Date eingefädelt: Er zeigt der von ihm begehrten Eva Mendes die Unterschrift ihres Ururgroßvaters im ehrwürdigen Einwanderungsbuch der Gedenkstätte. Zu dumm nur, dass ihr Vorfahre ein Massenmörder war.

31 Liberty Island & Freiheitsstatue

Karten für die Fähre gibt es im Castle Clinton im Battery Park
von 9.30-17 Uhr, ✆ (212) 363-3200 · www.nps.gov/stli

Die größte Statue der Welt, an etwas Kleineres lässt sich in dieser Stadt kaum denken, ist eine Französin. Als Huldigung an die Freiheit von dem französischen Bildhauer Frédéric-Auguste Bartholdi erschaffen, ist die Statue of Liberty das Freiheitssymbol Amerikas geworden. Ihr Skelett steuerte der Pariser Turmbauer Gustave Eiffel bei und sicherte somit ihre über hundertjährige Standfestigkeit. An ihr ziehen seit 1886 all jene vorbei, die New York per Schiff erreichen. Eine Fähre bringt die Touristen vom Battery Park aus nach Liberty Island, denen es mehrere Stunden Wartezeit wert ist, aus dem Strahlenkranz der erhabenen Schönheit herauszublicken.

Filme

- 1968 **Funny Girl**
  R: William Wyler, D: Barbra Streisand, Omar Sharif

  Die Broadway-Diva Barbra Streisand braust in einem Hafenschlepper, an der Freiheitsstatue vorbei, ihrem geliebten Omar Sharif hinterher. Der ist an Bord eines Atlantikkreuzers schon auf dem Weg nach Europa.

- 1974 **Der Pate – Teil 2** □1
  R: Francis Ford Coppola, D: Robert De Niro, Al Pacino
  Angstvoll, aber auch neugierig blickt der zukünftige Pate als Halbwüchsiger auf die Freiheitsstatue, als er allein aus Europa eintrifft. Das Schiff voller Einwanderer nimmt seinen Weg vorbei an Liberty Island und bringt sie in den New Yorker Hafen.
- 1984 **Splash – Jungfrau am Haken** □2
  R: Ron Howard, D: Tom Hanks, Daryl Hannah, John Candy
  Die verführerische Daryl Hannah kommt als nackte Meerjungfrau am Ufer von Liberty Island an Land. Die hüllenlose Schönheit sorgt bei den Touristen für einige Verwirrung.
- 1989 **Ghostbusters II** □3
  R: Ivan Reitman, D: Bill Murray, Dan Aykroyd, Harold Ramis, Sigourney Weaver, Rick Moranis
  Die Ghostbusters brauchen ein positives Symbol, um das Böse in der Stadt zu besiegen. Die Freiheitsstatue ist da erste Wahl. Bevor sie die Lichtgestalt Richtung Manhattan in Bewegung setzen, plagt Bill Murray noch eine Frage: Ist sie nackt unter der Toga?

1

2

3

Die Freiheitsstatue auf Liberty Island

- 1999 **Big Daddy**
  R: Dennis Dugan, D: Adam Sandler, Dylan & Cole Sprouse
  Der durch das Leben bummelnde Adam Sandler hat plötzlich Vaterpflichten zu erfüllen, als der fünfjährige Dylan Sprouse in sein Leben tritt. Auf Liberty Island lassen sie einen Drachen steigen, höher als die Freiheitsstatue.

4

- 2002 **Men in Black II** □4
  R: Barry Sonnenfeld, D: Tommy Lee Jones, Will Smith
  Die Rettung des Universums erreichen Tommy Lee Jones und Will Smith mit Hilfe ihrer intergalaktischen Riesenknarren. Die Feuerstöße erzeugen ein wunderbar symmetrisches Feuerwerk über der Freiheitsstatue. Die Fackel ist jedoch leider ein riesiger Neutralisator, der das Geschehene bei allen Zuschauern für immer vergessen lässt.
- 2003 **Manhattan Love Story**
  R: Wayne Wang, D: Jennifer Lopez, Ralph Fiennes
  In der ersten Einstellung des Films fliegt die Kamera im Morgengrauen an der Freiheitsstatue vorbei auf Manhattan zu.
- 2004 **The Day After Tomorrow** □5
  R: Roland Emmerich, D: Dennis Quaid, Jake Gyllenhaal, Ian Holm, Emmy Rossum
  Standfest trotzt Lady Liberty der auf Manhattan zurollenden Flutwelle. Auch im Eis der klirrenden Kälte erhebt sie ihre Fackel.
  Dieser Film erschien nicht zufällig im Frühjahr 2004, einem Präsidentschaftswahljahr. Die offen vorgetragene Kritik an der us-amerikanischen Klimapolitik (im Film kommt der Präsident um, und der Vizepräsident meldet sich nach der Katastrophe am Filmende aus einem amerikanischen Flüchtlingslager aus Mexiko) hatte auf die Wiederwahl George W. Bushs keinen Einfluss. Drei Jahre und viele Hurrikane später erscheint es jedoch nahezu als Allgemeingut, dass sich die Fackel der Freiheit nicht unabhängig vom Klima hochhalten lässt.

5

2 Soho, Tribeca, Hudson Square

Diese Stadtteile haben schon viele Umbrüche erlebt. Aus der ländlichen Gegend machte der Siegeszug der Industrie ein Gebiet voller Fabriken und Manufakturen. Doch für die Fabrikhallen des 20. Jahrhunderts fehlte der Platz. Die nutzlosen, aber wunderschönen Gusseisenhäuser verfielen, die Gegend wurde zwielichtig. Doch die Revolution der modernen Kunst, von New York aus gestartet, brauchte Raum. Aus den tristen Fabrikhallen Sohos (**So**uth of **Ho**uston Street) wurden kreative Räume für Kunstabenteuer und freies Denken. Emotionen, Sinnlichkeit und ein wenig Verruchtheit wirkten wie ein Magnet, der alle anzog, die dazu gehören wollten. Die jungen Wall Street Broker verließen beinahe fluchtartig ihre Hochhausapartments und überfluteten die Loftetagen. Die Shops wurden schicker, die Restaurants edler, die Preise unerschwinglich, ein Überblick: www.artseensoho.com/map.html. Die Kunst wurde nach Tribeca (**Tri**angle **Be**low **Ca**nal Street) vertrieben, wo das Bäumchen-wechsel-dich-Spiel wie einst in Soho inzwischen ebenfalls in vollem Gange ist. Wichtig für Cineasten: Das von Robert De Niro begründete Tribeca Filmfestival; www.tribeca.org.

1 Kelley & Ping

127 Greene Street, NY 10012

Infos im Kapitel »Restaurants, die eine Rolle spielen« ▶ S. 218

Film

- 1998 **Große Erwartungen**
  R: Alfonso Cuarón, D: Ethan Hawke, Gwyneth Paltrow, Anne Bancroft, Robert De Niro

2 Raoul's Restaurant

180 Prince Street, NY 10012

Infos im Kapitel »Restaurants, die eine Rolle spielen« ▶ S. 230

Film

- 1997 **In Sachen Liebe**
  R: Griffin Dunne, D: Meg Ryan, Matthew Broderick, Tchéky Karyo, Kelly Preston

3 Vesuvio Bakery

160 Prince Street, NY 10012-5339,
zwischen Thompson Street & West Broadway

Infos im Kapitel »Filmreif Shoppen« ▶ S. 254

Filme

- 1991 **Herr der Gezeiten,** R/D: Barbra Streisand, D: Nick Nolte, Jason Gould
- 2000 **Loser – Auch Verlierer haben Glück**
  R: Amy Heckerling, D: Jason Biggs, Mena Suvari, Greg Kinnear

4 Fanelli's

94 Prince Street, NY 10012, Höhe Mercer Street

Infos im Kapitel »Restaurants, die eine Rolle spielen« ▶ S. 213

Film

- 1990 **Im Vorhof der Hölle**
  R: Phil Joanou, D: Sean Penn, Gary Oldman, Ed Harris

5 Dean & DeLuca

560 Broadway, NY 10012-3938

Infos im Kapitel »Filmreif Shoppen« ▶ S. 240

Filme

- 1979 **Manhattan**
  R/D: Woody Allen, D: Diane Keaton, Mariel Hemingway, Michael Murphy, Meryl Streep
- 1993 **Die Nacht mit meinem Traummann**
  R: Warren Leight, D: Matthew Broderick, Jeanne Tripplehorn
- 2005 **Couchgeflüster**
  R: Ben Younger, D: Meryl Streep, Uma Thurman, Bryan Greenberg

Mercer Street: »One Night Stand«

6 Mercer Street/Spring Street

Filme

- 1997 **One Night Stand** □
  R: Mike Figgis, D: Wesley Snipes, Nastassja Kinski, Ming-Na Wen, Robert Downey Jr., Kyle MacLachlan

  Wesley Snipes und Nastassja Kinski, die in einer abenteuerlichen Nacht in New York zusammengefunden haben, sind froh, das gemeinsame Treffen mit ihren Ex-Partnern, die nun ebenfalls ein Paar sind, überstanden zu haben. Nastassjas Ex-Mann und Wesleys Ex-Frau besteigen an dieser Ecke ihr gemeinsames Taxi.

7 69 Mercer Street, NY 10012

Film

- 2002 **Untreu**
  R: Adrian Lyne, D: Diane Lane, Richard Gere, Olivier Martinez, Erik Per Sullivan

  An einem stürmischen Tag irrt Diane Lane schwer mit Einkäufen bepackt durch Soho. Olivier Martinez ist mit einen schweren Stapel Bücher auf dem Weg nach

Haus in seine Loftwohnung. Schmutz wirbelt auf, nimmt ihm für einen Augenblick die Sicht. Sie stolpert in seine mit Büchern bepackten Arme und beide stürzen, ihre Last von sich werfend, auf die Straße. Wie das Leben im Film so spielt – der Beginn einer folgenreichen Affäre.

8 The Cupping Room Café

359 West Broadway, NY 10013 □

Infos im Kapitel »Restaurants, die eine Rolle spielen« ▸ S. 209

Film

- 2001 **Made**
  R/D: Jon Favreau, D: Vince Vaughn, Peter Falk

The Cupping Room Cafe

Café Noir

9 Café Noir

32 Grand Street, NY 10013, Höhe Thompson Street □

Infos im Kapitel »Restaurants, die eine Rolle spielen« ▸ S. 207

Film

- 2002 **Untreu**
  R: Adrian Lyne, D: Diane Lane, Richard Gere, Olivier Martinez, Erik Per Sullivan

10 Restaurant Bar Felix

340 West Broadway, NY 10013, Höhe Grand Street

Infos im Kapitel »Restaurants, die eine Rolle spielen« ▸ S. 213

Film

- 1999 **Big Daddy**
  R: Dennis Dugan, D: Adam Sandler, Dylan & Cole Sprouse

»Hannah und ihre Schwestern« *Yohji Yamamoto's* *Moondance Diner*

11 Grand Street/18 Wooster Street

Film

- 1986 **Hannah und ihre Schwestern** □
  R/D: Woody Allen, D: Mia Farrow, Michael Caine, Barbara Hershey, Dianne Wiest
  Michael Caine, unsterblich in Barbara Hershey verliebt, lauert der jüngsten Schwester an der Straßenecke auf, um sie wie zufällig zu treffen.

12 Yohji Yamamoto's

103 Grand Street, NY 10013 □
Höhe Mercer Street

Infos im Kapitel »Filmreif Shoppen« ▶ S. 256

Film

- 1997 **Im Auftrag des Teufels**
  R: Taylor Hackford, D: Keanu Reeves, Al Pacino, Charlize Theron

13 Moondance Diner

80 Sixth Avenue, NY 10013-1603 □

Infos im Kapitel »Restaurants, die eine Rolle spielen« ▶ S. 226

Filme

- 1985 **Die Zeit nach Mitternacht**
  R: Martin Scorsese, D: Griffin Dunne, Rosanna Arquette
- 2002 **Spiderman**
  R: Sam Raimi, D: Tobey Maguire, Willem Dafoe, Kirsten Dunst

14 Crosby Street

Filme

- 1990 **Ghost – Nachricht von Sam** □

»Ghost – Nachricht von Sam«

Greene Street

R: Jerry Zucker, D: Patrick Swayze, Demi Moore, Whoopi Goldberg

Nach einem gemeinsamen Abend spazieren Demi Moore und Patrick Swayze zu ihrer schicken Loftwohnung in der Crosby Street. Plötzlich springt ein Latino aus dem Dunkel eines Hauseingangs und fordert mit gezogener Waffe Patricks Geldbörse. In dem entstehenden Handgemenge fällt ein Schuss. Der Mörder flüchtet und Patrick, zum Geist geworden, schaut hilflos seiner Freundin zu, die seinen toten Körper in den Armen hält.

15 Greene Street

Film

- 2001 **Männerzirkus** □
  R: Tony Goldwyn, D: Ashley Judd, Greg Kinnear, Ellen Barkin, Marisa Tomei, Hugh Jackman
  Auf dem Weg durch die Greene Street beichtet Ashley Judd ihrer Freundin Marisa Tomei, dass sie eine Verabredung mit ihrem Ex Greg Kinnear hat.

»Männerzirkus«

16 14 North Moore Street

Die kleine Feuerwache in Tribeca wurde am 15. Juni 1905 fertiggestellt. Zu dieser Zeit wurden die Feuerwehrwagen noch von Pferden gezogen. Auch heute erfüllt die Feuerwache noch ihre Funktion. Sie ist der Stützpunkt von *Hook and Ladder No. 8.*

Filme

- 1990 **Ghostbusters – Die Geisterjäger** □1
  R: Ivan Reitman, D: Bill Murray, Dan Aykroyd, Harold Ramis, Sigourney Weaver, Rick Moranis
  In dieser Feuerwache ist das Headquarter der Ghostbusters. Der Ausbruch der eingefangenen Geister, veranlasst von dem dummen Beamten der Umweltschutzbehörde, scheint dem Haus glücklicherweise keine bleibenden Schäden zugefügt zu haben.
- 2005 **Hitch – Der Date Doktor**
  R: Andy Tennant, D: Will Smith, Eva Mendes, Kevin James, Amber Valletta
  Einer von Wills Liebesklienten ist Feuerwehrmann in dieser Station.

1

17 Franklin Street

Eingang zur Subway Station □2

Wer hier die Subway besteigt, könnte wegen des Eingangs und der Wandmosaiken von 1918 an die Pariser Metro mit ihrem Jugendstil-Charme denken.

Filme

- 1986 **Staatsanwälte küsst man nicht** □3
  R: Ivan Reitman, D: Robert Redford, Daryl Hannah, Debra Winger
  Der aufstrebende Staatsanwalt Robert Redford begleitet die attraktive Malertochter Daryl Hannah nach Haus. Doch eine an die Fassade geduckte, dunkle Gestalt lauert ihnen auf. Robert schleicht am Subway-Eingang vorbei auf die andere Straßenseite und spürt den Verfolger auf. Der schießt sofort. Zum Glück kann sich der Gesetzeshüter mit einem mutigen Sprung in Deckung bringen.
- 1990 **Ghost – Nachricht von Sam** □4
  R: Jerry Zucker, D: Patrick Swayze, Demi Moore, Whoopi Goldberg

Der zum Geist gewordene Patrick Swayze lebt nun immer im Schatten seiner Freundin Demi Moore. Als ein Dieb in ihre Wohnung einbricht, scheucht Patrick die Katze auf ihn und verfolgt den fliehenden Schurken in die Subway Station.

- 1998 **Celebrity** **□5**
  R: Woody Allen, D: Kenneth Branagh, Melanie Griffith, Leonardo DiCaprio, Winona Ryder, Donald Trump, Kate Winslet, Vanessa Redgrave

  Der Klatschreporter Kenneth Branagh hat sich nach allerlei Eskapaden mit den Reichen, Schönen und Berühmten in Winona Ryder verliebt. Er trifft sie nachts am Subway-Eingang Franklin Street.

18 Harrison Street/ Greenwich Street

Film

- 1992 **Ehemänner und Ehefrauen** **□6**
  R/D: Woody Allen, D: Mia Farrow, Sydney Pollack, Judy Davis

  Das Ehepaar Mia Farrow und Woody Allen spazieren mit ihrer frisch von ihrem Mann getrennten Freundin Judy Davis durch die Stadt. Als ihnen an dieser Ecke Judys Ex-Mann Sydney Pollack, umschlungen von einer jungen Blondine, in die Arme läuft, wird die Situation für alle peinlich.

19 Odeon

145 West Broadway, NY 10013, Höhe Thomas Street

Infos im Kapitel »Restaurants, die eine Rolle spielen« ▶ S. 227

Film

- 2000 **Risiko – Der schnelle Weg zum Reichtum**
  R: Ben Younger, D: Giovanni Ribisi, Ben Affleck, Ron Rifkin

2

3

4

5

6

3 Lower East Side

Nolita, Lower East Side, Little Italy, China Town und Civic Center

Der Weg aus aller Herren Länder in die Neue Welt führte zumeist übers Meer an der Freiheitsstatue vorbei bis an die Lower East Side. Hier ballten sich die verschiedenen Einwanderergruppen des Schmelztiegels Amerika: Asiaten, Italiener, Juden, Deutsche und Iren besiedelten die billigen, engen Wohnquartiere und bildeten ihre ethnischen Viertel. Auch heute noch, beeinflusst vor allem von asiatischem und jüdischem Leben, bevölkern immer mehr junge Leute und Künstler den noch bezahlbaren Stadtteil.

1 Puck Building

295 Lafayette St/East Houston St, NY 10012

www.thepuckbuilding.com

Im zweiten Stock des reich verzierten Backsteinhauses an der Ecke Mulberry & Houston Street steht die vergoldete Figur von Shakespeares Puck. Dieser gewitzte Kobold treibt im »Sommernachtstraum« sein Unwesen und war das Maskottchen des Satiremagazins Puck, dessen Redaktionsräume sich hier befanden.

Film

- 1989 **Im Zeichen der Jungfrau** ◻
  R: Pat O'Connor, D: Kevin Kline, Susan Sarandon, Harvey Keitel, Danny Aiello

  In Pucks Obhut wohnt das letzte Opfer einer bestialischen Mordserie. Doch ehe der Mörder seine Tat begehen kann, wird er von Kevin Kline in einem endlos scheinenden Kampf überwältigt.

2 Bereket Turkish Kebab House

187 East Houston Street, NY 10002-1051

Infos im Kapitel »Restaurants, die eine Rolle spielen« ▶ S. 203

Film

- 2000 **Coyote Ugly**
  R: David McNally, D: Piper Perabo, Adam Garcia, John Goodman

NEW MUSEUM 235 BOWERY

3 Katz's Delicatessen

205 East Houston Street, NY 10002

Infos im Kapitel »Restaurants, die eine Rolle spielen« ▶ S. 217

Filme

- 1989 **Harry und Sally**
  R: Rob Reiner, D: Billy Crystal, Meg Ryan
- 1997 **Donnie Brasco**
  R: Mike Newell, D: Al Pacino, Johnny Depp, Anne Heche

4 Old St. Patrick's Cathedral

263 Mulberry Street, NY 10012-3305, zwischen East Houston & Prince Street, Little Italy · www.oldsaintpatricks.com

Die älteste katholische Kirche New Yorks wurde zwischen 1809 und 1815 errichtet. Nach einem Brand 1866 zog die Gemeinde in die prunkvolle Kathedrale gleichen Namens an der Fifth Avenue. Das durch die Feuersbrunst gezeichnete Gotteshaus wurde wieder aufgebaut und dient bis heute als Gemeindekirche.

Filme

- 1972 **Der Pate** ◻
  R: Francis Ford Coppola, D: Marlon Brando, Al Pacino, Diane Keaton

  Endlich hält Al Pacino die Macht in den Händen. Seine Inthronisation als Pate findet in diesem Gotteshaus statt. Anlass ist die Taufe seines Sohnes.
- 1973 **Hexenkessel**
  R: Martin Scorsese, D: Robert De Niro, Harvey Keitel

  Der kleine Mafiaganove Harvey Keitel betet in der Kirche. Währenddessen geht ihm die Sinnlosigkeit der Religion durch den Kopf.
- 1990 **Der Pate 3**
  R: Francis Ford Coppola, D: Al Pacino, Andy Garcia, Diane Keaton

  Mit viel Pomp bekommt der Pate Al Pacino für seine Wohltätigkeit im Auftrage des Papstes das Wappen des heiligen Sebastian des Märtyrers verliehen.

5 Ratner's

138 Delancey Street, NY 10002

Infos im Kapitel »Restaurants, die eine Rolle spielen« ▶ S. 230

Filme

- 1971 **French Connection I**
  R: William Friedkin, D: Gene Hackman, Roy Scheider, Fernando Rey
- 2000 **Risiko – Der schnelle Weg zum Reichtum**
  R: Ben Younger, D: Giovanni Ribisi, Ben Affleck, Ron Rifkin

6 Williamsburg Bridge

an der Delancey Street · www.nycroads.com/crossings/williamsburg

Der Brooklyn Bridge folgte zehn Jahre später die 1903 eingeweihte Williamsburg Bridge. Die erste komplett aus Stahl gefertigte Hängebrücke bietet genug Raum für Subway und Straßenverkehr. Als zweite Ebene ist ein Fußweg über die Brücke eingerichtet. Sie verbindet die Lower East Side mit Williamsburg auf der anderen Seite des East River.

Film

- 1986 **9 1/2 Wochen**
  R: Adrian Lyne, D: Mickey Rourke, Kim Basinger

  Als die schöne Kim Basinger über die Williamsburg Bridge spaziert, ahnt sie noch nichts von den wilden erotischen Abenteuern, die sie in den nächsten 9 1/2 Wochen mit dem verführerischen Börsenhai Mickey Rourke erleben wird.

7 Elizabeth Street (Little Italy)

Die Straße ist eine der traditionsreichsten in Little Italy. Sie verläuft parallel zur Mott Street.

Film

- 1990 **Der Pate 3** ◻
  R: Francis Ford Coppola, D: Al Pacino, Andy Garcia, Diane Keaton, Joe Mantegna

  Little Italy feiert eine Marienprozession. Ein friedliches, fröhliches Fest, bis ein Blutbad die Machtverhältnisse in der Mafia klärt. Joe Mantegna, der Erzfeind von Pate Al Pacino wird dabei zur Strecke gebracht.

8 Luna's Restaurant

112 Mulberry Street, NY 10013-4647

Infos im Kapitel »Restaurants, die eine Rolle spielen« ▶ S. 221

Filme

- 1990 **Freshman**
  R: Andrew Bergman, D: Marlon Brando, Matthew Broderick, Penelope Ann Miller
- 1994 **Das Wunder von Manhattan**
  R: Les Mayfield, D: Richard Attenborough, Mara Wilson, Elizabeth Perkins, Dylan McDermott
- 2001 **Made**
  R/D: Jon Favreau, D: Vince Vaughn, Peter Falk

9 Subway Station Canal Street

Höhe Lafayette Street

Film

- 2001 **Sag kein Wort** □
  R: Gary Fleder, D: Michael Douglas, Sean Bean, Brittany Murphy

  Der Psychologe Michael Douglas führt seine Patientin Brittany Murphy in die Subway Station in der Hoffnung, dass sie sich an das von ihr verdrängte Geheimnis erinnert. Tatsächlich bricht es dort aus ihr heraus: In die Kindheit zurückversetzt sieht sie, wie ihr Vater von unbekannten Männern auf die Gleise geworfen wird.

10 Walker Street/Baxter Street

In diesen Straßen tobt das asiatische Leben. Es wimmelt nur so von Menschen. In den Geschäften und auf den Gehsteigen wird alles angeboten, was man verkaufen kann.

Film

- 1997 **Im Auftrag des Teufels** □
  R: Taylor Hackford, D: Keanu Reeves, Al Pacino, Charlize Theron

  Nach einem gewonnenen Prozess läuft Anwalt Keanu Reeves mit Al Pacino, dem Boss seiner Kanzlei, durch Chinatown. Auf dem kleinen Spaziergang muss sich der junge Verteidiger endlose Lebensweisheiten seines Chefs anhören.

11 Criminal Courts Building

100 Centre Street, NY 10013, zwischen Leonard & White Street

Dieses Haus sieht der gewöhnliche New Yorker lieber nur von außen. Es ist das Untersuchungsgefängnis für Männer. Wer hinein möchte, ohne mit dem Gesetz in Konflikt geraten zu sein, kann an den so genannten *night courts* teilnehmen. Von 17-1 Uhr tagt ein Schnellgericht für Bagatelldelikte. Viele Verhandlungen dauern nicht länger als eine Minute.

Filme

- 1989 **Das Dreckige Spiel**
  R: Joseph Ruben, D: James Woods, Robert Downey Jr., Yuji Okumoto

  Nach gewonnenem Prozess verlässt James das Gebäude. Robert Downey Jr. spricht ihn wegen eines Praktikums in seiner Kanzlei vor der Tür an.
- 1993 **Schlagzeilen – Je härter, desto besser**
  R: Ron Howard, D: Michael Keaton, Glenn Close, Marisa Tomei, Robert Duvall

  Eine junge, ungeschickte Fotoreporterin versucht ein Bild von zwei mordverdächtigen Jugendlichen zu erhaschen. Sie stolpert, und zufällig entsteht dabei ein kunstvolles Foto der Gesuchten.
- 1997 **Fletchers Visionen**
  R: Richard Donner, D: Mel Gibson, Julia Roberts, Patrick Stewart

  Mel Gibson folgt zwei Agenten in das Gebäude, um eine Verschwörung aufzudecken.

12 Pell Street/Doyers Street

Die Straßen liegen im Herzen der sich immer weiter nach *Little Italy* ausbreitenden *Chinatown*.

Filme

- 1989 **Das Dreckige Spiel**
  R: Joseph Ruben, D: James Woods, Robert Downey Jr., Yuji Okumoto

  In der Pell Street stellen James Woods und Robert Downey Jr. den Mord an Jimmy Chin nach, für den Yuji Okumoto verurteilt worden war.
- 1990 **King of New York**
  R: Abel Ferrara, D: Christopher Walken, Wesley Snipes

  In Chinatown tobt ein Bandenkrieg. Die Schergen von Christopher Walken metzeln in dieser kleinen Straße in Chinatown eine asiatische Gang nieder.

»Ausnahmezustand«

»Wie werde ich ihn los – in 10 Tagen«

»Green Card«

13 Manhattan Bridge

an der Canal Street · www.nycroads.com/crossings/manhattan

Die über zwei Kilometer lange Brücke wurde 1909 zur Entlastung der Brooklyn Bridge fertiggestellt. Auf zwei Ebenen bewältigt sie fast doppelt so viel Verkehr wie ihre Nachbarin. Außerdem überquert mit ihrer Hilfe die Subway den East River.

Filme

- 1983 **Ein Single kommt selten allein**
  R: Arthur Hiller, D: Steve Martin, Steve Lawrence

  Steve Martin hat eine alarmierende Nachricht auf seinem Anrufbeantworter: Sein Freund Steve Lawrence will sich das Leben nehmen. Also eilt er flugs zur Manhattan Bridge, dem Lieblingsplatz der Selbstmörder. Doch der Retter kann vor lauter Lebensmüden seinen Freund kaum finden. In kurzen Abständen platschen Todessehnsüchtige schreiend ins Wasser. Doch welch ein Glück, der Unglückliche steht noch auf dem Geländer und lässt sich zum Weiterleben überreden.

- 1998 **Ausnahmezustand** □
  R: Edward Zwick, D: Denzel Washington, Annette Bening, Bruce Willis

  Neben der Manhattan Bridge hat General Bruce Willis sein kriegerisches Hauptquartier aufgeschlagen. Er verhängt den Ausnahmezustand über New York.

»Die zwölf Geschworenen«

Kramer gegen Kramer«

- 2003 **Wie werde ich ihn los – in 10 Tagen** □
  R: Donald Petrie, D: Kate Hudson, Matthew McConaughey
  Matthew McConaughey rast mit dem Motorrad hinter Kate Hudsons Taxi her und erwischt sie auf der Brücke. Das Happy End ist nun nicht mehr zu verhindern.

14 Federal Office Building

26 Federal Plaza, NY 10278

Hier ist der Sitz des in so vielen Filmen agierenden New Yorker FBIs. Hier werden die Kriminaluntersuchungen und die Spionageabwehr organisiert.

Film

- 1990 **Green Card** □
  R: Peter Weir, D: Andie MacDowell, Gérard Depardieu
  Der Franzose Gérard Depardieu ist für eine Arbeitserlaubnis eine Scheinehe mit Andie MacDowell eingegangen. Als die Aufsichtsbehörde Verdacht schöpft, werden beide zu einer Untersuchung des Falls in dieses Hochhaus vorgeladen.

15 New York State Supreme Courthouse

60 Centre Street, NY 10007, Höhe Pearl Street

Das sechseckige, 1925 errichtete New Yorker Bezirksgericht ist wahrscheinlich ähnlich häufig auf Zelluloid gebannt worden wie das Plaza Hotel. Welches Gebäude einen teurer zu stehen kommen kann, ist wohl Ansichtssache.

Filme

- 1957 **Die zwölf Geschworenen** □
  R: Sidney Lumet, D: Henry Fonda
  Der Gerichtsfilmklassiker wurde in diesem Gerichtsgebäude gedreht.
- 1972 **Der Pate**
  R: Francis Ford Coppola, D: Marlon Brando, Al Pacino, Diane Keaton
  Während in der Kirche der neue Pate getauft wird, ist in New York Großreinemachen. Alle Widersacher der Mafiafamilie werden niedergemetzelt. Zwei Gangster sterben auf den Stufen des Gerichts.

»Wall Street«

»Das Wunder von Manhattan«

»Die Wutprobe«

- 1979 **Kramer gegen Kramer** □
  R: Robert Benton, D: Dustin Hoffman, Meryl Streep, Justin Henry

  Vor Gericht kämpfen die Oscar prämierten Meryl Streep und Dustin Hoffman um das Sorgerecht für den kleinen Justin.
- 1986 **Staatsanwälte küsst man nicht**
  R: Ivan Reitman, D: Robert Redford, Daryl Hannah, Debra Winger

  Robert Redford hat es geschafft, die Mordanklage gegen Daryl Hannah zu entkräften. Der Prozess wird niedergeschlagen. Auf den Stufen des Advokatentempels gibt es das klassische Happy End: Robert Redford und seine Anwaltspartnerin Debra Winger fallen sich für einen langen Kuss in die Arme.
- 1987 **Wall Street** □
  R: Oliver Stone, D: Michael Douglas, Charlie Sheen, Daryl Hannah

  Charlie Sheen geht, nachdem er den egozentrischen Börsentycoon Michael Douglas ans Messer geliefert hat, zu seinem Börsenmanipulationsprozess in das Gerichtsgebäude.
- 1993 **Carlito's Way**
  R: Brain De Palma, D: Sean Penn, Al Pacino, Penelope Ann Miller

  Al wird in einer Berufungsverhandlung wegen illegaler Abhörpraktiken vorzeitig aus dem Knast entlassen. Bevor er als freier Mann die Stufen des Gerichts hinabsteigt, erklärt er dem Richter salbungsvoll, dass er ein neuer Mensch geworden sei.
- 1994 **Das Wunder von Manhattan** □
  R: Les Mayfield, D: Richard Attenborough, Mara Wilson, Elizabeth Perkins, Dylan McDermott

  In einer Gerichtsverhandlung wird um die Entmündigung des Weihnachtsmanns gestritten, aber der unerschütterliche Glaube der New Yorker rettet den alten Mann.
- 1997 **Im Auftrag des Teufels**
  R: Taylor Hackford, D: Keanu Reeves, Al Pacino, Charlize Theron

  Auf dem Vorplatz des Gerichts beraten der teuflische Al Pacino und sein Zauberlehrling Keanu Reeves, wie es mit ihrem kniffligen Gerichtsfall weitergehen soll.
- 2003 **Die Wutprobe** □
  R: Peter Segal, D: Jack Nicholson, Adam Sadler, Rudolph Giuliani, John McEnroe

Durch die Verquickung unglücklicher Umstände wird der harmlose Adam Sadler bei Gericht zu immer drakonischeren Strafen wegen aggressiven Verhaltens verurteilt.

16 United States Courthouse

40 Centre Street, NY 10007, am Foley Square

Über einer Art korinthischem Tempel erhebt sich ein 30-stöckiges Hochhaus mit einer goldenen Spitze. Die Sitzungen der hohen Gerichtsbarkeit sind öffentlich. Da vor der Verurteilung das Einfangen steht, ist im Keller ein Schießstand für FBI-Agenten untergebracht.

»Ghostbusters II«

Filme

- 1989 **Ghostbusters II** □
  R: Ivan Reitman, D: Bill Murray, Dan Aykroyd, Harold Ramis, Sigourney Weaver, Rick Moranis
  Nachdem die Ghostbusters unter der Fifth Avenue einen riesigen negativen Schleimfluss ausgegraben haben, bricht die New Yorker Stromversorgung zusammen. Vor Gericht erwartet sie ein hartes Urteil, bis sich in einem Beweisstück der böse Schleim regt und die Geister den Gerichtssaal zerschmettern.
- 1996 **Sleepers**
  R: Barry Levinson, D: Brad Pitt, Kevin Bacon, Jason Patric, Billy Crudup, Robert De Niro, Dustin Hoffman
  Jason und Billy haben ihren Peiniger aus dem Kinderknast niedergeschossen. Vor Gericht werden sie von dem schmierigen Anwalt Dustin Hoffman verteidigt. Durch einen Meineid ihres Priesters Robert De Niro kommen sie schließlich frei.

17 Surrogate's Court/Hall of Records

31 Chambers Street, NY 10007 · www.nyc-architecture.com/SCC/SCC031.htm

Das neben dem Municipal Building stehende ehemalige Stadtarchiv verbreitet etwas Pariser Charme. Seine wunderschöne Eingangshalle ist der der Pariser Oper sehr ähnlich. Eine Ausstellung bietet historische Dokumente und Fotos.

Filme

- 1997 **Im Auftrag des Teufels**
  R: Taylor Hackford, D: Keanu Reeves, Al Pacino, Charlize Theron

  Keanu Reeves verlässt das Gebäude, nachdem er in einer gerichtlichen Anhörung die Geschworenen für seinen ersten Prozess in New York ausgewählt hat.
- 1998 **Große Erwartungen**
  R: Alfonso Cuarón, D: Ethan Hawke, Gwyneth Paltrow, Anne Bancroft, Robert De Niro

  Die New Yorker Schickeria feiert sich bei einer Cocktailparty im Foyer, Ethan ist als neuer In-Maler eingeladen. Von allen bestürmt, hat er aber nur Augen für Gwyneth. Das merkt auch ihr zukünftiger Ehemann und zerrt sie zu einem verabredeten Abendessen. Doch Ethan folgt ihr durch den strömenden Regen.
- 2004 **Ein verrückter Tag in New York** □
  R: Dennie Gordon, D: Mary-K. & Ashley Olsen

  Mary-Kate und Ashley Olsen lassen sich von einem Unbekannten in die Stadt fahren. Als der Chauffeur der Raubkopiererbande vor dem Gebäude stoppt, fliehen die Mädchen durch das Schiebedach. Doch ein Unglück kommt selten allein: Der fiese Ganove hat einen Speicherchip in die Tasche von Mary-Kate verschwinden lassen, und Ashley hat ihren lebenswichtigen Terminplaner in der feindlichen Limousine vergessen.

18 Municipal Building

1 Centre Street, NY 10007, Ecke Chambers Street

In den 34 Stockwerken dieses Bürogiganten sitzt die New Yorker Stadtverwaltung. Das 1918 fertig gestellte, 177 m hohe Gebäude wurde im Beaux-Arts-Stil gebaut und steht mittlerweile unter Denkmalschutz. Es war einst das größte Verwaltungsgebäude der Welt. Wer das Gebäude in bleibender Erinnerung behalten möchte, kann hier heiraten; www.nyc-architecture.com/SCC/SCC030.htm.

Filme

- 1984 **Ghostbusters – Die Geisterjäger**
  R: Ivan Reitman, D: Bill Murray, Dan Aykroyd, Harold Ramis, Sigourney Weaver, Rick Moranis

  Nachdem die Geisterjäger den Bürgermeister von der Wichtigkeit der Jagd überzeugt haben, starten sie unter Polizeischutz aus dem Torbogen des Hauses.

- 1986 **Crocodile Dundee – Ein Krokodil zum Küssen** □
  R: Peter Faiman, D: Paul Hogan, Linda Kozlowski
  In den Arkaden des Hauses schlägt Crocodile Paul Hogan einen Straßenräuber in die Flucht, denn dessen Messer ist gegenüber Pauls Buschmesser viel zu klein.
- 1993 **Das Leben – ein Sechserpack**
  R: Fred Schepisi, D: Will Smith, Donald Sutherland, Stockard Channing
  Stockard Channing, die Ehefrau Donald Sutherlands, geht in das Gebäude, um sich beim Staatsanwalt nach Wills Verbleib zu erkundigen. Sie und ihr Mann hatten seine Verhaftung mit angesehen.
- 1994 **Leon – Der Profi**
  R: Luc Besson, D: Jean Reno, Natalie Portman, Gary Oldman, Danny Aiello
  Der Killerbulle Gary Oldman, auf dessen Befehl die Familie der kleinen Natalie Portman niedergemetzelt wurde, hat hier sein Büro. Natalie betritt, als Pizzabotin getarnt, das Haus, um Oldman umzubringen.
- 1995 **Batman Forever** □
  R: Joel Schumacher, D: Val Kilmer, Tommy Lee Johns, Chris O'Donnel, Jim Carry, Nicole Kidman
  In der Phantasiewelt von Batman ist dieses sehr reale Gebäude zu sehen. Batman Val Kilmer besucht hier Nicole Kidman. Sie ist eine Spezialistin, die sich mit Besessenheit beschäftigt.

»Batman Forever«

• 1995 **City Hall** □1

R: Harold Becker, D: Al Pacino, John Cusack, Bridget Fonda, Martin Landau, Danny Aiello

Im gleich neben der City Hall gelegenen Gebäude besucht John Cusack, der Assistent des Bürgermeisters ist, einen Bewährungsgutachter, um ihn zu einem ominösen Gutachten zu befragen.

• 1996 **Sleepers**

R: Barry Levinson, D: Brad Pitt, Kevin Bacon, Robert De Niro

Auf einer Bank unter den Arkaden unterhalten sich die Sleepers Brad Pitt und Jason Patric nach gewonnenem Prozess über ihre Zukunftspläne.

• 1996 **Tage wie dieser** □2

R: Michael Hoffman, D: Michelle Pfeiffer, George Clooney, Mae Whitman, Alex D. Linz

Der rasende Reporter George Clooney jagt einen wankelmütigen Informanten für eine top Korruptions-Story durch die Arkaden und die Eingangshalle bis auf das Dach hinauf. Der hat weiche Knie bekommen und will nicht mehr zu seinen Aussagen stehen.

• 1996 **Vertrauter Feind**

R: Alan J. Pakula, D: Harrison Ford, Brad Pitt

Vor dem Haus erschießt Brad Pitt den Partner von Polizei-Leutnant Harrison Ford und schlägt Ford dann nieder. Die beiden Polizisten wollten den enttarnten IRA-Kämpfer zum Präsidium bringen.

• 1997 **Cop Land**

R: James Mangold, D: Robert De Niro, Sylvester Stallone, Harvey Keitel, Ray Liotta

Der Vorstadt-Cop Sylvester Stallone läuft durch den Torbogen des Gebäudes zum Polizeihauptquartier. Er hat neue Informationen für den Beamten der Polizeiaufsicht Robert De Niro.

• 2000 **Loser – Auch Verlierer haben Glück**

R: Amy Heckerling, D: Jason Biggs, Mena Suvari, Greg Kinnear

Mena Suvari, durch ihr Studium in Geldnöten, geht zu einem widerlichen Bearbeiter, der für die Studentenunterstützung zuständig ist. Er rät ihr nur, mehr Geld zu verdienen.

»Vertrauter Feind«

19 NYC Police Headquarters

One Police Plaza, NY 10007, Park Row/Pearl Street

Durchquert man das Municipal Building, gibt es den Blick auf dieses martialische Gebäude frei. Dass es ein Gefängnis und ein Schießanlage beherbergt, scheint nicht verwunderlich.

Film

- 1997 **Cop Land**

  R: James Mangold, D: Robert De Niro, Sylvester Stallone, Harvey Keitel, Ray Liotta

  Der Ermittler der Polizeiaufsichtsbehörde Robert De Niro hat in dem Gebäude sein Büro. Vorstadt-Cop Sylvester Stallone bringt den von Harvey Keitels korrupten Polizistenkollegen mit dem Tode bedrohten jungen Gesetzeshüter hierher ins sichere Gewahrsam.

20 Subway Station Chambers Street/Brooklyn Bridge

Filme

- 1995 **Money Train** □

  R: Joseph Ruben, D: Wesley Snipes, Woody Harrelson, Jennifer Lopez

  Nach dem die Subway-Cops Woody Harrelson und Wesley Snipes einen lebensgefährlichen Einsatz bewältigt haben, werden sie zu ihrem Chef zitiert und dafür gemaßregelt, dass der Money Train sich durch ihren Einsatz verspätete. Gedemütigt verlassen sie das Büro und gehen in der Chambers Street in die Subway. Eine kleine Rache ist Woody jedoch gelungen. Er hat seinem Chef das silberne Money Train Modell vom Schreibtisch geklaut.

- 1996 **Sleepers**

  R: Barry Levinson, D: Brad Pitt, Kevin Bacon, Jason Patric, Billy Crudup, Robert De Niro, Dustin Hoffman

  Brad Pitt geht nach der gewonnenen Verhandlung, in der seine Freunde als Mörder ihres Peinigers im Jugendgefängnis freigesprochen wurden, in die Subway.

- 1997 **Im Auftrag des Teufels**
  R: Taylor Hackford, D: Keanu Reeves, Al Pacino, CharlizeTheron

  Am Eingang steht Al Pacino und beobachtet den jungen Anwalt Keanu Reeves, der aus dem Surrogate's Court kommt. Dieser hat für Kanzleiboss Al Pacino einen guten Job gemacht. Zufrieden verschwindet Al in der Subway.

- 1998 **Große Erwartungen** □
  R: Alfonso Cuarón, D: Ethan Hawke, Gwyneth Paltrow, Anne Bancroft, Robert De Niro

  An der gleichen Stelle, an der auch der teuflische Al Pacino in den Untergrund abgetaucht ist, fliehen Ethan Hawke und Robert De Niro vor Roberts alten Rivalen. Doch die Gangster erwischen beide und stechen De Niro nieder.

21 City Hall

City Hall Park, NY 10007, Broadway/Park Row
Zu besichtigen Mo-Fr 10-17.30 Uhr

Der 1812 fertiggestellte Bau, der durch den wunderschönen City Hall Park zu erreichen ist, wurde damals nur an seiner Vorderfront prächtig gestaltet, denn hinter ihm begann das unzivilisierte Niemandsland. Noch heute residiert hier der Bürgermeister und nutzt die Würde des Hauses, um berühmte Gäste zu empfangen.

Filme

- 1984 **Ghostbusters – Die Geisterjäger**
  R: Ivan Reitman, D: Bill Murray, Dan Aykroyd, Harold Ramis, Sigourney Weaver, Rick Moranis

  Der Bürgermeister ruft die von der Umweltbehörde inhaftierten Spezialisten für transzendentale Ereignisse zu sich, um New Yorks Geisterproblem in den Griff zu bekommen. Ob ihnen das dauerhaft gelingt, ist zumindest unklar.

- 1995 **City Hall**
  R: Harold Becker, D: Al Pacino, John Cusack, Bridget Fonda, Martin Landau, Danny Aiello

  In diesem Thriller um Macht und Korruption dreht sich alles um die City Hall.

- 1996 **Liebe hat zwei Gesichter**
  R: Barbra Streisand, D: Barbra Streisand, Jeff Bridges, Pierce Brosnan, George Segal

  In der City Hall heiraten die beiden Columbiaprofessoren Barbra Streisand und Jeff Bridges. Sie wollen es mit einer platonischen Ehe versuchen.

- 1996 **Tage wie dieser**
  R: Michael Hoffman, D: Michelle Pfeiffer, George Clooney, Mae Whitman, Alex D. Linz

  George Clooney, der rasende Reporter, kommt zu spät zu einer Pressekonferenz des Bürgermeisters. Zum Glück ist die wie er alleinerziehende Michelle Pfeiffer schon in der City Hall und versucht, die Veranstaltung in die Länge zu ziehen.

22 City Hall Park

Broadway/Park Row

Dieser schöne Park voller Blumen und hoher Bäume lockt viele New Yorker und pflastermüde Touristen zu einer Atempause an. Einst war das Gelände eine Viehweide, und die holländischen Eroberer nutzten die starken Äste der Bäume, um ihre Feinde zu erhängen.

Eine Sternstunde hatte der Park dann am 9. Juli 1776. An diesem Tag verlas George Washington hier die Unabhängigkeitserklärung. Heute sitzt man zwischen imposanten Kandelabern vor dem New Yorker Rathaus und schaut den Wasserspielen des großen Springbrunnens zu.

Film

- 2005 **Hitch – Der Date Doktor**
  R: Andy Tennant, D: Will Smith, Eva Mendes, Kevin James, Amber Valletta

  Will Smith wird von der Klatschreporterin Eva Mendes zu einem Showkochen eingeladen. Das Event endet für Will jedoch mit einem Überlebenskampf. Gerade noch von den Folgen seiner Muschelallergie gerettet, taumelt Will nun etwas benommen mit Eva Arm in Arm durch den nächtlichen Park.

4 Greenwich Village & East Village

Der bei den New Yorkern nur The Village genannte Stadtteil ist die bevorzugte Heimat etablierter Künstler und Intellektueller. Die Atmosphäre prägt die um den Washington Square angesiedelte New York University mit ihren vielen Studenten. Auch etliche Schwule leben seit den 1960er Jahren hier. Am 28. Juni 1969 kam es auf der Christopher Street zu einer blutigen Straßenschlacht, bei der sich die Homosexuellen zum ersten Mal gegen die damaligen Schikanen und Übergriffe der Polizei wehrten. Die spektakuläre Demonstration endete erst einen Tag später. Zum Gedenken dieses Kampfes wird in aller Welt von Millionen Gleichgesinnter der Christopher Street Day (CSD) gefeiert.

Verrückte Läden, kleine Bars und Restaurants ziehen heutzutage nicht nur die Bohémiens, sondern auch viele Touristen an.

Dem Greenwich Village schließt sich östlich das East Village an. Hätten die schillernden Geldadligen John Jacob Astor und Cornelius Vanderbilt die Veränderungen dieses Viertels vorausgesehen, wäre es ihnen wohl zu Beginn des 19. Jahrhunderts nicht in den Sinn gekommen, hier ihre mondänen Wohnquartiere zu errichten. 100 Jahre später, überfüllt von Einwanderern, war das Gewirr und Gewimmel in den 1950ern der fruchtbare Nährboden der Beat Generation mit ihrer expressiven Kunst. Das zu jener Zeit von Drogendealern beherrschte Gebiet fegte Law-and-Order-Bürgermeister Giuliani mit eisernem Besen aus. Auch gereinigt von der Kriminalität ist es eines der beliebtesten Zentren des New Yorker Nachtlebens geblieben.

1 Strand Book Store

828 Broadway, NY 10003, Höhe 12th Street □

Film

- 1993 **Das Leben – ein Sechserpack**
  R: Fred Schepisi, D: Will Smith, Donald Sutherland, Stockard Channing

2 Cinema Village

22 East 12th Street, NY 10003, zwischen Fifth Avenue & University Place

Infos Kapitel »Film-Theater« ▶ S. 281

Filme

- 2003 **Wie werde ich ihn los – in 10 Tagen**
  R: Donald Petrie, D: Kate Hudson, Matthew McConaughey
- 2005 **Couchgeflüster**
  R: Ben Younger, D: Meryl Streep, Uma Thurman, Bryan Greenberg

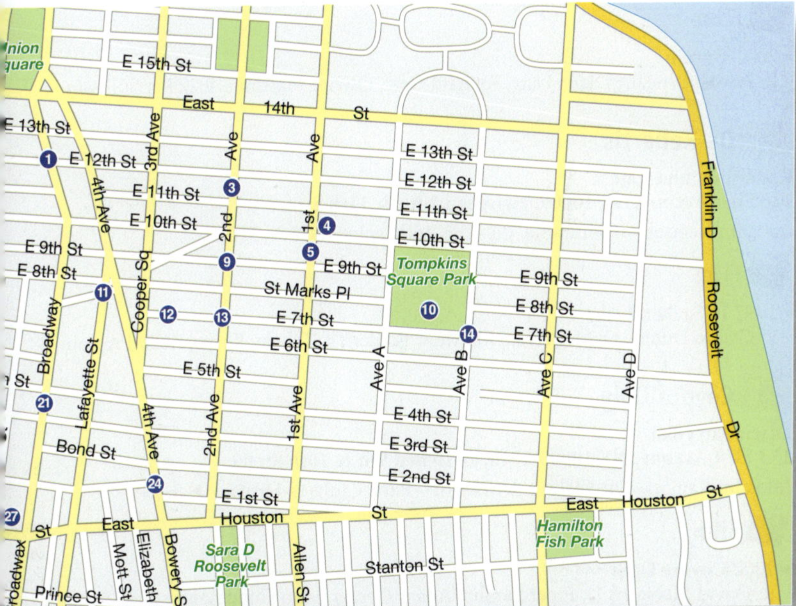

4

Village East Cinema

3 Village East Cinema

181 Second Avenue, NY 100013, Höhe 12th Street

Infos im Kapitel »Film-Theater« ▶ S. 282

Film

- 2002 **Untreu**
  R: Adrian Lyne, D: Diane Lane, Richard Gere, Olivier Martinez, Erik Per Sullivan

4 De Robertis

Konditorei und Café
176 First Avenue, NY 10009, zwischen 10th & 11th Street

Infos im Kapitel »Restaurants, die eine Rolle spielen« ▶ S. 210

Film

- 1997 **In Sachen Liebe**
  R: Griffin Dunne, D: Meg Ryan, Matthew Broderick, Tchéky Karyo, Kelly Preston

5 Coyote Ugly

Disco-Party-Bar
153 First Avenue, NY 10003-2946, zwischen 9th & 10th Street

Infos im Kapitel »Die Lichter der Nacht – Bars, Clubs & Discos« ▶ S. 258

Film

- 2000 **Coyote Ugly**
  R: David McNally, D: Piper Perabo, Adam Garcia, John Goodman

6 Magnolia Bakery

401 Bleecker Street, NY 10014-2452, Höhe 11th Street

Infos im Kapitel »Filmreif Shoppen« ▶ S. 248

Film

- 2005 **Couchgeflüster**
  R: Ben Younger, D: Meryl Streep, Uma Thurman, Bryan Greenberg

7 Jefferson Market Courthouse

425 Sixth Avenue, NY 10011, Höhe 10th Street

Der Turm des alten Gerichtsgebäudes ist eines der Wahrzeichen des Villages. Wütender Protest der Anwohner rettete Old Jeff 1967 vor dem Abriss. Heute befindet sich eine Zweigstelle der New York Public Library im Courthouse.

Filme

- 1986 **Hannah und ihre Schwestern** □
  R/D: Woody Allen, D: Mia Farrow, Michael Caine, Barbara Hershey, Dianne Wiest

  Auf der Fahrt durch New York zeigt ein junger Architekt Mia Farrow und Dianne Wiest die schönsten Gebäude der Stadt. Der rote Backsteinbau gehört dazu.
- 1993 **Carlito's Way**
  R: Brian De Palma, D: Sean Penn, Al Pacino

  Al Pacino eilt im Regen auf dem Weg zu seiner Ex-Freundin hier vorbei.

8 Knickerbocker Bar & Grill

33 University Place, NY 10003

Infos im Kapitel »Restaurants, die eine Rolle spielen« ▶ S. 219

Film

- 1999 **Mickey Blue Eyes**
  R: Kelly Makin, D: Hugh Grant, Jeanne Tripplehorn

9 Ottendorfer Branch

135 Second Ave, NY 10003, Höhe 9th St · www.nypl.org/branch/local/man/ot.cfm

Heute die älteste Außenstelle der New York Public Library, wurde die Bibliothek vom deutschstämmigen Ehepaar Ottendorfer 1884 zur kostenlosen Nutzung gegründet. In ihrem Einzugsgebiet wohnten vorwiegend deutsche Einwanderer.

Film

- 1996 **Das Rosenbett** ☐
  R: Michael Goldenberg, D: Christian Slater, Mary Stuart Masteson

  Christian geht, wenn es sein Job als Inhaber eines Blumengeschäfts erlaubt, zu den Märchenstunden ins Ottendorfer Branch. Auch Mary erliegt dem Zauber einer gemeinsam erlebten Märchenstunde.

10 Tompkins Square Park

7th-10th Street, zwischen den Avenues A & B
www.pps.org/gps/one?public_place_id=54

1837 angelegt, um Besserverdienende in diese Wohngegend zu locken, wurde der Park jedoch zu einem Zentrum der New Yorker Arbeiterbewegung. Hier versammelten sich im 19. Jahrhundert die Geschundenen vieler Nationen, um dann zur City Hall zu marschieren und damit auf ihre Lage aufmerksam zu machen. Das endete dann oft mit blutigen Polizeiaktionen. Mit dem Bau einer Freilichtbühne 1966 wurde der Platz zum Mittelpunkt der Hippie-, Künstler- und Studentenszene. Viele Konzerte und Theateraufführungen begeisterten die junge Generation. Zwanzig Jahre später gewannen die Obdachlosen und Drogendealer die Oberhand. So oblag es 1992 wieder der Polizei, den Park zurück zu erobern. Die nicht unumstrittene Null-Toleranz-Politik schaffte für das East Village an dieser Stelle jedoch einen bürgerfreundlichen Ruhepunkt zum Entspannen und Flanieren.

Filme

- 1995 **Stirb langsam – Jetzt erst recht** ☐1
  R: John McTiernan, D: Bruce Willis, Samuel L. Jackson, Jeremy Irons

  Auf einem im Park in Wirklichkeit nicht existenten Brunnen steht eine Kofferbombe, die Bruce Willis und Jeremy Irons zu entschärfen haben. Der perverse Bombenleger hat neben den explosiven Koffer einen 5 Gallonen- und einen 3 Gallonenkanister gestellt. Der Sprengsatz ist entschärft, wenn auf die integrierte Präzisionswaage genau 4 Gallonen Wasser gestellt werden. Viel Spaß beim Lösen des Problems!

1

2

3

- 1998 **Große Erwartungen** □ 2
  D: Gwyneth Paltrow, Ethan Hawke, Anne Bancroft, Robert De Niro

  Ethan Hawke lebt ein beschauliches Leben in Miami. Seine Leidenschaft, Bilder zu malen, hat er schon fast vergessen. Ein Anwalt holt ihn im Auftrag einer Galeristin nach New York, sie will seine Bilder ausstellen. Da er praktisch keine Arbeiten mehr hat, setzt er sich in den Park, um zu zeichnen. Plötzlich bricht sein künstlerisches Talent wieder neu aus ihm hervor, und er malt alles, was um ihn ist: Nonnen, Säufer, Ratten. Auch seine Jugendliebe Gwyneth Paltrow trifft er hier wieder.
- 2005 **Couchgeflüster** □ 3
  R: Ben Younger, D: Meryl Streep, Uma Thurman, Bryan Greenberg

  Uma Thurman beobachtet verliebt ihren 15 Jahre jüngeren Lover Bryan Greenberg beim Volleyball-Spiel. Nach einiger Zeit gibt sie sich zu erkennen und holt ihn zu einem Date ab.

11 Subway Station Astor Place

an der Fourth Avenue (Linie 6)

Film

- 1996 **Sleepers** □
  R: Barry Levinson, D: Brad Pitt, Kevin Bacon, Robert De Niro

  Am Astor Place ist der verhängnisvolle Subwayeingang, in dem ein dummer Jungenstreich tödlich endet. Die vier Halbstarken stehlen einen fahrbaren Hot Dog Stand und lassen ihn die Treppen zur Subway hinunterrollen. In rasender Fahrt tötet er einen Passanten und zerstört damit das Leben der vier bis dahin unschuldigen Freunde.

12 McSorley's Old Ale House

15 East 7th Street, NY 10003, zwischen Second & Third Avenue

Infos im Kapitel »Die Lichter der Nacht – Bars, Clubs & Discos« ▶ S. 262

Film

- 1991 **Auf die harte Tour**
  R: John Badham, D: Michael J. Fox, James Woods, Stephen Lang, Annabella Sciorra

Love Saves the Day

13 Love Saves the Day

119 Second Avenue, NY 10003-8331, Höhe East 7th Street

Infos im Kapitel »Filmreif Shoppen« ▶ S. 247

Film

- 1985 **Susan... verzweifelt gesucht**
  R: Susan Seidelman, D: Madonna, Rosanna Arquette, Aidan Quinn

14 P.H. Vazac's

auch bekannt als Seven and B
108 Avenue B, NY 10009, Höhe 7th Street

Infos im Kapitel »Die Lichter der Nacht – Bars, Clubs & Discos« ▶ S. 264

Filme

- 1974 **Der Pate – Teil 2**
  R: Francis Ford Coppola, D: Robert De Niro, Al Pacino
- 1986 **Crocodile Dundee – Ein Krokodil zum Küssen**
  R: Peter Faiman, D: Paul Hogan, Linda Kozlowski
- 1987 **Angel Heart**
  R: Alan Parker, D: Mickey Rourke, Robert De Niro
- 1993 **Schlagzeilen – Je härter, desto besser**
  R: Ron Howard, D: Michael Keaton, Glenn Close, Marisa Tomei, Robert Duvall

15 Sheridan Square

Christopher Street/Seventh Avenue

Wie ein siebenzackiger Stern, so viele Straßen treffen sich hier, liegt der nach General Sheridan benannte Platz mitten in Greenwich Village. Für alle Homosexuellen ist er der Ausgangspunkt ihrer Befreiungsbewegung. In der Christopher Street 51 lag die Bar, in der Schwule während einer Razzia am 28. Juni 1969 der Polizei das erste Mal die Stirn boten.

Filme

- 1995 **Jeffrey**
  R: Christopher Ashley, D: Steven Weber, Patrick Stewart, Sigourney Weaver

  Steven Weber hat sich mit zweien seiner schwulen Freunde verabredet. Die haben sich die Guardian Angels zum Vorbild genommen und sich unifarben als Pink Panther Patrol verkleidet. Der Vorsatz, in Bedrängnis geratenen Liebesgenossen zu helfen, scheitert, als im Park ihr Handy klingelt und sie erfahren, dass der riesige Bodybuilder aus dem Fitnessstudio am Washington Square in Shorts gesichtet wurde. Erregt eilen sie zum Ort des Geschehens.
- 2003 **Wie werde ich ihn los – in 10 Tagen**
  R: Donald Petrie, D: Kate Hudson, Matthew McConaughey

  Matthew McConaughey plaudert am Sheridan Square mit seinem Kollegen über den gestrigen, niederschmetternden Kinoabend. Ein Riese, der sich durch seine Kuschelorgie mit Kate gestört fühlte, hatte ihn im Foyer brutal niedergeschlagen. Sich dafür an Kates Brust erholen zu können war allerdings mehr als ein Trost.

16 Village Cigars

110 Seventh Avenue South, NY 10014,
Höhe Christopher Street

Infos im Kapitel »Filmreif Shoppen« ▸ S. 255

Film

- 1988 **Das Dreckige Spiel**
  R: Joseph Ruben, D: James Woods, Robert Downey Jr., Yuji Okumoto

17 Washington Square Park

Im 18. Jahrhundert war dieser Ort ein Sumpfgebiet, in dem man die Opfer von Seuchen und Epidemien eilig beerdigte. Da offensichtlich noch genügend Platz vorhanden war, wurden an einer dicken Ulme, die heute noch steht, zahlreiche Hinrichtungen durch Erhängen vorgenommen. Der 1895 von Stanford White im nun trockengelegten Park errichtete Triumphbogen zu Ehren von George Washington trug zusätzlich zum Pariser Charme von Greenwich Village bei. Diese Atmosphäre war der ideale Nährboden für Künstler und Intellektuelle. Die Studenten und Gelehrten der nahen New York University verstärkten dieses kreative Potential. Henry James, John Dos Passos, Herman Melville, Mark Twain und Edward Hopper wohnten am Park. Henry James ließ mit seinem Roman *Washington Square* den Ort in die Literaturgeschichte eingehen. Auch heute ist das Village eher ein Künstlerviertel, aber auf Grund der vielen hippen Restaurants und Geschäfte zieht es die New Yorker und natürlich auch Touristen an. Ob Musik, Puppenspieler oder Feuerschlucker, in dem leider größtenteils zubetonierten Park ist immer etwas los.

Filme

- 1967 **Barfuß im Park** ☐ **1**
  R: Gene Saks, D: Jane Fonda, Robert Redford

  Die junge, schöne Jane Fonda findet ihren Ehemann Robert Redford hier völlig betrunken. Er wirft leere Schnapsflaschen umher, schüttet Papierkörbe aus und tobt barfuß durch den noch unbelaubten Park. Als ihn dann ein missglückter Sprung über eine Bank zu Boden wirft, torkelt er mit der jungen Fonda im Gefolge zurück in die gemeinsame Wohnung.
- 1989 **Harry und Sally** ☐ **2**
  R: Rob Reiner, D: Billy Crystal, Meg Ryan

  Student Billy Crystal nutzt die günstige Mitfahrgelegenheit bei Meg Ryan, um preiswert nach New York zu kommen. Nach einer nervenden Fahrt mit kontroversen Diskussionen am Washington Square angekommen, nimmt Billy wortlos seine Sachen. Meg wünscht ihm noch ein schönes Leben.
- 1997 **In Sachen Liebe** ☐ **3**
  R: Griffin Dunne, D: Meg Ryan, Matthew Broderick, Tchéky Karyo, Kelly Preston

  Tchéky, der Meg Ryan wegen Kelly Preston verlassen hat, wird hier Opfer der von Meg und Matthew eingefädelten Affenattacke. Ein dressierter Affe schmiert Megs Ex-Lover im Park vor großem Publikum Lippenstift an den Kragen: Kelly, die Verflossene von Matthew, soll eifersüchtig gemacht werden. Als zweiten Anschlag organisieren Meg und Matthew einen Spritzpistolenüberfall. Für $5 bespritzen die Kinder Tchéky im Park mit parfümiertem Wasser.
- 1998 **Ein perfekter Mord** ☐ **4**
  R: Andrew Davis, D: Michael Douglas, Gwyneth Paltrow, Viggo Mortensen

  Viggo Mortensen ist der Liebhaber von Michael Douglas' Ehefrau Gwyneth Paltrow. Als der gehörnte Ehemann das Verhältnis entdeckt, beauftragt er den Liebhaber, sie umzubringen. Zwar schlägt der Plan fehl, doch von nun an erpresst Viggo seinen Auftraggeber. Michael übergibt ihm die geforderten $400.000 im Park, ermordet ihn aber wenig später.
- 2002 **Liebe auf Umwegen – Sweet Home Alabama** ☐ **5**
  R: Andy Tennant, D: Reese Witherspoon, Patrick Dempsey, Candice Bergen

  Die junge Reese Witherspoon hat alles, was sich eine junge Frau erträumt: Einen tollen Job und einen reichen, attraktiven Freund. Auf der *Fashions Week* im Park steigt die Präsentation der hoffnungsvollen Modedesignerin.

18 Boxers 6

190 West 4th Street, NY 10014, Höhe Seventh Avenue

Film

- 1992 **Die Nacht von Soho**
  R: Irwin Winkler, D: Robert De Niro, Jessica Lange

19 Café Reggio 7

119 MacDougal Street, NY 10012, Höhe West 3rd Street

Infos im Kapitel »Restaurants, die eine Rolle spielen« ▶ S. 208

Film

- 1971 **Shaft**
  R: Gordon Parks, D: Richard Roundtree, Moses Gunn

20 New York University

Washington Square Park/La Guardia Place
NYU Information Center, 50 West 4th Street, NY 10012
✆ (212) 998-2800 · www.nyu.edu

Die 1831 gegründete Universität ist mit ihren ca. 18.000 Studentinnen und Studenten ein fester Garant für die Attraktivität von Greenwich Village. Sie sorgt dafür, dass ständig junge, kreative Menschen von diesem Stadtteil angezogen werden. Woody Allen, der sich offenbar seinen Eltern zu Liebe dort einschrieb, hat es nicht einmal das erste Trimester dort ausgehalten. Immerhin belegte er dort einen Filmkurs. Seine Erinnerung an diese Zeit scheint nicht so berauschend zu sein: In seinen Filmen kommt die New York University nicht vor.

Film

- 1973 **Serpico**
  R: Sidney Lumet, D: Al Pacino, Barbara Eda-Young

  Der eigenwillige Bulle Al Pacino besucht an der Uni einen Fremdsprachenkurs. Er und die nette Mitstreiterin Barbara Eda-Young werden schnell ein Paar.

4

5

6

7

21 Tower Records

692 Broadway, NY 10012, Höhe 4th Street

Infos im Kapitel »Filmreif Shoppen« ▶ S. 253

Film

- 1990 **Mo' Better Blues**
  R/D: Spike Lee, D: Denzel Washington, Joie Lee, Wesley Snipes

22 John's Pizzeria

278 Bleecker Street, NY 10014

Infos im Kapitel »Restaurants, die eine Rolle spielen« ▶ S. 217

Film

- 1979 **Manhattan**
  R/D: Woody Allen, D: Diane Keaton, Mariel Hemingway, Michael Murphy, Meryl Streep

23 Minetta Tavern

113 MacDougal Street, NY 10012-1201

Infos im Kapitel »Restaurants, die eine Rolle spielen« ▶ S. 225

Filme

- 1996 **Sleepers**
  R: Barry Levinson, D: Brad Pitt, Kevin Bacon, Jason Patric, Billy Crudup
- 1999 **Mickey Blue Eyes**
  R: Kelly Makin, D: Hugh Grant, Jeanne Tripplehorn

24 CBGB

Punk- & Rockschuppen
315 Bowery, NY 10003, zwischen First & Second Street

Infos im Kapitel »Die Lichter der Nacht – Bars, Clubs & Discos« ▶ S. 257

Film

- 1999 **Summer of Sam**
  R: Spike Lee, D: John Leguizamo, Mira Sorvino, Adrien Brody, Jennifer Esposito

25 Cherry Lane Theatre

38 Commerce Street, NY 10014, zwischen Bedford & Barrow Street

Infos im Kapitel »Film-Theater« ▶ S. 272

Film

- 1990 **Mo' Better Blues**
  R: Spike Lee, D: Denzel Washington, Joie Lee, Wesley Snipes

26 Angelika Film Center

18 West Houston Street, NY 10012

Infos im Kapitel »Theater & Film-Theater« und in »Restaurants, die eine Rolle spielen« ▶ S. 280

Film

- 1994 **Amateur**
  R: Hal Hartley, D: Isabelle Huppert, Martin Donovan

27 Crate & Barrel

Cable Building · 611 Broadway, NY 10012
Möbel und Einrichtungsgegenstände

Infos im Kapitel »Filmreif Shoppen« ▶ S. 239

Film

- 2005 **Couchgeflüster**
  R: Ben Younger, D: Meryl Streep, Uma Thurman, Bryan Greenberg

28 Carmine Street Pool

Schwimmbad · 1 Clarkson Street, NY 10014
✆ (212) 242-5228, Fax (212) 242-5422
Mo-Fr 7-21.30 Uhr, Sa-So 9-16.30 Uhr · www.nycgovparks.org

Das von Häuserblocks umgebene Schwimmbad hat sowohl ein Innen- als auch ein Außenbecken in den Olympia-Abmessungen. Es gehört, laut einer New Yorker Untersuchung, zu den besten der Stadt.

Film

- 1980 **Wie ein wilder Stier**
  R: Martin Scorsese, D: Robert De Niro, Cathy Moriarty

  Am Pool wird Robert auf die schöne Cathy aufmerksam. Nun würde er am liebsten den vielen Nebenbuhlern die Fresse polieren …

5 Chelsea

Chelsea ist in. Da auch hier alte Fabriken und Lagerhäuser von New York als Industriestadt zeugen, ist die Aufteilung in Lofts mit all seinen Begleiterscheinungen in vollem Gange. Kulturelle Wurzeln sind auch hier nachzuweisen. Wie ein Mahnmal steht das Hotel Chelsea für künstlerische Spontaneität und Wildheit an der 23rd Street.

1 General Post Office

441 Eighth Avenue, NY 10001, zwischen 31st & 33rd Street

»Weder Schnee noch Regen, weder Hitze noch Schatten der Nacht halten diese eiligen Boten auf.« Dieses heroische Herodot-Zitat prangt über den Kapitellen der 20 korinthischen Säulen dieses gigantischen Tempels. Es war des größte Postamt der USA. Nun soll es eine weitere Bahnhofshalle der unter ihr liegenden Penn Station werden.

Filme

- 1986 **Highlander – Es kann nur einen geben**
  R: Russell Mulcahy, D: Christopher Lambert, Sean Connery
  Bei Nacht verlässt Christopher Lambert das Parkhaus des Madison Square Garden. Von der gegenüberliegenden Seite leuchtet das General Post Office.
- 1999 **Ticket To Love**
  R: Richard Wenk, D: Andy Garcia, Andie MacDowell, Richard Bradford
  Auf den Stufen findet Andy seinen alten Freund und Schwarzhändlerkollegen tot an einer Säule lehnend.

2 Madison Square Garden

4 Pennsylvania Plaza, NY 10001, Seventh Avenue zwischen 31st & 33rd Street

Infos im Kapitel »Film-Theater« ▸ S. 274

Filme

- 1993 **Manhattan Murder Mystery**
  R/D: Woody Allen, D: Diane Keaton, Alan Alda, Anjelica Huston
- 1998 **Godzilla**
  R: Roland Emmerich, D: Matthew Broderick, Jean Reno
- 2000 **Forrester – gefunden**
  R: Gus Van Sant, D: Sean Connery, Bob Brown, F. Murray Abraham
- 2003 **Wie werde ich ihn los – in 10 Tagen**
  R: Donald Petrie, D: Kate Hudson, Matthew McConaughey
- 2005 **Hitch – Der Date Doktor**
  R: Andy Tennant, D: Will Smith, Eva Mendes, Kevin James, Amber Valletta

3 Pennsylvania Station

31st-33rd Street, NY 10001, zwischen Seventh & Eighth Avenue

Diese wunderschöne, mit einem korinthischen Säulenportal geschmückte Bahnhofshalle bildete das ästhetische Gegengewicht zum riesigen General Post Office Building. 1910 eingeweiht, währte ihr Dasein nur gute 50 Jahre. Sie fiel 1963 der New Yorker Bauwut zum Opfer. Völlig unter die Erde verbannt, muss der Bahnhof nun die klotzige Tonne des Madison Square Garden tragen. Durch den Abriss vermehrten sich Denkmalschützer explosionsartig in der Stadt; sie wachen seitdem wohl organisiert über das Schicksal alter Gebäude New Yorks. In Alfred Hitchcocks **»Der Fremde im Zug«** wurde die wunderschöne Bahnhofshalle für die Nachwelt festgehalten. Die Penn Station ist der wichtigste Bahnhof der Stadt. Will man mit einem Fernzug Manhattan verlassen, kann man das nur von hier aus – vom

repräsentativeren Grand Central Terminal fahren seit 1991 ausschließlich regionale Züge. Auch für die Denkmalschützer gibt es eine späte Genugtuung: Das General Post Office Building wird bald die Funktion der Bahnhofshalle übernehmen.

Filme

- 1951 **Der Fremde im Zug** □
  R: Alfred Hitchcock, D: Farley Granger, Robert Walker

  In dem mörderischen Verwirrspiel flieht der Profi-Tennisspieler Farley Granger, der des Mordes verdächtigt wird, vor der Polizei in die Penn Station. Er will in einem Vorort Robert Walker treffen. Er hatte ihm den Plan »Mord auf Gegenseitigkeit« aufgedrängt.
- 1992 **Bad Lieutenant** □
  R: Abel Ferrara, D: Harvey Keitel

  Der sich immer mehr in Wettschulden und Mafiageschäfte verstrickende New Yorker Cop Harvey Keitel wird von einem Killerkommando vor dem Eingang der Penn Station in seinem Auto erschossen.
- 1998 **Ein perfekter Mord**
  R: Andrew Davis, D: Michael Douglas, Gwyneth Paltrow, Viggo Mortensen

  Der reiche Geschäftsmann Michael Douglas hat die Ermordung seiner untreuen Frau bei ihrem zwielichtigen Liebhaber Viggo Mortensen in Auftrag gegeben. Zwar scheitert der Plan, doch Viggo erpresst 400.000 Dollar. Nach der Geldübergabe flieht Viggo in die Penn Station, um die Stadt zu verlassen.

»Bad Lieutenant«

4 Robert Miller Gallery

524 West 26th Street, NY 10001

Infos im Kapitel »Filmreif Shoppen« ▶ S. 251

Film

- 2005 **Couchgeflüster**
  R: Ben Younger, D: Meryl Streep, Uma Thurman, Bryan Greenberg

5 Chelsea Hotel

222 West 23rd Street, NY 10011, zwischen Seventh & Eighth Avenue

Infos im Kapitel »Hotels für Helden, Diven und Halunken« ▶ S. 194

Film

- 1993 **Manhattan Murder Mystery**
  R/D: Woody Allen, D: Diane Keaton, Alan Alda, Anjelica Huston

6 Empire Diner

210 Tenth Avenue, NY 10019, zwischen 22nd & 23rd Street

Infos im Kapitel »Restaurants, die eine Rolle spielen« ▶ S. 212

Filme

- 1979 **Manhattan**
  R/D: Woody Allen, D: Diane Keaton, Mariel Hemingway, Michael Murphy, Meryl Streep
- 1992 **Kevin – allein in New York**
  R: Chris Columbus, D: Macaulay Culkin
- 2002 **Igby**
  R: Burr Steers, D: Kieran Culkin, Jeff Goldblum, Susan Sarandon
- 2002 **Men in Black II**
  R: Barry Sonnenfeld, D: Tommy Lee Jones, Will Smith

7 El Flamingo

Disco · 547 West 21st Street, NY 10011

Infos im Kapitel »Die Lichter der Nacht – Bars, Clubs & Discos« ▶ S. 259

Film

- 1998 **Celebrity**
  R: Woody Allen, D: Kenneth Branagh, Melanie Griffith, Leonardo DiCaprio, Winona Ryder, Donald Trump, Kate Winslet, Vanessa Redgrave

8 Bright Food Shop

216 Eighth Avenue, NY 10011, zwischen 21st & 22nd Street

Infos im Kapitel »Restaurants, die eine Rolle spielen« ▶ S. 204

Film

- 1996 **Das Rosenbett**
  R: Michael Goldenberg, D: Christian Slater, Mary Stuart Masterson

9 Chelsea Piers

Sports & Entertainment Complex
23rd Street, NY 10011, am Hudson River
✆ (212) 336-6666, Fax (212) 336-6130
www.chelseapiers.com
täglich 6-23 Uhr · Preise je nach Sportart verschieden

Für jeden Sportfan ein unvergessliches Erlebnis. Der Komplex besteht aus Bowling-Bahnen, Fitnesscenter, Basketballplätzen, Eislauf- und Skating-Fläche, Schwimmhalle, Kletterwänden und der berühmten Driving Range Pier 59 □**2**.

Hier wartete man am 16. April 1912 vergeblich auf die Titanic, die zwei Tage zuvor im Atlantic versank.

Film

- 2001 **Weil es Dich gibt** □**1**
  R: Peter Chelsom, D: John Cusack, Kate Beckinsale

  John erstellt als Fernsehredakteur einen Beitrag über die atemberaubende Golfanlage der Chelsea Piers. Doch er ist in Eile. Um seine Hochzeitsvorbereitungen in den Griff zu bekommen, verlegt er kurzerhand den restlichen Dreh und verschwindet.

1

2

10 Roxy

Disco · 515 18th Street, NY 10011-2822, Höhe Tenth Avenue

Infos im Kapitel »Die Lichter der Nacht – Bars, Clubs & Discos« ▶ S. 266

Filme

- 1981 **Sie alle haben gelacht**
  R: Peter Bogdanovich, D: Audrey Hepburn, Sean Ferrer, Ben Gazzara
- 1993 **Das Leben – ein Sechserpack**
  R: Fred Schepisi, D: Will Smith, Donald Sutherland, Stockard Channing

11 Chelsea Gym

267 West 17th Street, NY 10011

✆ (212) 255-1150

Dieses Fitness Center ist in ganz New York wegen seiner gestählten schwulen Körper bekannt.

Film

- 1995 **Jeffrey** **□3**
  R: Christopher Ashley, D: Steven Weber, Patrick Stewart, Sigourney Weaver
  Kurz nach seinem Zölibat-Gelübde lernt der schwule Steven seinen muskulösen Traummann kennen. Dessen stürmischer Kuss wirft ihn völlig aus dem Gleichgewicht.

3

6 Union Square, Gramercy, Murray Hill

Dieses Areal ist geprägt von bürgerlichen Wohnhäusern. Auf Grund der vielen Parks fühlen sich besonders Familien von dieser Gegend angezogen. Rund um das Empire State Building befindet sich eine etablierte Geschäftsgegend.

1 Empire State Building

350 Fifth Avenue, NY 10118, Höhe 34th Street
✆ (212) 736-3100 · www.esbny.com
täglich 8-2 Uhr (letzter Lift aufwärts 1.15 Uhr)
Eintritt $18,
Kinder 12-17 J. $16, 6-11 J. $12, 0-5 J. frei,
Senioren ab 62 J. $16

Das 1931 fertig gestellte, 380,75 m hohe Gebäude war über 40 Jahre lang das höchste Haus der Welt. Die Eingangshalle von der Fifth Avenue aus ist eine wunderschöne Art-Deco-Kathedrale. Das Dach dieser schlichten Schönheit ist ein Besuchermagnet, dessen Faszination sich auch Berühmtheiten wie Churchill, Castro und Chruschtschow nicht entziehen konnten. Der frühe Abend ist die beste Zeit für einen Besuch. Während die Sonne langsam ins Meer taucht, entzünden sich nach und nach Millionen von Lichtern, die das nächtliche Funkeln der Stadt ausmachen. Nachts sind die oberen Etagen des Wolkenkratzers je nach Charakter der bevorstehenden Feiertage verschiedenfarbig beleuchtet.

1

2

3

Filme

- 1933 **King Kong** ◻1
  R: Merian C. Cooper, Ernst B. Schoedsack, D: Fay Wray, Robert Armstrong
  King Kong, der Riesenaffe, klettert auf die Spitze des Buildings und erwartet die herannahenden Flugzeuge.
  Obwohl in dem Streifen kaum Originalaufnahmen des Gebäudes zu finden sind, ist King Kong mit dem Empire State Building förmlich verheiratet. In kaum einem New York-Reiseführer fehlt sein Name.
- 1993 **Schlaflos in Seattle** ◻2
  R: Nora Ephron, D: Meg Ryan, Tom Hanks, Ross Malinger, Bill Pullman
  Der kleine Ross fliegt allein nach New York, um die von ihm ausgesuchte Traumfrau für seinen Vater auf dem Building zu treffen. Er fährt zur Aussichtsplattform und fragt jede, ob sie die hier mit ihm verabredete Frau sei.
- 1996 **Independence Day**
  R: Roland Emmerich, D: Will Smith, Bill Pullman, Jeff Goldblum
  Eins der gigantischen Raumschiffe parken die Außerirdischen direkt über dem Wolkenkratzer. Er fällt der ersten Angriffswelle zum Opfer.
- 2004 **Sky Captain and the World of Tomorrow** ◻3
  R: Kerry Conran, D: Gwyneth Paltrow, Jude Law, Giovanni Ribisi, Angelina Jolie
  So wie es die Architekten des Wolkenkratzers einst planten, legt in den ersten Szenen des Films mit Hilfe moderner Computeranimation das Luftschiff Hindenburg an der Spitze des Empire State Buildings an.

2 Manhattan Mall

100 West 33rd Street, NY 10001, Höhe Sixth Avenue

Infos im Kapitel »Filmreif Shoppen« ▶ S. 249

Film

- 1999 **Ticket To Love**
  R: Richard Wenk, D: Andy Garcia, Andie MacDowell, Richard Bradford

3 Greeley Square

33th Street, Höhe Sixth Avenue & Broadway

Dort, wo der Broadway die Sixth Avenue kreuzt, lassen die Straßen Raum für einen winzigen dreieckigen Park. In ihm stehen Bänke und die Skulptur des Journalisten Horace Greeley, der engagiert gegen die Sklaverei kämpfte.

Film

- 1999 **Ticket To Love** □
  R: Richard Wenk, D: Andy Garcia, Andie MacDowell, Richard Bradford

  Andie MacDowell hat ihrem Lover, dem kleinen Eintrittskartendealer Andy Garcia, den Laufpass gegeben. Sein alter Freund Richard Bradford trifft sich am Greeley Square mit Andie MacDowell und versucht, die Beziehung doch noch zu retten.

4 Church of the Transfiguration

»The Little Church Around the Corner«

One East 29th Street, NY 10016, zwischen Fifth & Madison Avenue
✆ (212) 684-6770, Fax (212) 6841662
www.littlechurch.org

Im Jahre 1870 wollte Joseph Jefferson für seinen verstorbenen Freund und Schauspielerkollegen George Holland einen Trauergottesdienst abhalten lassen. Eine der großen New Yorker Kirchen wies ihn mit den Worten ab: Es gebe eine kleine Kirche um die Ecke, da könne man den Gottesdienst halten. Daraufhin rief Jefferson heftig aus, »Bitte, lieber Gott, segne die kleine Kirche um die Ecke!« Dieser berühmte Segensspruch prägte den liebevollen Zweitnamen der 1856 erbauten Episkopalkirche. Das enge Verhältnis zum Theater besteht bis heute. Regelmäßig finden in ihren Räumen Theatervorführungen statt. Seit 1973 steht sie unter Denkmalschutz.

Andie MacDowell

⊗ NEW YORK FILM SCHOOL 100 E 17 St

▲ FORBIDDEN PLANET 840 BROADWAY / 13th STR.

6

Film

- 1986 **Hannah und ihre Schwestern**
R/D: Woody Allen, D: Mia Farrow, Michael Caine, Barbara Hershey, Dianne Wiest

Der in einer jüdischen Familie aufgewachsene Atheist Woody Allen beschließt, zum Katholizismus überzutreten. Die kleine Kirche um die Ecke hat er sich für seinen Selbstversuch auserwählt.

5 Metropolitan Life Tower

1 Madison Avenue, NY 10010, zw. 23rd & 24th St, am Madison Square Park □

Wie so viele Wolkenkratzer war auch dieser einmal höchstes Haus der Welt (1909-1913). Die nachts stets beleuchtete Spitze hat Ähnlichkeit mit dem Campanile de San Marco in Venedig.

Filme

- 1985 **Die Zeit nach Mitternacht**
R: Martin Scorsese, D: Griffin Dunne, Rosanna Arquette

Nach getaner Arbeit verlässt Griffin Dunne den Met Life Tower, in dem sein Büro ist, durch das imposante Tor. Er will am am Abend noch ausgehen. Am nächsten Morgen fällt er pünktlich zum Arbeitsbeginn nach einer chaotischen Nacht, in Gips verpackt, aus dem Transporter zweier Räuber vor das Tor.

- 1997 **In Sachen Liebe**
R: Griffin Dunne, D: Meg Ryan, Matthew Broderick, Tchéky Karyo, Kelly Preston

Matthew hat sein Landobservatorium verlassen, um in New York seine Liebe zu retten. Hier angekommen steigt er aus der Subway und blickt auf die Uhr des Gebäudes.

6 Flatiron Building

175 Fifth Avenue, NY 10010, Höhe Broadway

An der Stelle, wo sich die berühmtesten Straßen der Stadt treffen, unterwirft sich dieses Hochhaus dem spitzen Winkel, in dem die beiden Magistralen verlaufen. Wie so oft in Amerika erwuchs aus der Zweckmäßigkeit die Schönheit. Heute gibt es wohl keinen New Yorker, der dieses Gebäude missen möchte. Als es 1902 als höchstes Haus der Welt fertiggestellt wurde, waren die Meinungen allerdings geteilt. Die einen fürchteten, der Wind könne das schmale Gebäude einfach umpusten, andere nutzten die an der scharfen Ecke entstehenden Fallwinde, um sich Einblicke unter die damals sonst fast bis zum Boden reichenden Damenröcke zu verschaffen.

Filme

• 1998 **Godzilla**
R: Roland Emmerich, D: Matthew Boderick, Jean Reno

Um Godzilla anzulocken, türmen zwölf Mülllaster einen Fischberg auf die Kreuzung. Als die Bestie friedlich frisst, wird sie mit Raketen beschossen. Doch Godzilla duckt sich und das schöne Gebäude ist in Sekunden ein Trümmerhaufen.

• 1998 **Armageddon** □1
R: Michael Bay, D: Bruce Willis, Ben Affleck

Als humoristischer Seitenhieb auf Godzilla reißt sich hier der Schoßhund eines schwarzen Teenagers los, um den Godzillafiguren eines dicken Straßenhändlers in die Beine zu beißen. Getrennt werden Hund und Händler erst durch einen herabstürzenden Meteoriten. Die unschöne Gemeinsamkeit beider Filme besteht darin, dass Manhattan in ihnen furchtbar demoliert wird.

• 2002 **Spiderman** □
R: Sam Raimi, D: Tobey Maguire, Willem Dafoe, Kirsten Dunst

Das charmante Gebäude muss als Redaktionssitz des Schmierenblattes herhalten, für das Spiderman Tobey Maguire als Fotoreporter arbeitet.

• 2004 **Ein verrückter Tag in New York** □2
R: Dennie Gordon, D: Mary-Kate & Ashley Olsen

Schmutzig, genervt und unter Zeitdruck gibt es vor dem Flatiron Building das erste Mal Zoff zwischen den Zwillingen Mary-Kate & Ashley Olsen.

2

7 Gramercy Park Hotel

Two Lexington Avenue, NY 10010, Höhe 21st Street

Infos im Kapitel »Hotels für Helden, Diven und Halunken« ▶ S. 196

Film

• 2000 **Almost Famous – Fast berühmt**
R: Cameron Crowe, D: Billy Crudup, Frances McDormand, Kate Hudson

8 Metronome

915 Broadway, NY 10010, Höhe 21st Street

Infos im Kapitel »Restaurants, die eine Rolle spielen« ▸ S. 224

Filme

- 1988 **BIG**
  R: Penny Marshall, D: Tom Hanks, Elizabeth Perkins
- 2000 **Shaft**
  R: John Singleton, D: Samuel L. Jackson, Richard Roundtree, Christian Bale

9 National Arts Club

15 Gramercy Park South, NY 10003, Höhe Irving Place □1

Infos im Kapitel »Die Lichter der Nacht – Bars, Clubs & Discos« ▸ S. 263

Filme

- 1993 **Manhattan Murder Mystery**
  R/D: Woody Allen, D: Diane Keaton, Alan Alda, Anjelica Huston
- 1999 **Die Thomas Crown Affäre**
  R: John McTiernan, D: Pierce Brosnan, Rene Russo, Ben Gazzara, Faye Dunaway

10 America Restaurant (jetzt: Rosa Mexicano)

9 East 18th Street, NY 10003, zwischen Broadway & Fifth Avenue

Infos im Kapitel »Restaurants, die eine Rolle spielen« ▸ S. 201

Film

- 1990 **Mo' Better Blues**
  R/D: Spike Lee, D: Denzel Washington, Wesley Snipes

11 Barnes & Noble

33 East 17th Street, NY 10003 □2

Infos im Kapitel »Filmreif Schoppen« ▸ S. 237

Filme

- 1997 **Fletchers Visionen**
  R: Richard Donner, D: Mel Gibson, Julia Roberts, Patrick Stewart
- 2000 **Den Einen oder Keinen**
  R: Kris Isacsson, D: Freddie Prinze Jr., Julia Stiles, Selma Blair

12 Hotel 17

225 East 17th Street, NY 10003

Infos im Kapitel »Hotels für Helden, Diven und Halunken« ▸ S. 199

Film

- 1993 **Manhattan Murder Mystery**
  R/D: Woody Allen, D: Diane Keaton, Alan Alda, Anjelica Huston

13 Union Square Park

14th-17th Street, zwischen Broadway & Park Avenue South □4

Das grüne Oval hat eine bewegte politische Vergangenheit. Große Demonstrationen fanden hier statt. Auch heute dürfen hier noch politische Kundgebungen abgehalten werden. Beliebt ist auch der viermal in der Woche stattfindende Gemüsemarkt, auf dem man viele Ökoprodukte kaufen kann. Die schattigen Bänke laden dazu ein, das eben Gekaufte gleich zu verzehren.

Filme

- 1992 **Bad Lieutenant** · R: Abel Ferrara, D: Harvey Keitel **□3**

  Harvey Keitel ist ein drogensüchtiger New Yorker Cop, der zu einem Doppelmord in den Park gerufen wird. Kaltschnäuzig betrachtet er die zwei jungen Mädchen, die erschossen in einem Auto sitzen. Die Wetten seiner Kollegen auf das nächste Football Match erregen bei ihm mehr Interesse.
- 2004 **New York Taxi □5**
  R: Tim Story, D: Queen Latifah, Jimmy Fallon, Jennifer Esposito, Gisele Bündchen

  Am Union Square rauscht Queen Latifah als junge Fahrradkurierin mit ihrem Zweirad die Treppen des Subway-Eingangs hinunter.

3

4

5

7 Midtown

Die geballteste Ladung Entertainment, die man in New York finden kann, beherrscht dieses Areal. Der glamouröse Theater-Distrikt lockt mit seinen Musicals. Der brodelnde Times Square ist in das Licht der funkelnden Leuchtreklamen und Videowände getaucht. Kinos, MTV und andere TV-Studios haben sich hier angesiedelt. Viele Infos und Anregungen hält das Times Square Besucherzentrum Seventh Avenue zwischen 46th & 47th Street bereit.

1 New York Athletic Club

180 Central Park South, NY 10019
© (212) 247-5100, Fax (212) 767-7137
www.nyac.org

»Wir sind der beste Sportclub der Welt«, das ist die bescheidene Aussage des New York Athletic Club und wirklich, in diesem Privat-Club hat man entweder eine olympische Medaille oder ein unüberschaubares Vermögen. Wer aus diesem Club tritt, ist meistens gut gebaut und immer eine gute Partie.

Weitere Infos in der »Central Park Tour« ▸ S. 294

Film

- 1961 **Ein Hauch von Nerz**
  R: Delbert Mann, D: Doris Day, Cary Grant

× Club 57 311 W 57th St ⊗ WB STORE 1E 57th / 5th AVE

▲ DISNEY STORE 210 W 42nd STR. 7th AVE

2 Plaza Hotel

Fifth Avenue, Höhe Central Park South, NY 10019 □ 2

Infos im Kapitel »Hotels für Helden, Diven und Halunken« ▶ S. 188 und in der »Central Park Tour« ▶ S. 294

Filme

- 1967 **Barfuß im Park**
  R: Gene Saks, D: Jane Fonda, Robert Redford
- 1974 **Der große Gatsby**
  R: Jack Clayton, D: Robert Redford, Mia Farrow
- 1986 **Crocodile Dundee – Ein Krokodil zum Küssen**
  R: Peter Faiman, D: Paul Hogan, Linda Kozlowski
- 1987 **Zwei mal Zwei**
  R: Jim Abrahams, D: Bette Midler, Lily Tomlin
- 1990 **King of New York**
  R: Abel Ferrara, D: Christopher Walken, Wesley Snipes
- 1991 **Lieblingsfeinde – Eine Seifenoper**
  R: Michael Hoffman, D: Sally Field, Kevin Kline, Whoopi Goldberg, Elisabeth Shue
- 1991 **König der Fischer**
  R: Terry Gilliam, D: Jeff Bridges, Robin Williams
- 1991 **In Sachen Henry**
  R: Mike Nichols, D: Harrison Ford
- 1992 **Kevin – allein in New York**
  R: Chris Columbus, D: Macaulay Culkin
- 1993 **Schlaflos in Seattle**
  R: Nora Ephron, D: Meg Ryan, Tom Hanks, Ross Malinger, Bill Pullman
- 2000 **Almost Famous – Fast berühmt**
  R: Cameron Crowe, D: Billy Crudup, Frances McDormand, Kate Hudson
- 2000 **Den Einen oder keinen**
  R: Kris Isacsson, D: Freddie Prinze Jr., Julia Stiles, Selma Blair
- 2004 **Ein verrückter Tag in New York**
  R: Dennie Gordon, D: Mary-Kate & Ashley Olsen

Oak Bar

im Plaza Hotel · Fifth Avenue, Höhe Central Park South, NY 10019 □1

Infos im Kapitel »Restaurants, die eine Rolle spielen« ▶ S. 227

Film

- 1992 **Der Duft der Frauen**
  R: Martin Brest, D: Al Pacino, Chris O'Donnell, Gabrielle Anwar

3 Grand Army Plaza

Fifth Avenue, Höhe Central Park South

Auf dem Platz vor dem Plaza Hotel lädt die *Pulitzer Memorial Fountain* zum Entspannen ein. Auf der gegenüberliegenden Seite von Central Park South setzt sich die Plaza mit dem goldenen Denkmal für General William T. Sherman fort.

Film

- 1981 **Arthur – kein Kind von Traurigkeit □**
  R: Steve Gordon, D: Dudley Moore, Liza Minnelli, Geraldine Fitzgerald

  Nachdem Liza Minnelli, die sich gewitzt durchs Leben schlägt, im Kaufhaus Bergdorf-Goodman eine Krawatte für den Geburtstag ihres Vaters gestohlen hat, wird sie vom Warenhausdetektiv auf dem Platz, an den auch Bergdorf-Goodman grenzt, gestellt. Dudley, ein infantiler Millionär, der gerade vier Dutzend Hemden und 14 grüne Pullover gekauft hat, beobachtet den Vorfall. Von Liza entzückt, springt er in die Bresche und gibt sie als seine Geliebte aus.

»Arthur – kein Kind von Traurigkeit«

1

2

3

4 Two Columbus Circle, NY 10019

Dieses skurrile, in den unteren Etagen fensterlose Marmorgebäude wurde in den 1960er-Jahren für eine Galerie gebaut. Nachdem es die Kulturabteilung der Stadt beherbergte, wurde es 2003 an das American Craft Museum verkauft. Inklusive Renovierung kostete es 30 Millionen Dollar.

Filme

- 1984 **Ghostbusters – Die Geisterjäger** □1
  R: Ivan Reitman, D: Bill Murray, Dan Aykroyd, Harold Ramis, Sigourney Weaver, Rick Moranis

  Hinter diesem Haus kommt der ebenso große Marshmallow-Mann hervor und stampft über den Columbus Circle.
- 2000 **Den Einen oder keinen** □2
  R: Kris Isacsson, D: Freddie Prinze Jr., Julia Stiles, Selma Blair

  Freddie und sein Jugendfreund bejammern am Hochhausfenster stehend die fehlenden Flugzeuge im Bauch. Vor ihnen liegen im Dämmerlicht der Columbus Circle und der Central Park.

5 Petrossian Paris

182 West 58th Street, NY 10019,
Ecke Seventh Avenue

Infos im Kapitel »Restaurants, die eine Rolle spielen« ▶ S. 228

Film

- 1986 **Hannah und ihre Schwestern**
  R/D: Woody Allen, D: Mia Farrow, Michael Caine, Barbara Hershey, Dianne Wiest

6 Rizzoli's Bookstore

31 West 57th Street, NY 10019 □3
zwischen Fifth & Sixt Avenue

Infos im Kapitel »Filmreif Shoppen« ▶ S. 250

Filme

- 1979 **Manhattan**
  R/D: Woody Allen, D: Diane Keaton, Mariel Hemingway, M. Murphy, M. Streep
- 1985 **Der Liebe verfallen**
  R: Ulu Grosbard, D: Robert De Niro, Meryl Streep, Harvey Keitel, Dianne Wiest

7 9 West 57th Street, NY 10019 □4

Wegen seiner Höhe von 221 m war das 1974 errichtete Gebäude eines der umstrittensten in Midtown. Die spiegelnde Glasfassade weicht schräg himmelwärts zurück. Der Faszination dieses Anblicks kann sich wohl kaum jemand entziehen, und so hat sich der Glaubensstreit der Architekturkritik gelegt. Auch für aufregende Kunst wurde gesorgt: Vor einem der Eingänge steht eine wuchtige, etwa 3 m hohe rote 9, und vor dem gegenüberliegenden Eingang thront die Skulptur eines mystischen Bullen von Pablo Picasso.

Film

- 1978 **Superman** □
  R: Richard Donner, D: Christopher Reeve, Gene Hackman, Marlon Brando

  Mit Hilfe von Saugnäpfen erklettert ein Juwelendieb das gläserne Hochhaus. Fast hat er es geschafft, da stellt Superman sich ihm in den Weg. Geschockt stürzt der Dieb in die Tiefe. Cool schwebt Superman ihm nach und fängt ihn noch rechtzeitig auf.

8 Bergdorf-Goodman

754 Fifth Avenue, NY 10019, zwischen 57th & 58th Street

Infos im Kapitel »Filmreif Shoppen« ▸ S. 238 und in der Shoppingtour ▸ S. 324

Filme

- 1981 **Arthur – kein Kind von Traurigkeit**
  R: Steve Gordon, D: Dudley Moore, Liza Minnelli, Geraldine Fitzgerald
- 1987 **Der Mann im Hintergrund**
  R: Ridley Scott, D: Tom Berenger, Mimi Rogers

9 Carnegie Hall

154 West, Höhe 57th Street □
881 Seventh Avenue, NY 10019-3210
Infos im Kapitel »Film-Theater« ▶ S. 271

Filme

- 1984 **Bitte nicht heut' Nacht**
  R: Howard Zieff, D: Nastassja Kinski, Dudley Moore, Armand Assante
- 1999 **Music of the Heart**
  R: Wes Craven, D: Meryl Streep, Gloria Estefan

10 Mutual of New York Insurance Company (MONY) Building

1740 Broadway, NY 10019, Höhe 55th Street □
Infos in der »Broadway Tour« ▶ S. 311

Filme

- 1969 **Asphalt-Cowboy**
  R: John Schlesinger, D: Dustin Hoffman, John Voight
- 1989 **New Yorker Geschichten**
  R: Martin Scorsese, Francis Ford Coppola, Woody Allen, D: Nick Nolte, Rosanna Arquette, Heather McComb, Giancarlo Giannini, Woody Allen, Mia Farrow

11 Juwelier Harry Winston Inc.

718 Fifth Avenue, NY 10019, Höhe 56th Street
Infos im Kapitel »Filmreif Shoppen« ▶ S. 244 und in der »Shoppingtour« ▶ S. 324

Film

- 1996 **Alle sagen I Love You**
  R: Woody Allen, D: Goldie Hawn, Edward Norton, Drew Barrymore, Natasha Lyonne

12 Henri Bendel Store

712 Fifth Avenue, NY 10019-4108, zwischen 55th & 56th Street

Infos im Kapitel »Filmreif Shoppen« ▶ S. 238 und in der »Shoppingtour« ▶ S. 324

7

Filme

- 1994 **2 Millionen Dollar Trinkgeld**
  R: Andrew Bergman, D: Nicolas Cage, Bridget Fonda, Rosie Perez
- 2004 **30 über Nacht**
  R: Gary Winick, D: Jennifer Garner, Mark Ruffalo, Judy Greer

13 Carnegie Delicatessen & Restaurant

854 Seventh Avenue, NY 10019 ◻

Infos im Kapitel »Restaurants, die eine Rolle spielen« ▶ S. 208

Filme

- 1984 **Broadway Danny Rose**
  R/D: Woody Allen, D: Mia Farrow
- 1996 **Tage wie dieser**
  R: Michael Hoffman, D: Michelle Pfeiffer, George Clooney, Mae Whitman, Alex D. Linz

14 Peninsula Hotel

700 Fifth Avenue, NY 10019, Höhe 55th Street

Infos im Kapitel »Hotels für Helden, Diven und Halunken« ▶ S. 184

Filme

- 1969 **Asphalt-Cowboy**
  R: John Schlesinger, D: Dustin Hoffman, John Voight
- 1988 **Das Dreckige Spiel**
  R: Joseph Ruben, D: James Woods, Robert Downey Jr., Yuji Okumoto
- 1996 **Eddie**
  R: Steve Rash, D: Whoopi Goldberg, Richard Jenkins, Donald Trump, Rudolph W. Guiliani

15 Studio 54

254 West 54th Street, NY 10019, zwischen Broadway & Eighth Avenue

Infos im Kapitel »Die Lichter der Nacht – Bars, Clubs & Discos« ▶ S. 267 und in der»Broadway Tour« ▶ S. 311

Filme

- 1998 **Studio 54**
  R: Mark Christopher, D: Ryan Phillippe
- 1999 **Summer of Sam**
  R: Spike Lee, D: John Leguizamo, Adrien Brody, Mira Sorvino, Jennifer Esposito

16 Stage Deli

834 Seventh Avenue, NY 10019

Infos im Kapitel »Restaurants, die eine Rolle spielen« ▶ S. 233

Film

- 1991 **Lieblingsfeinde – Eine Seifenoper**
  R: Michael Hoffman, D: Sally Field, Kevin Kline, Whoopi Goldberg, Elisabeth Shue

17 MoMA – Museum of Modern Art

11 West 53rd Street, NY 10019

Infos im Kapitel »Film-Museen« ▶ S. 291

Filme

- 1979 **Manhattan**
  R/D: Woody Allen, D: Diane Keaton, Mariel Hemingway, Michael Murphy, Meryl Streep
- 2000 **Loser – Auch Verlierer haben Glück**
  R: Amy Heckerling, D: Jason Biggs, Mena Suvari, Greg Kinnear

18 CBS Building

51 West 52nd Street, NY 10019, Höhe Sixth Avenue

Das *The Black Block* genannte Gebäude der TV-Station CBS rief bei seiner Fertigstellung 1965 zwiespältige Gefühle bei den New Yorkern hervor. Der mit seinen 38 Stockwerken 150 m hohe Büroturm erwies sich jedoch als solide und zeitlos. Der elegante *China Grill* im Erdgeschoss besänftigt auch den letzten Kritiker.

Film

- 1977 **Der Exorzist II – Der Ketzer** ◻
  R: John Boorman, D: Richard Burton, Linda Blair, Louise Fletcher, Max von Sydow
  Im Gebäude befindet sich das Apartment der vom Teufel besessenen Linda Blair.

19 The 21 Club

21 West 52nd Street, NY 10019, zwischen Fifth & Sixth Avenue

Infos im Kapitel »Die Lichter der Nacht – Bars, Clubs & Discos« ▶ S. 267

Filme

- 1987 **Wall Street**
  R: Oliver Stone, D: Michael Douglas, Charlie Sheen, Daryl Hannah
- 1993 **Manhattan Murder Mystery**
  R/D: Woody Allen, D: Diane Keaton, Anjelica Huston
- 1996 **Tage wie dieser**
  R: Michael Hoffman, D: Michelle Pfeiffer, George Clooney, Mae Whitman, Alex D. Linz
- 1996 **Wer ist Mr. Cutty?**
  R: Donald Petrie, D: Whoopi Goldberg, Dianne Wiest, Bebe Neuwirth, Donald Trump

20 Float

Nobeldisco · 240 West 52nd Street, NY 10019, zwischen Eighth Avenue & Broadway

Infos im Kapitel »Die Lichter der Nacht – Bars, Clubs & Discos« ▶ S. 260 und in der »Broadway Tour« ▶ S. 311

Film

- 2000 **Almost Famous – Fast berühmt**
  R: Cameron Crowe, D: Billy Crudup, Frances McDormand, Kate Hudson

21 Palio

151 West 51st Street, NY 10019, im Equitable Center □1

Infos im Kapitel »Restaurants, die eine Rolle spielen« ▶ S. 228

Film

- 1992 **Light Sleeper**
  R: Paul Schrader, D: Willem Dafoe, Susan Sarandon

22 AOL Time Warner Building

75 Rockefeller Plaza, NY 10019

Film

- 1968 **Rosemaries Baby**
  R: Roman Polanski, D: Mia Farrow, John Cassavetes

  Mia sitzt auf dem Sockel des Hauses, ein älterer Herr grüßt von weitem und sie ist erfreut, ihren sehnlich erwarteten Bekannten doch noch zu treffen. Jedoch grüßt eine andere junge Frau zurück: Mia hat den fremden Mann mit ihrem Freund verwechselt.

23 Hotel Washington-Jefferson

318 West 51st Street, NY 10019 □2

Infos im Kapitel »Hotels für Helden, Diven und Halunken« ▶ S. 197

Film

- 2000 **Schmalspurganoven**
  R/D: Woody Allen, D: Hugh Grant

24 Paramount Plaza

1633 Broadway, NY 10019, Höhe 51st Street

Das Bürohochhaus mit 48 Stockwerken wurde 1971 erbaut.

Weitere Infos in der »Broadway Tour« ▶ S. 311

Film

- 1983 **The King of Comedy**
  R: Martin Scorsese, D: Robert De Niro, Jerry Lewis, Sandra Bernhard

25 Time-Life Building

1271 Sixth Avenue (Avenue of the Americas), NY 10020, zwischen 50th & 51st Street □3

Das 1958 erbaute Haus war das erste Gebäude des Rockefeller Centers auf der Westseite der Avenue of the Americas. An den anfänglich verhöhnten Wolkenkratzer haben sich die New Yorker mittlerweile gewöhnt. Von einem Studio im Erdgeschoss sendet CNN sein Nachrichtenprogramm. Vor der Tür des 48-stöckigen Bauwerks steht die von William Crovello kreierte blaue Metallskulptur mit dem Namen »Cubed Curve«.

Film

- 1979 **Manhattan** □4

R/D: Woody Allen, D: Diane Keaton, Mariel Hemingway, Michael Murphy, Meryl Streep

Woody Allen fängt hier seine Ex-Frau Meryl Streep ab. Er stellt sie zur Rede, da sie ein Buch über ihre gescheiterte Ehe schreiben will.

26 Radio City Music Hall

1260 Sixth Avenue, NY 10020 □5

Infos im Kapitel »Film-Theater« ▶ S. 278

Filme

- 1972 **Der Pate**

R: Francis Ford Coppola, D: Marlon Brando, Al Pacino, Diane Keaton

- 1979 **Manhattan**

R/D: Woody Allen, D: Diane Keaton, Mariel Hemingway, Michael Murphy, Meryl Streep

- 1987 **Radio Days**

R/D: Woody Allen, D: Mia Farrow, Diane Keaton, Julie Kavner, Michael Tucker, Seth Green

- 1992 **Kevin – allein in New York**

R: Chris Columbus, D: Macaulay Culkin

- 2004 **Sky Captain and the World of Tomorrow**

R: Kerry Conran, D: Gwyneth Paltrow, Jude Law, Giovanni Ribisi, Angelina Jolie

27 International Building

630 Fifth Avenue, NY 10111, zwischen 50th & 51st Street □2

Dieses Hochhaus ist der kleine Bruder des GE Buildings. Es hat zwar weniger Stockwerke, doch die gleiche architektonische Struktur. Vor dem 1935 fertiggestellten Gebäude steht seit 1937 die berühmte Atlasstatue von Lee Lawrie und blickt gelassen auf die Fifth Avenue. Sie bildet die Grenze des Rockefeller Centers nach Osten.

Filme

- 1990 **Fegefeuer der Eitelkeiten □1**
  R: Brian De Palma, D: Tom Hanks, Melanie Griffith, Bruce Willis

  Der Sensationsreporter Bruce Willis gleitet mit einem Rechtsanwalt die Rolltreppe des prächtigen Foyers herunter. Er bekommt von ihm die Story von der angeblichen Fahrerflucht, die den reichen Börsenmakler Tom Hanks zu Fall bringen soll. An der Atlasstatue vorbei verlassen sie das Gebäude.

1

2

- 1996 **Tage wie dieser □3**
  R: Michael Hoffman, D: Michelle Pfeiffer, George Clooney, Mae Whitman, Alex D. Linz

  Michelle eilt mit ihrem Sohn Alex an der Atlasstatue vorbei ins International Building. Beide fahren mit der übervollen Rolltreppe hinauf in ihr Büro. Ihren Sohn kann sie heute gar nicht gebrauchen, denn die Managerin hat einen wichtigen Termin mit einer Investorengruppe.

28 Brill Building

1619 Broadway, NY 10019, zwischen 49th & 50th Street

Infos in der »Broadway Tour« ▶ S. 311

Film

- 1957 **Dein Schicksal in meiner Hand**
  R: Alexander Mackendrick, D: Burt Lancaster, Tony Curtis, Susan Harrison

29 Rainbow Room

30 Rockefeller Plaza, NY 10112-0001 □4

Infos im Kapitel »Restaurants, die eine Rolle spielen« ▶ S. 228

Filme

- 1986 **Hannah und ihre Schwestern**
  R/D: Woody Allen, D: Mia Farrow, Michael Caine, Barbara Hershey, Dianne Wiest

- 1991 **Herr der Gezeiten**
  R/D: Barbra Streisand, D: Nick Nolte, Jason Gould
- 1993 **Schlaflos in Seattle**
  R: Nora Ephron, D: Meg Ryan, Tom Hanks, Ross Malinger, Bill Pullman

30 GE Building

früher RCA Building · 30 Rockefeller Plaza, NY 10112, zw. 49th & 50th Street

Das Gebäude im Zentrum des Rockefeller Centers (s.u. Nr. 31) ist auch das höchste mit toller Aussicht: www.topoftherocknyc.com. Es beherbergt die NBC, eine der größten und ältesten TV-Stationen Amerikas. Von hier aus geht das tägliche Programm in alle Landesteile. Nach einer NBC-Studiotour durch die Fernsehwelt kann man die dazugehörigen Devotionalien im unvermeidlichen Megastore erstehen.

3

4

5

6

Filme

- 1984 **Ghostbusters – Die Geisterjäger**
  R: Ivan Reitman, D: Bill Murray, Dan Aykroyd, Harold Ramis, Sigourney Weaver, Rick Moranis

  Die Geisterjäger bekämpfen die bösen Geister New Yorks. In voller Kampfausrüstung laufen sie über die Plaza, die Prometheusstatue hinter sich lassend.
- 1989 **Harry und Sally** □5
  R: Rob Reiner, D: Billy Crystal, Meg Ryan

  Es ist wieder einmal Weihnachtszeit in New York und der Canal Garden steht im schönsten Weihnachtsschmuck.
- 1992 **Kevin – allein in New York**
  R: Chris Columbus, D: Macaulay Culkin

  Vor dem riesigen Weihnachtsbaum auf der Plaza schließt Macaulay nach vielen Abenteuern endlich wieder seine Mutter in die Arme.
- 1994 **Quiz Show** □6
  R: Robert Redford, D: Ralph Fiennes

  In den NBC-Studios findet das legendäre TV-Quiz statt, das in den 1950ern Woche für Woche Abermillionen Amerikaner vor die Fernseher zieht. Gravitätisch werden die Quizfragen von einem Wachmann aus einem riesigen Safe geholt und zum RCA-Gebäude gebracht. Aber alles ist nur ein großer Schwindel.

- 1996 **Tage wie dieser** □
  R: Michael Hoffman, D: Michelle Pfeiffer, George Clooney, Mae Whitman, Alex D. Linz

  George Clooney hetzt mit seiner Tochter und dem Sohn von Michelle Pfeiffer an GE Building und RadioCity Music Hall vorbei, um die Kinder bei Michelle abzuliefern. Ihn drückt ein wichtiger Termin. Sie haben sich verspätet, weil ein Arzt erst eine Murmel aus der Nase des kleinen Jungen entfernen musste.
- 2000 **Es begann im September** □
  R: Joan Chen, D: Richard Gere, Winona Ryder

  Der Frauenheld Richard Gere schaut seiner ersten wirklichen Liebe Winona beim Eislaufen auf der Lower Plaza zu. Die Schwerkranke hat einen Schwächeanfall und stürzt. Richard eilt ihr in Panik zu Hilfe.

31 Rockefeller Center

zwischen Fifth & Seventh Avenue, 48th & 51st Street □1
www.rockefellercenter.com

Dieses Ensemble ist in jeder Beziehung eine visionäre Leistung. John D. Rockefeller entwarf diese »Stadt in der Stadt« als urbanes Zentrum New Yorks und baute sie auf dem Höhepunkt der Depression in den 1930er-Jahren. Trotz der gewaltigen Dimensionen dieser bis 278 m hohen 14 Gebäude ist dieses Areal ein Anziehungspunkt für Geschäftsleute und Flaneure. Die schmalen Hochhäuser wirken elegant und durch ihre Kalksandsteinfassade eher behaglich als monumental. Zwischen *Maison Francaise* und *British Empire Building* erstreckt sich von der Fifth Avenue aus ein blühender Garten, der – wie kann es anders sein – Canal Garden heißt, bis zum fahnengeschmückten Mittelpunkt der Rockefeller Plaza. Über die Lower Plaza eine Etage tiefer, die im Winter eine wundervolle Eisbahn, im Sommer aber ein Straßencafé beherbergt, wacht ein goldener Prometheus. Dieser reinste Art-Deco-Komplex beherbergt 100 Kunstwerke von 30 Künstlern. Jedes für sich ist ein Ereignis. 65.000 Angestellte und unzählige Touristen genießen täglich die Synthese aus Business, Shopping und Entertainment.

32 Biltmore Theater

263 West 47th Street, NY 10036 □ 2

Infos im Kapitel »Film-Theater« ▶ S. 270

Film

- 1984 **Die Muppets erobern Manhattan**
  R: Frank Oz, D: Brooke Shields, Liza Minnelli, John Landis

33 Barbetta

321 West 46th Street, NY 10036,
zwischen Eighth & Ninth Avenue

Infos im Kapitel »Restaurants, die eine Rolle spielen« ▶ S. 202

Film

- 1990 **Alice**
  R: Woody Allen, D: Mia Farrow, Joe Mantegna, William Hurt

34 Mc Hale's

750 Eighth Avenue, NY 10036,
Höhe 46th Street □ 3

Infos im Kapitel »Restaurants, die eine Rolle spielen« ▶ S. 222

Filme

- 1995 **Money Train**
  R: Joseph Ruben, D: Wesley Snipes, Woody Harrelson, Jennifer Lopez
- 1996 **Sleepers**
  R: Barry Levinson, D: Brad Pitt, Kevin Bacon, Robert De Niro, Dustin Hoffman, Ron Eldard, Billy Crudup
- 1996 **She's the One**
  R/D: Edward Burns, D: Maxine Bahns, Cameron Diaz, Mike McGlone, Jennifer Aniston

35 Paramount Hotel

235 West 46th Street, NY 10036 ◻

Infos im Kapitel »Hotels für Helden, Diven und Halunken« ▶ S. 191

Film

- 1992 **Light Sleeper**
  R: Paul Schrader, D: Willem Dafoe, Susan Sarandon, Dana Delany, David Clennon

36 Edison Hotel

228 West 47th Street, NY 10036

Infos im Kapitel »Hotels für Helden, Diven und Halunken« ▶ S. 196

Film

- 1994 **Bullets over Broadway**
  R: Woody Allen, D: John Cusack, Chazz Palminteri, Dianne Wiest, Rob Reiner

Sofia's

Restaurant im Edison Hotel · 228 West 47th Street

Infos im Kapitel »Restaurants, die eine Rolle spielen« ▶ S. 233

Film

- 1972 **Der Pate**
  R: Francis Ford Coppola, D: Marlon Brando, Al Pacino, Diane Keaton

37 Lunt Fontanne Theater

205 West 46th Street, NY 10036-1497

Infos im Kapitel »Film-Theater« ▶ S. 273

Film

- 1990 **King of New York**
  R: Abel Ferrara, D: Christopher Walken, Wesley Snipes

38 Howard Johnson's Shoppers

Restaurant · 1551 Broadway, NY 10036 ◻

Infos in den Kapiteln »Restaurants, die eine Rolle spielen« ▶ S. 216 und in der »Broadway Tour« ▶ S. 311

Filme

- 1971 **Shaft**
  R: Gordon Parks, D: Richard Roundtree
- 1980 **Fame – Der Weg zum Ruhm**
  R: Alan Parker, D: Irene Cara
- 1990 **King of New York**
  R: Abel Ferrara, D: Christopher Walken, Wesley Snipes
- 2004 **Ein verrückter Tag in New York**
  R: Dennie Gordon, D: Mary-Kate & Ashley Olsen

39 Palace Theatre

1564 Broadway, NY 10036, Höhe 47th Street

Infos im Kapitel »Film-Theater« ▶ S. 277

Film

- 1979 **Hinter dem Rampenlicht**
  R: Bob Fosse, D: Roy Scheider, Jessica Lange

40 Extreme Video

Sex-Shop · 763 Eighth Avenue, NY 10036-7024, Höhe 45th Street

Infos im Kapitel »Filmreif Shoppen« ▶ S. 241

Film

- 1998 **Echt Blond**
  R: Tom DiCillo, D: Daryl Hannah, Matthew Modine, Maxwell Caulfield, Catherine Keener, Kathleen Turner

41 Music Box Theatre

239 West 45th Street, NY 10036-3902 □

Infos im Kapitel »Film-Theater« ▶ S. 276

Film

- 1982 **Ein Draufgänger in New York**
  R: Richard Benjamin, D: Peter O'Toole, Mark Linn-Baker

42 Lyceum Theatre

149 West 45th Street, NY 10036-4042, zwischen Sixth & Seventh Avenue

Infos im Kapitel »Film-Theater« ▶ S. 273

Filme

- 1999 **Der Talentierte Mr. Ripley**
  R: Anthony Minghella, D: Matt Damon, Gwyneth Paltrow, Jude Law, Cate Blanchett
- 2003 **Mona Lisa Smile**
  R: Mike Newell, D: Julia Roberts

43 Plymouth Theatre

236 West 45th Street, NY 10036

Infos im Kapitel »Film-Theater« ▶ S. 278

Film

- 1996 **Der Club der Teufelinnen**
  R: Hugh Wilson, D: Goldie Hawn, Bette Midler, Diane Keaton, Sarah Jessica Parker, Maggie Smith

44 Booth Theatre

222 West 45th Street, NY 10036-3996, zwischen Broadway & Eighth Avenue □

Infos im Kapitel »Film-Theater« ▶ S. 271 und in der »Broadway Tour« ▶ S. 311

Filme

- 1979 **Hinter dem Rampenlicht**
  R: Bob Fosse, D: Roy Scheider, Jessica Lange
- 1986 **Hannah und ihre Schwestern**
  R/D: Woody Allen, D: Mia Farrow, Michael Caine, Barbara Hershey, Dianne Wiest

- 1995 **City Hall**
  R: Harold Becker, D: Al Pacino, John Cusack, Bridget Fonda, Martin Landau, Danny Aiello

45 Intrepid Sea-Air-Space Museum

Flugzeugträger am Hudson River
Pier 86, Twelfth Avenue & 46th Street, NY 10036 □

Infos im Kapitel »Film-Museen« ▶ S. 289

Film

- 1990 **Im Vorhof der Hölle**
  R: Phil Joanou, D: Sean Penn, Gary Oldman, Ed Harris

46 Majestic Theater

247 West 44th Street, NY 10036-3907,
zwischen Broadway & Eighth Avenue

Infos im Kapitel »Film-Theater« ▶ S. 275

Film

- 1960 **Das Appartement**
  R: Billy Wilder, D: Jack Lemmon, Shirley MacLaine

47 Sardi's

234 West 44th Street, NY 10036

Infos im Kapitel »Restaurants, die eine Rolle spielen« ▶ S. 231 und in der »Broadway Tour« ▶ S. 311

Intrepid Sea-Air-Space Museum

Filme

- 1983 **The King of Comedy**
  R: Martin Scorsese, D: Robert De Niro, Jerry Lewis
- 1984 **Die Muppets erobern Manhattan**
  R: Frank Oz, D: Brooke Shields, Liza Minnelli, John Landis
- 1987 **Radio Days**
  R/D: Woody Allen, D: Mia Farrow, Seth Green, Julie Kavner, Michael Tucker, Dianne Wiest

48 Millennium Broadway Hotel

145 West 44th Street, NY 10036-4012

Infos im Kapitel »Hotels für Helden, Diven und Halunken« ▶ S. 190 und in der »Broadway Tour« ▶ S. 311

Film

- 1997 **One Night Stand**
  R: Mike Figgis, D: Wesley Snipes, Nastassja Kinski, Ming-Na Wen, Robert Downey Jr., Kyle MacLachlan

49 Belasco Theater

111 West 44th Street, NY 10036-4012, zwischen Sixth & Seventh Avenue

Infos im Kapitel »Film-Theater« ▶ S. 270

Film

- 1994 **Bullets over Broadway**
  R: Woody Allen, D: John Cusack, Chazz Palminteri, Dianne Wiest, Rob Reiner

50 Paramount Building

1501 Broadway, NY 10036, zwischen 43rd & 44th Street □

Infos in der »Broadway Tour« ▶ S. 311

Film

- 1984 **Die Muppets erobern Manhattan**
  R: Frank Oz, D: Brooke Shields, Liza Minnelli, John Landis

51 ABC-Studios

1500 Broadway, NY 10036, Ecke 43rd Street □

Infos in der »Broadway Tour« ▶ S. 311

Filme

- 1969 **Asphalt-Cowboy**
  R: John Schlesinger,
  D: Dustin Hoffman, John Voight
- 2000 **15 Minuten Ruhm**
  R: John Herzfeld, D: Robert De Niro, Edward Burns, Karel Roden, Oleg Taktarov

52 Hotel Carter

250 West 43rd Street, NY 10036

Infos im Kapitel »Hotels für Helden, Diven und Halunken« ▶ S. 198

Film

- 1998 **Große Erwartungen**
  R: Alfonso Cuarón, D: Ethan Hawke, Gwyneth Paltrow, Anne Bancroft, Robert De Niro

53 Times Square

Kreuzung Broadway & Seventh Avenue

Durch eine Radikalkur, die 1990 begann, ist der Times Square aus einem Sumpf aus Drogen und Pornographie wieder zum touristischen Zentrum der Stadt auferstanden. Auf dem nach der *New York Times* benannten Platz, die lange Zeit ihren Sitz am Times Square Nr. 1 hatte, ist rund um die Uhr fröhliches Treiben. Vielen New Yorkern ist allerdings die zunehmende »Disneyisierung« ihrer Stadt ein Dorn im Auge. Unter www.earthcam.com/usa/newyork/timessquare kann man versuchen, diese Entwicklung Tag und Nacht persönlich zu überblicken.

Weitere Infos in der »Broadway Tour« ▶ S. 311

Filme

- 1969 **Asphalt-Cowboy**
  R: John Schlesinger, D: Dustin Hoffman, John Voight
- 1979 **Manhattan**
  R/D: Woody Allen, D: Diane Keaton, Mariel Hemingway, Michael Murphy, Meryl Streep
- 1980 **Fame – Der Weg zum Ruhm**
  R: Alan Parker, D: Irene Cara

- 1986 **Crocodile Dundee – Ein Krokodil zum Küssen**
  R: Peter Faiman, D: Paul Hogan, Linda Kozlowski
- 1990 **King of New York**
  R: Abel Ferrara, D: Christopher Walken, Wesley Snipes
- 1995 **Eine Couch in New York**
  R: Chantal Akerman, D: Juliette Binoche, William Hurt, Richard Jenkins
- 1995 **Money Train**
  R: Joseph Ruben, D: Wesley Snipes, Woody Harrelson, Jennifer Lopez
- 1996 **Alle sagen I Love You**
  R/D: Woody Allen, D: Goldie Hawn, Julia Roberts, Edward Norton, Drew Barrymore, Natasha Lyonne, Maxwell Caulfield, Alan Alda
- 1997 **Fletchers Visionen**
  R: Richard Donner, D: Mel Gibson, Julia Roberts, Patrick Stewart
- 1998 **Ausnahmezustand**
  R: Edward Zwick, D: Denzel Washington, Annette Bening, Bruce Willis
- 1999 **Ticket To Love**
  R: Richard Wenk, D: Andy Garcia, Andie MacDowell, Richard Bradford
- 2000 **15 Minuten Ruhm**
  R: John Herzfeld, D: Robert De Niro, Edward Burns, Karel Roden, Oleg Taktarov
- 2001 **Vanilla Sky**
  R: Cameron Crowe, D: Tom Cruise, Penélope Cruz, Cameron Diaz, Kurt Russell
- 2002 **Men in Black II**
  R: Barry Sonnenfeld, D: Tommy Lee Jones, Will Smith
- 2002 **Mr. Deeds**
  D: Adam Sandler, Winona Ryder, John McEnroe
- 2002 **Spiderman**
  D: Tobey Maguire, Willem Dafoe, Kirsten Dunst
- 2004 **Ein verrückter Tag in New York**
  R: Dennie Gordon, D: Mary-Kate & Ashley Olsen
- 2004 **30 über Nacht**
  R: Gary Winick, D: Jennifer Garner, Mark Ruffalo, Judy Greer

54 Circle Line Seaport Cruises Terminal

83 North River Piers, NY 10036, Höhe 43rd Street am Hudson River □

✆ (212) 563-3200 · www.circleline42.com

Die Circle Line Seaport Cruises ermöglichen, New York aus einer anderen Perspektive zu erleben: Die Skyline vom Wasser aus zu betrachten und die weiten Brücken zu unterqueren, ist beeindruckend für Groß und Klein. In drei Stunden umrundet das Schiff Manhattan. Seefahrer mit weniger Zeit können eine zweistündige Fahrt um den südlichen Teil buchen.

Film

- 1996 **Tage wie dieser**
  R: Michael Hoffman, D: Michelle Pfeiffer, George Clooney, Mae Whitman

Die beiden viel beschäftigten Alleinerziehenden Michelle Pfeiffer und George Clooney sind wie immer spät dran. An den geplanten Ausflug ihrer Kinder denken beide erst, als sie die wunderschöne Schiffszeichnung an der Tür des Kindergartens bemerken. Nach einer wilden Taxifahrt zum Pier 83 erreichen sie gerade noch das Schiff. Da sie aber in der Hektik auf den falschen Dampfer geraten sind, können sie nur noch fluchend dem richtigen Schiff hinterhersehen, das gerade ablegt. Ein Tag voller Arbeit wartet auf sie, aber wohin nun mit den Kindern?

55 Bryant Park

42nd Street, zwischen Fifth & Sixth Avenue
an der New York Public Library · www.bryantpark.org

Das für New York typische Auf und Ab erlebte auch dieser Park. Nachdem hier im Bürgerkrieg exerziert wurde, entstand am damaligen nördlichen Stadtrand ein riesiger Kristallpalast für die Weltausstellung 1853. Sie löste den ersten Tourismusboom aus und ließ Hotels wie Pilze aus dem Boden schießen. 1858 passierte jedoch

das Unglaubliche: Das Gebilde aus Glas und Stahl brannte unrettbar nieder. Der Platz feierte sein Wiedererstehen 1884 als Bryant Park, benannt nach einem Autor und Poeten. In den 1930er-Jahren war das Areal wieder so verfallen, dass es als der schlimmste Park der Stadt bezeichnet wurde. Weitere Hochs und Tiefs folgten, bis in den 1960ern die Drogendealer dort ihre Heimat fanden. Ende der 1980er brachte die Verwaltung wieder Ordnung in den Park und die Mühe lohnte sich, denn er ist jetzt ein sehr charmanter Platz zum Lesen, Schauen und Kaffeetrinken geworden. Viele große Designer halten hier während der *Fashion Week* in Zelten ihre Modenschauen ab (www.mbfashionweek.com/newyork), im Sommer gibt es Freiluftkino.

Filme

- 1993 **Manhattan Murder Mystery**
  R/D: Woody Allen, D: Diane Keaton, Alan Alda, Anjelica Huston

  Diane hat ihren Nachbarn in Verdacht, seine Frau ermordet zu haben. Vor dem Springbrunnen im Park trifft sie sich mit ihrem Mann Woody Allen, um ihm von ihren neuesten Erkenntnissen nach ihrem Einbruch in des Nachbars Wohnung zu berichten.
- 1997 **Private Parts**
  R: Betty Thomas, D: Howard Stern, Robin Quivers, Mary McCormack

  Howard hat es endlich geschafft: er ist die Nummer 1 im New Yorker Radio. Im Park findet die Number One Party mit den Hard Rockern von AC/DC statt, doch plötzlich setzen die Wehen bei Howards Frau ein, und seine Fans müssen ohne ihn weiter feiern.
- 2000 **Hals über Kopf**
  R: Mark S. Waters, D: Monica Potter, Freddy Prinze Jr.

  In einem riesigen weißen Zelt im Bryant Park findet eine der berühmten Modenschauen der *Fashion Week* statt. Die auftretenden Supermodels lassen dabei die Entführung ihrer Freundin Monica Potter durch die Russenmafia auf ihre Weise scheitern.

»Hals über Kopf«

56 New York Public Library

Fifth Avenue, NY 10018,
Höhe 40th-42nd Street

✆ (212) 930-0800 · www.nypl.org

Mitten im brodelnden Zentrum Manhattans steht der Wissensanker der Stadt. Über 50 Millionen Bücher, Zeitschriften und Bilder gehören zum Bestand der Bibliothek. Bewacht werden die Schätze von zwei großen steinernen Löwen, die es sich vor dem Eingangsportal des imposanten Gebäudes bequem gemacht haben. Jedermann wird eingelassen, um die prächtige Eingangshalle, den Lesesaal oder die im Hause befindlichen Galerien zu besichtigen. Eine einstündige Führung gibt einen Überblick. Auch wer kein Bibliotheksmitglied ist, kann im Lesesaal schmökern. Das berühmteste Buch in der weltgrößten Bücherei ist eine 1455 in Mainz gedruckte Gutenberg-Bibel.

Filme

- 1984 **Ghostbusters – Die Geisterjäger** ☐1
  R: Ivan Reitman, D: Bill Murray, Dan Aykroyd, Harold Ramis, Sigourney Weaver, Rick Moranis

  In der Bücherei treiben die Geister zum ersten Mal ihr Unwesen.
- 2002 **Spiderman**
  R: Sam Raimi, D: Tobey Maguire, Willem Dafoe, Kirsten Dunst

  Spiderman Tobey Maguire wird von seinem Onkel bis vor die Bibliothek gefahren. Bevor jener aussteigt, versucht er vergeblich mit seinem Ziehsohn über die Veränderungen zu reden, die er an ihm beobachtet hat.
- 2004 **The Day After Tomorrow** ☐2
  R: Roland Emmerich, D: Dennis Quaid, Jake Gyllenhaal, Emmy Rossum

  Jake und Emmy können sich vor Flut und Kälteschock gerade noch in die Library retten. Um sich vor dem Kältetod zu schützen, beginnen sie die Buchbestände zu verheizen.

1

2

57 Guido's Supreme Macaroni Company

511 Ninth Avenue, NY 10018-2802, Höhe West 38th Street

Infos im Kapitel »Restaurants, die eine Rolle spielen« ▶ S. 215

Film

- 1994 **Leon – Der Profi**
  R: Luc Besson, D: Jean Reno, Natalie Portman, Gary Oldman, Danny Aiello

58 Lord & Taylor

424 Fifth Avenue, NY 10018, Höhe 39th Street

Infos im Kapitel »Filmreif Shoppen« ▶ S. 246

Film

- 1993 **Hilfe, jeder ist der Größte**
  R: James Lapine, D: Michael J. Fox, Cyndi Lauper, Christina Vidal

59 New Yorker Hotel

481 Eighth Avenue, NY 10001, Höhe 34th Street ☐

Infos im Kapitel »Hotels für Helden, Diven und Halunken« ▶ S. 198

Filme

- 1987 **Radio Days**
  R/D: Woody Allen, D: Mia Farrow, Seth Green, Julie Kavner, Michael Tucker, Dianne Wiest
- 1994 **Bullets over Broadway**
  R: Woody Allen, D: John Cusack, Chazz Palminteri, Dianne Wiest, Rob Reiner

60 Macy's

151 West 34th Street, NY 10001-2180, zwischen Seventh Avenue & Broadway

Infos im Kapitel »Filmreif Shoppen« ▶ S. 247

Filme

- 1987 **Radio Days**
  R/D: Woody Allen, D: Mia Farrow, Seth Green, Julie Kavner, Michael Tucker, Dianne Wiest
- 2004 **New York Taxi**
  R: Tim Story, D: Queen Latifah, Jimmy Fallon, Jennifer Esposito, Gisele Bündchen

8 Midtown East

Vom Rockefeller Center bis zur UN-Plaza erstreckt sich das pulsierende Herz Manhattans. Der Amüsierbetrieb des Theaterdistrikts ist der eleganten Geschäftigkeit von Fifth & Park Avenue gewichen. Alles sieht gut aus, alles riecht gut. Solange der New Yorker seinen Aktenkoffer täglich in eines der imposanten Hochhäuser trägt, muss er sich keine Sorgen machen.

1 General Motors Building

767 Fifth Avenue, NY 10153, zwischen East 58th & 59th Street

Infos in den Kapiteln »Filmreif Shoppen« ▶ S. 241 u. in der »Shoppingtour« ▶ S. 324

Filme

- 1987 **Baby Boom**
  R: Charles Shyer, D: Diane Keaton, Sam Shepard
- 1988 **BIG**
  R: Penny Marshall, D: Tom Hanks, Elizabeth Perkins
- 1993 **Ein Concierge zum Verlieben**
  R: Barry Sonnenfeld, D: Michael J. Fox, Gabrielle Anwar
- 1995 **Geliebte Aphrodite**
  R/D: Woody Allen, D: Mira Sorvino, F. Murray Abraham, Helena Bonham Carter

2 Riverview Terrace

East 58th Street, am Sutton Square nahe der Queensboro Bridge

Diese kleine Privatstraße wurde durch Woody Allens Film weltberühmt, da deren Ausblick auf dem Kinoplakat von **Manhattan** verewigt wurde.

Film

- 1979 **Manhattan** □
  R/D: Woody Allen, D: Diane Keaton, Mariel Hemingway, Michael Murphy, Meryl Streep

Der Fernsehmacher Woody Allen begegnet der kunstkritischen Diane Keaton bei einer Party im MoMA wieder. Sie bummeln durch das nächtliche Manhattan, besuchen ein Restaurant und warten auf der berühmten Bank am East River auf den anbrechenden Tag.

3 Tiffany & Co.

727 Fifth Avenue, NY 10022,
Höhe 57th Street ☐

Infos im Kapitel »Filmreif Shoppen« ▶ S. 252 und in der »Shoppingtour« ▶ S. 324

Filme

- 1961 **Frühstück bei Tiffany's**
  R: Blake Edwards, D: Audrey Hepburn
- 1969 **Asphalt-Cowboy**
  R: John Schlesinger, D: Dustin Hoffman, John Voight
- 1993 **Ein Concierge zum Verlieben**
  R: Barry Sonnenfeld, D: Michael J. Fox, Gabrielle Anwar
- 1993 **Schlaflos in Seattle**
  R: Nora Ephron, D: Meg Ryan, Tom Hanks, Ross Malinger, Bill Pullman
- 2002 **Liebe auf Umwegen – Sweet Home Alabama**
  R: Andy Tennant, D: Andy Tennant, Reese Witherspoon, Patrick Dempsey, Candice Bergen

4 Trump Tower

725 Fifth Avenue, NY 10022,
zwischen 56th & 57th Street

Infos im Kapitel »Filmreif Shoppen« ▶ S. 254 und in der »Shoppingtour« ▶ S. 324

Filme

- 1985 **Der Liebe verfallen**
  R: Ulu Grosbard, D: Robert De Niro, Meryl Streep, Harvey Keitel, Dianne Wiest
- 1997 **Im Auftrag des Teufels**
  R: Taylor Hackford, D: Keanu Reeves, Al Pacino, CharlizeTheron

5 Friars Club

57 East 55th Street, NY 10022,
zwischen Park & Madison Avenue

Infos im Kapitel »Die Lichter der Nacht – Bars, Clubs & Discos« ▶ S. 260

Film

- 1995 **Sonny Boys**
  R: John Erman, D: Woody Allen, Peter Falk, Sarah Jessica Parker

Mid Town East
0
400 m
N
8
Queensboro Bridge
Franklin D Roosevelt Dr
Queens Midtown T
United Nations Plaza
York Ave
1st Ave
2nd Ave
3rd Ave
Lexington Ave
Park Ave
Madison Ave
5th Ave
6th Ave
7th Ave
8th Ave
Broadway
Ave of the Americas
Central Park S
65th St
E 64th St
E 63rd St
62nd St
60th St
59th St
E 58th St
57th St
E 56th St
E 55th St
E 54th St
53rd St
E 52nd St
E 51st St
E 50th St
E 49th St
E 48th St
E 47th St
E 46th St
E 44th St
E 43rd St
East 42nd St
E 41st St
E 40th St
E 39th St
E 37th St
E 35th St
East 34th St
E 32nd St
E 30th St
W 58th St
W 56th St
W 55th St
W 54th St
W 53rd St
W 52nd St
W 51st St
W 50th St
W 49th St
W 48th St
W 47th St
W 46th St
W 45th St
W 44th St
West 43rd St
West 42nd St
W 40th St
W 39th St
W 37th St
W 35th St
1
2
3 + 4
5
6
7
8
9
10
11 + 12
13
14
15
16
17
18
19
20
21
22
23
24
25
26
27
28
29
30
31

6 St. Regis Hotel

2 East 55th Street, NY 10022, Höhe Fifth Avenue

Infos im Kapitel »Hotels für Helden, Diven und Halunken« ▶ S. 186

Filme

- 1972 **Der Pate**
  R: Francis Ford Coppola, D: Marlon Brando, Al Pacino, Diane Keaton
- 1976 **Taxi Driver**
  R: Martin Scorsese, D: Robert De Niro, Cybill Shepherd, Jodie Foster
- 1986 **Hannah und ihre Schwestern**
  R/D: Woody Allen, D: Mia Farrow, Michael Caine, Barbara Hershey, Dianne Wiest
- 1996 **Der Club der Teufelinnen**
  R: Hugh Wilson, D: Goldie Hawn, Bette Midler, Diane Keaton, Sarah Jessica Parker, Maggie Smith

King Cole Bar

im St. Regis Hotel · 2 East 55th Street, NY 10022-3103

Infos im Kapitel »Die Lichter der Nacht – Bars, Clubs & Discos« ▶ S. 261

Film

- 1996 **Der Club der Teufelinnen**
  R: Hugh Wilson, D: Goldie Hawn, Bette Midler, Diane Keaton, Sarah Jessica Parker, Maggie Smith

Lespinasse

im St. Regis Hotel · 2 East 55th Street, NY 10022-3103

Infos im Kapitel »Restaurants, die eine Rolle spielen« ▶ S. 220

Film

- 2000 **Miss Undercover**
  R: Donald Petrie, D: Sandra Bullock, Michael Caine

7 Fortunoff

681 Fifth Ave, NY 10022-4209, Höhe 54th St □

Infos im Kapitel »Filmreif Shoppen« ▶ S. 242 und in der »Shoppingtour« ▶ S. 324

Film

- 1987 **Der Mann im Hintergrund**
  R: Ridley Scott, D: Tom Berenger, Mimi Rogers

8 The Monkey Bar

60 East 54th Street, NY 10022 □1

Infos im Kapitel »Restaurants, die eine Rolle spielen« ▶ S. 226

Film

- 1996 **Liebe hat zwei Gesichter**
  R/D: Barbra Streisand, D: Jeff Bridges, Pierce Brosnan, George Segal

1

2

3

9 Citicorp Center

601 Lexington Avenue, NY 10022, zwischen 53rd & 54th Street □2

Dieser 1978 eröffnete und 279 m hohe Büroturm gehört durch sein schräges Dach sowie die glänzende Aluminiumverkleidung zu den prägnantesten Bauwerken der New Yorker Skyline. Zu sehen, dass dieses kühne Gebäude auf lediglich vier neun Etagen hohen Säulen steht, ist Schwindel erregend. Der St. Peter's Lutheran Church gehörte ein Teil des Grundstücks, auf das die größte Bank der Welt ihr Wahrzeichen setzen wollte. Deshalb war der Bau des schicken Gotteshauses neben der Plaza Bedingung für die Errichtung des Wolkenkratzers. In der Jazz-Kirche gibt es jeden Sonntag um 17 Uhr ein Konzert; ✆ (212) 935-2200, www.saintpeters.org/jazz.

Film

- 1987 **Das Geheimnis meines Erfolges** □3
  R: Herbert Ross, D: Michael J. Fox, Helen Slater

  Menschenmassen mit Aktenkoffern, darunter auch Michael, strömen durch die riesigen Säulen zur Arbeit: Für den New Yorker ein alltägliches Bild.

10 Lipstick Building

885 Third Avenue, NY 10022, Höhe 54th Street

Das 1986 fertig gestellte, postmoderne Gebäude ist zwar nur 34 Stockwerke hoch, aber auf Grund seiner von Philip C. Johnson kreierten Form eines riesigen Lippenstifts aus Granit, Aluminium und Glas ist es eines der neueren Wahrzeichen Manhattans geworden; www.nyc-architecture.com/MID/MID012.htm.

Film

- 1995 **Machen wir's wie Cowboys** ☐1

  R: Gregg Champion, D: Kiefer Sutherland, Woody Harrelson, Ernie Hudson

  Vor dem Lipstick Building springen Kiefer und Woody auf die dort zurückgelassenen Polizeipferde, um dem fiesen Kidnapper nachzujagen. Der flieht in die Subway, mit der Tochter eines erschossenen Freundes der beiden in seiner Gewalt.

11 Racquet and Tennis Club

370 Park Avenue, NY 10022, zwischen 52nd & 53rd Street ☐2

✆ (212) 753-9700, Fax (212) 980-7180

Umzingelt von Beton, Stahl und Glastürmen steht der Neorenaissance-Palast des berühmten Architekturbüros McKim, Mead & White für die gute alte Zeit, die nicht einmal 100 Jahre her ist. Die Park Avenue bestand 1918 zu großen Teilen aus Häusern dieser Art. Der Privatclub, dessen Mitgliederliste sich wie das »Who is Who« der New Yorker Gesellschaft liest, besitzt zwei Tennis- und mehrere Squashplätze.

Film

- 1979 **Manhattan**

  R/D: Woody Allen, D: Diane Keaton, Mariel Hemingway, Michael Murphy

  Woody Allen schwitzt mit seinem Freund Michael beim Tennisspiel. Er gibt Woody den Tipp, doch mal Diane anzurufen, denn er gefällt ihr.

12 Seagram Building

375 Park Avenue, NY 10152, zwischen 52nd & 53rd Street

www.nyc-architecture.com/UES/UES002.htm

Die Architektur studierende Tochter des damaligen Geschäftsführers der Seagram Corporation wählte für das Bauvorhaben den Bauhaus-Meister Mies van der Rohe aus. Mit der Fassade

»Machen wir's wie Cowboys«

aus Bronze und Glas und der schönsten Plaza von New York ist dem Stararchitekten ein Meisterwerk gelungen. Nach Fertigstellung des Gebäudes wurden die New Yorker Baugesetze geändert, um die Plazas im Stadtbild zu verankern. Von der Amerikanischen Architektenvereinigung bekam das Seagram Building 1984 den Titel »schönstes Haus der letzten 25 Jahre«.

Filme

- 2000 **Family Man**
  R: Brett Ratner, D: Nicolas Cage, Téa Leoni

  Morgens fährt der gerissene Broker Nicolas Cage mit seinem Ferrari vor das Gebäude. Ein fleißiges Helferlein steht bereit, um den Wagen in die Garage zu bringen. Durch das Foyer des Hauses verlässt er am Abend sein Büro, er will zu Fuß nach Hause gehen.

- 2005 **Hitch – Der Date Doktor** □3
  R: Andy Tennant, D: Will Smith, Eva Mendes, Kevin James, Amber Valletta

  Kevin James angebetete Millionärserbin Amber Valletta betritt mit großem Gefolge den Wolkenkratzer. Kevin ist ihr als kleiner Steuerberater in einer mächtigen Kanzlei zu Diensten.

3

13 Subway Bahnlüftungsschacht

an der nord-westlichen Ecke Lexington Avenue & 52nd Street □4

4

Film

- 1955 **Das verflixte siebente Jahr** □5
  R: Billy Wilder, D: Marilyn Monroe, Tom Ewell

  Eines der berühmtesten Bilder der Filmgeschichte: Marilyn kühlt ihren erhitzten Körper mit dem periodischen Luftzug der Subway, wobei sie auf einem in der Straße eingelassenen Gitter steht. Ihr weißes Kleid fliegt für das Jahr 1955 ungeheuerlich in die Höhe – wohl nur deshalb hat der Film auch heute noch eine FSK-Einstufung ab 16 Jahren. Das Überraschende ist aber, dass dieses in allen Köpfen herumschwirrende Bild im Film gar nicht vorkommt! In Halbnaheinstellungen sieht man entweder das flatternde Kleid Marilyns schöne Beine freigeben oder ihren wohl geformten Oberkörper. Die ganze Marilyn mit wehendem Kleid auf dem Subway-Gitter wird dem begeisterten Betrachter (leider) vorenthalten.

5

1

2

3

14 St. Patrick's Cathedral

460 Madison Avenue, NY 10022-6863, zwischen 50th & 51st Street □1

www.saintpatrickscathedral.org

Die Grundsteinlegung für diesen beeindruckenden Kirchenbau erfolgte 1858. Mit der Fertigstellung konnte man sich Zeit lassen, da die Umgebung der 50th Street noch unbebaut und von der Stadt im Süden ein ganzes Stück entfernt war. 21 Jahre später war es dann so weit: Die nach europäischem Vorbild gebaute größte katholische Kathedrale der USA wurde eingeweiht.

Filme

• 1981 **Arthur – kein Kind von Traurigkeit**
R: Steve Gordon, D: Dudley Moore, Liza Minnelli, Geraldine Fitzgerald

Der reiche, verliebte Nichtsnutz Dudley Moore lädt die kleptomanisch veranlagte Liza Minnelli zum Essen ein. Vom Filmkulissenrestaurant im International Building hat man einen schönen Blick auf die St. Patrick's Cathedral.

• 2002 **Spiderman**
R: Sam Raimi, D: Tobey Maguire, Willem Dafoe, Kirsten Dunst

Nachdem Spiderman Tobey Maguire den furchtbaren Schurken erledigt und seine abstürzende geliebte Kirsten Dunst aufgefangen hat, landet er mit ihr in den Armen gegenüber der Kirche auf dem Dach des britischen Kulturzentrums.

15 St. Bartholomew's Church

109 East 50th Street, NY 10022, Höhe Park Avenue □3

© (212) 378-0222 · www.stbarts.org

Die seit 1872 bestehende episkopale Kirchengemeinde vergrößerte sich durch die zahlreichen Einwanderer stetig. Um den Bedürfnissen der Mitglieder gerecht zu werden, bezog man 1918 dieses neu erbaute Gotteshaus in neuromanischem Stil. Die byzantinisch anmutende Innenausstattung kann täglich zwischen 7.30 und 18 Uhr besichtigt werden. Klassische, zuweilen aber auch Jazz-Konzerte finden in den heiligen Mauern regelmäßig statt. Für müde Wanderer gibt es ein Café mit Terrasse.

Filme

- 1981 **Arthur – kein Kind von Traurigkeit** □2
  R: Steve Gordon, D: Dudley Moore, Liza Minnelli, Geraldine Fitzgerald
  Der reiche Dandy Dudley Moore entscheidet sich vor dem Altar in letzter Minute gegen die für ihn angebahnte Ehe: Er hat sein Herz an die bezaubernde Diebin Liza Minnelli verloren.
- 1995 **Eins und eins macht vier**
  R: Andy Tennant, D: Kirstie Alley, Steve Guttenberg, Mary-Kate & Ashley Olsen, Jane Sibbett
  Hier ist die prunkvolle Hochzeit von Steve und der verhassten Stiefmutter Jane vorbereitet. Als Steve das Ja-Wort abgefordert wird, überschlagen sich die Ereignisse.

16 Saks Fifth Avenue

611 Fifth Avenue, NY 10022, Höhe 50th Street

Infos im Kapitel »Filmreif Shoppen« ▸ S. 251

Filme

- 1985 **Der Liebe verfallen**
  R: Ulu Grosbard, D: Robert De Niro, Meryl Streep, Harvey Keitel, Dianne Wiest
- 2000 **Loser – Auch Verlierer haben Glück**
  R: Amy Heckerling, D: Jason Biggs, Mena Suvari, Greg Kinnear

17 Waldorf Astoria

301 Park Avenue, NY 10022

Infos im Kapitel »Hotels für Helden, Diven und Halunken« ▸ S. 192

Filme

- 1974 **Der große Gatsby**
  R: Jack Clayton, D: Robert Redford, Mia Farrow
- 1984 **Broadway Danny Rose**
  R/D: Woody Allen, D: Mia Farrow
- 1989 **Verbrechen und andere Kleinigkeiten**
  R/D: Woody Allen, D: Martin Landau, Anjelica Huston, Mia Farrow, Alan Alda
- 1990 **Der Pate 3**
  R: Francis Ford Coppola, D: Al Pacino, Andy Garcia, Diane Keaton

- 1992 **Der Duft der Frauen**
  R: Martin Brest, D: Al Pacino, Chris O'Donnell, Gabrielle Anwar
- 2001 **Weil es Dich gibt**
  R: Peter Chelsom, D: John Cusack, Kate Beckinsale
- 2002 **Ein Chef zum Verlieben**
  R: Marc Lawrence, D: Sandra Bullock, Hugh Grant
- 2003 **Manhattan Love Story** ◻
  R: Wayne Wang, D: Jennifer Lopez, Ralph Fiennes, Tyler Garcia Posey

18 Audi Park Avenue

250 Park Avenue, NY 10177

Infos im Kapitel »Filmreif Shoppen« ▶ S. 236

Film

- 2002 **Reine Nervensache 2**
  R: Harold Ramis, D: Robert De Niro, Billy Crystal

19 Roosevelt Hotel

45 East 45th Street, NY 10017, Höhe Madison Avenue

Infos im Kapitel »Hotels für Helden, Diven und Halunken« ▶ S. 195

Filme

- 1971 **French Connection I**
  R: William Friedkin, D: Gene Hackman, Roy Scheider, Fernando Rey
- 1982 **Der Geisterflieger Hanky Panky**
  R: Sidney Poitier, D: Gene Wilder, Richard Widmark
- 1994 **Quiz Show**
  R: Robert Redford, D: Ralph Fiennes

20 Algonquin Hotel

59 West 44th Street, NY 10036

Infos im Kapitel »Hotels für Helden, Diven und Halunken« ▶ S. 197

Filme

- 1986 **9 1/2 Wochen**
  R: Adrian Lyne, D: Mickey Rourke, Kim Basinger
- 1994 **Mrs. Parker und ihr lasterhafter Kreis**
  R: Alan Rudolph, D: Jennifer Jason Leigh, Campbell Scott, Matthew Broderick

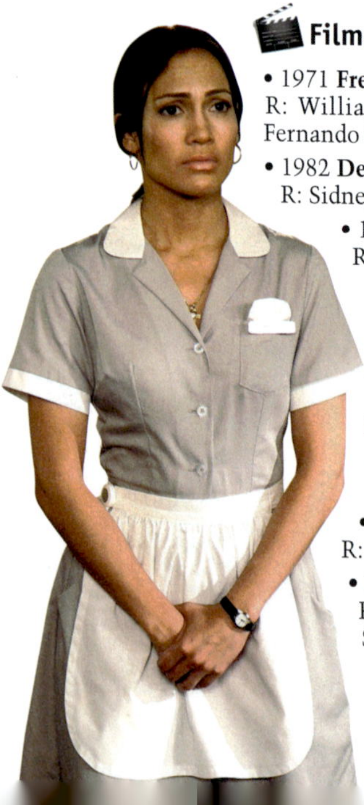

»Manhattan Love Story«

21 New York Yacht Club

37 West 44th Street, NY 10036

Infos im Kapitel »Die Lichter der Nacht – Bars, Clubs & Discos« ▶ S. 263

Film

- 1986 **Hannah und ihre Schwestern**
  R/D: Woody Allen, D: Mia Farrow, Michael Caine, Barbara Hershey, Dianne Wiest

22 MetLife Building (ehemals PANAM Building)

200 Park Avenue, NY 10166 □

Nicht weit vom heiß geliebten Chrysler Building steht ein New Yorker Schmuddelkind. Das damalige PANAM-Gebäude des gefeierten Bauhausarchitekten Walter Gropius ist klobig und versperrt die freie Sicht durch die noble Park Avenue.

Das 1963 größte Bürohaus der Welt zog deshalb den Zorn vieler New Yorker auf sich. Die vor ihm stehende gigantische Kathedrale des Verkehrs, das Grand Central Terminal, lässt es winzig erscheinen. Aller Kritik zum Trotz, wenn man vor dem großen Bahnhof steht und zum MetLife-Logo hinaufblickt, ist ein überwältigendes Gefühl kaum zu unterdrücken. Der zu dieser Stadt so passende Hubschrauber-Shuttle von den Flughäfen auf das Dach des Riesen ist nach einem Unfall Ende der 1970er-Jahre leider eingestellt worden.

Filme

- 1968 **Coogans großer Bluff**
  R: Don Siegel, D: Clint Eastwood, Lee J. Cobb

  Nach einem Flug über Manhattan landet Clint auf dem Helikopter-Landeplatz, um einen Straftäter nach Arizona zu überführen. Am Filmende verlässt er von dort aus mit dem Gefangenen die Stadt.

- 1998 **Godzilla**
  R: Roland Emmerich, D: Matthew Broderick, Jean Reno

  Die New Yorker auf der Park Avenue fliehen panisch, denn das MetLife Building hat ein Riesenloch – Godzilla ist einfach durchmarschiert.

- 2002 **Catch Me If You Can** □
  R: Steven Spielberg, D: Leonardo DiCaprio, Tom Hanks, Christopher Walken

  In diesem Film hatten die Computerfachleute weniger Stress: Sie mussten nur das MetLife-Logo gegen das alte von PANAM austauschen, damit der Scheckfälscher und Top-Hochstapler Leonardo DiCaprio in einer Telefonzelle vor dem Wolkenkratzer eine PANAM-Pilotenuniform bestellen kann.

8

23 United Nations Headquarters

United Nations Plaza/First Avenue, NY 10017, zwischen 42nd & 48th Street □
✆ (212) 963-8687 · www.un.org
Mo-Fr 9.30-16.45 Uhr, Sa-So 10-16.30 Uhr
Eintritt $13, Senioren/Studenten $9, Kinder bis 14 Jahre $7, unter 5 Jahren frei

Ende der 1940er-Jahre kaufte der Ölmagnat John D. Rockefeller für 8,5 Mio. Dollar ein verslumtes Industriegebiet am East River, um es der noch heimatlosen UNO als Hauptsitz zu stiften. Er war der Meinung, dass eine Organisation wie diese in der heimlichen Welthauptstadt New York seinen Platz haben muss. Die Finanzierung der Baukosten übernahm die US-Regierung fast vollständig mit einem zinslosen Darlehen, und so konnte die Weltorganisation 1952 die unter Mitwirkung der Bauhausarchitekten Oskar Niemeyer und Le Corbusier fertig gestellten Gebäude beziehen. Eine der täglichen Führungen, die in 20 Sprachen stattfinden, sollte man sich nicht entgehen lassen.

Filme

- 1959 **Der unsichtbare Dritte** □**1**
  R: Alfred Hitchcock, D: Cary Grant, Eva Marie Saint, James Mason, Martin Landau

  Nachdem Cary Grant einem mysteriösen Mordkomplott in einer Vorstadtvilla um Haaresbreite entkommen ist, fährt er zur UNO, um den dort arbeitenden Besitzer des Hauses ausfindig zu machen. Kaum haben sich die Männer begrüßt, fällt Cary der Unbekannte mit einem Messer im Rücken tot in die Arme. Wieder beginnt eine panische Flucht.
- 1973 **James Bond – Leben und sterben lassen**
  R: Guy Hamilton, D: Roger Moore, Jane Seymour

  Die Eröffnungsszene zeigt das UN-Hauptquartier. In einem Versammlungssaal wird ein britischer Diplomat durch einen Stromstoß in seinen Kopfhörer ermordet.
- 1998 **Auf der Jagd**
  R: Stuart Baird, D: Tommy Lee Jones, Wesley Snipes, Robert Downey Jr.

  Dem unschuldig inhaftierten Wesley Snipes gelingt durch einen Flugzeugabsturz die Flucht. Um sich zu verstecken mietet er ein Apartment mit UNO-Blick.

1

24 Grand Central Terminal

42nd Street, NY 10017, Höhe Park Avenue □
www.grandcentralterminal.com

Mitten auf der Park Avenue, an der berühmten 42nd Street, steht dieser Triumph der Baukunst des frühen 20. Jahrhunderts. Über dem mittleren Fassadenbogen thronen Herkules, Merkur und Minerva, gestützt auf die für den Bahnverkehr unerlässliche große Uhr. William K. Vanderbilt war der Initiator dieses in sich geschlossenen Universums der Betriebsamkeit. Zahlreiche Ebenen für Eisenbahnen, Fußgänger und Automobile durchziehen den Bahnhof. Sein Mittelpunkt ist die riesige, fast 40 m hohe und über 110 m lange Halle. Allein die Fenster ragen 20 m hoch. Das Deckengewölbe ist, wie passend, ein mit 2.500 Glühlampen erhelltes Himmelszelt, aus dem die Tierkreiszeichen leuchten. Durch den Siegeszug des Automobils und der Luftfahrt wurde das Streckennetz der Eisenbahn immer kleiner. So verfiel der Bahnhof, und der Abriss war kaum noch zu verhindern. Die Rettung dieses Baudenkmals in letzter Minute, Ende der 1960er-Jahre, ist einer Gruppe um Jacqueline Kennedy-Onassis zu verdanken. Nachdem es 1983 dann unter Denkmalschutz gestellt worden war, erstrahlte der im Beaux-Arts-Stil errichtete Bau 1999 nach siebenjähriger Renovierung im alten Glanz. Der Bahnhof mit seiner pokalartigen, vierseitigen Uhr □ auf dem Informationskiosk ist einer der beliebtesten Filmschauplätze Manhattans.

Filme

- 1978 **Superman**
  R: Richard Donner, D: Christopher Reeve, Gene Hackman, Marlon Brando

  Der Gangster Ned schlendert durch den Bahnhof und verschwindet auf Gleis 22 im geheimen Quartier der Unterwelt.

- 1985 **Der Liebe verfallen**
  R: Ulu Grosbard, D: Robert De Niro, Meryl Streep, Harvey Keitel

  Dianne Wiest, Meryl Streep und Robert De Niro kommen mit demselben Zug im Grand Central an und telefonieren in zwei benachbarten Telefonzellen. Nachdem

1

2

3

sie beim Weihnachtseinkauf versehentlich die Bücher vertauschten, treffen sie sich im Bahnhof wieder. Für Robert ist es Liebe auf den ersten Blick. Darum wartet er vor der Heimfahrt im Bahnhof auf sie. Vergeblich zunächst, aber wie der Zufall es will, ist sie doch im Zug. Sie treffen sich nun öfter im Pendelzug, kommen sich näher und essen schließlich gemeinsam auf der Empore der großen Halle. Und es ist kaum anders denkbar: An den Gleisen kommt es zum ersten Kuss.

- 1988 **Midnight Run – Fünf Tage bis Mitternacht**
  R: Martin Brest, D: Robert De Niro

  Kopfgeldjäger Robert De Niro hat einen Mafia-Kassierer von New York nach LA zu überführen. Die Flugangst seines Gefangenen verkompliziert die Aktion jedoch. Notgedrungen treten sie im Grand Central eine Bahnreise mit vielen Abenteuern an.

- 1991 **Herr der Gezeiten** ◻3
  R/D: Barbra Streisand, D: Nick Nolte, Jason Gould

  Nick Nolte bringt seinen Footballschüler Jason Gould, Barbras Sohn, zum Zug. Zum Abschied will Nick ein kleines Musikstück auf der Geige hören, und Jason gibt ein kleines Konzert in der großen Halle.

- 1991 **König der Fischer**
  R: Terry Gilliam, D: Jeff Bridges, Robin Williams

  Radio DJ Jeff Bridges lernt den traumatisierten und verwirrten Obdachlosen Robin Williams kennen, der durch die Tat eines Amokläufers seine Frau und den Verstand verlor. Täglich wartet Robin auf die Frau, die er im Stillen liebt. Als sie erscheint, fällt die von Menschen überquellende Bahnhofshalle in einen riesigen Walzerreigen.

- 1993 **Carlito's Way** ◻2
  R: Brian De Palma, D: Sean Penn, Al Pacino

  Der geläuterte Mafioso Al Pacino beschließt nach vielen Verstrickungen mit seinen alten Freunden nun wirklich ein neues Leben anzufangen. Um mit seiner schwangeren Freundin aus der Stadt zu verschwinden, muss er nur noch in den Zug steigen. Aber seine Verfolger sind ihm auf den Fersen. Die vielen Ebenen des Bahnhofs sind ideal für ein Katz-und-Maus-Spiel. Nachdem er vier Mafiosi niedergeschossen hat, wähnt er sich endlich in Sicherheit. Doch als er seine Frau endlich erreicht, wird er von einem neben ihr stehenden unauffälligen Herren niedergestochen. Das ist das tragische Ende seines Weges.

- 1996 **Tage wie dieser**
  R: Michael Hoffman, D: Michelle Pfeiffer, George Clooney, Mae Whitman, Alex D. Linz

  Georges Tochter hat ebenso wie Michelles Sohn das Schiff für den Schulausflug verpasst. George nimmt seine Tochter mit in seine Zeitungsredaktion. Auf dem Weg dorthin spazieren sie am Grand Central Terminal vorbei.
- 1998 **Armageddon**
  R: Michael Bay, D: Bruce Willis, Ben Affleck

  Die berühmte Bahnhofshalle wird von computeranimierten Meteoriten zumindest digital in Schutt und Asche gelegt.
- 2000 **Im Bann des Jade Skorpions**
  R/D: Woody Allen, D: Dan Aykroyd, Helen Hunt

  Der Versicherungsdetektiv Woody Allen wird durch die Hypnose eines Magiers zum Juwelendieb. In diesem Zustand bringt er die edlen Geschmeide seiner Kunden in ein Schließfach im Grand Central.
- 2000 **Loser – Auch Verlierer haben Glück □1**
  R: Amy Heckerling, D: Jason Biggs, Mena Suvari, Greg Kinnear

  Mena Suvari verpasst nach ihrem Bar-Job den Zug nach Hause und übernachtet an dem wunderschönen Infoschalter mit der großen goldenen Uhr inmitten der Bahnhofshalle.
- 2002 **Bad Company – Die Welt in guten Händen**
  R: Joel Schumacher, D: Anthony Hopkins, Chris Rock

  Im Bahnhof ist die Atombombe versteckt, die Anthony Hopkins und Chris Rock suchen. Sie jagen durch das ganze Gebäude und befreien die Bombe aus den Klauen der Terroristen.
- 2002 **Men in Black II**
  R: Barry Sonnenfeld, D: Tommy Lee Jones, Will Smith

  In einem Bahnhofsschließfach hat Tommy Lee Jones als Teil seines Reaktivierungsplans seine Armbanduhr deponiert. Bewacht wird sie von einem sprechenden Stamm außerirdischer Ameisen.

»Armageddon«

• 2002 **Untreu**
R: Adrian Lyne, D: Diane Lane, Richard Gere, Olivier Martinez, Erik Per Sullivan

Grand Central ist Diane Lanes Schnittpunkt zweier Welten: Sie lebt in einem schönen Vorort von New York mit Kind, Haus und Mann Richard Gere. Verlässt sie den Bahnhof, erwartet sie das ungezähmte New York mit ihrem feurigen Liebhaber Olivier Martinez.

25 Chrysler Building

405 Lexington Avenue, NY 10174, Höhe 42nd Street □
http://papertoys.com/chrysler-building.htm zum selber Basteln

Treffender als Hugh Grant, der als »Chef zum Verlieben« mit Sandra Bullock im Hubschrauber über Manhattan fliegt, kann es wohl kaum ein Reiseführer ausdrücken:

»Da vorne kommt mein Lieblingsgebäude, das ist Nirostastahl, aus dem die Bögen und Wasserspeier gemacht sind. Entworfen hat das William van Alen, der besessen darauf war, seinen ehemaligen Partner zu übertrumpfen …«

Obwohl er ab 1930 nicht einmal ein Jahr lang der höchste Wolkenkratzer der Welt war, ist dieses Gebäude der Star der New Yorker Bauwerke. Seine Schönheit hat es wirklich diesem Wettkampf zu verdanken. Mit der damals ebenfalls in Planung befindlichen Bank of Manhattan, dem heutigen Trump Building in Lower Manhattan, lieferte er sich einen erbitterten Höhenkampf. So wurde die Bekrönung von Walter P. Chryslers Art-Déco-Juwel auf die Spitze getrieben und der Wettkampf mit 319 : 283 m gewonnen. Jedem, der dieses mit stilisierten Automobilelementen verzierte Gebäude das erste Mal leuchten sieht, wird ein Schauer über den Rücken laufen. Zu besichtigen ist leider nur die Lobby.

Filme

• 1979 **Kramer gegen Kramer**
R: Robert Benton, D: Dustin Hoffman, Meryl Streep, Justin Henry

Dustin zeigt seinem Sohn Justin sein neues Büro. Von dort aus sehen sie sich das Chrysler Building an.

• 1990 **Fegefeuer der Eitelkeiten** □
R: Brian De Palma, D: Tom Hanks, Melanie Griffith, Bruce Willis

Brian De Palma schenkt allen Cineasten einen sonst schwer zu erhaschenden Blick aus dem Chrysler Building: Einer der Adlerwasserspeier blickt über die Stadt und lässt einen ganzen Tag in Zeitraffer an sich vorüberziehen. Darüber läuft der Vorspann.

• 1996 **Der Club der Teufelinnen**
R: Hugh Wilson, D: Goldie Hawn, Bette Midler, Diane Keaton, Sarah Jessica Parker, Maggie Smith

In einem der vielen Büros feilscht Goldie Hawn mit ihrem Mann und zwei Anwälten um die Konkursmasse ihrer Ehe. Frauen, die sich an Männern rächen wollen, können hier etwas lernen.

- 1998 **Godzilla**
  R: Roland Emmerich, D: Matthew Broderick, Jean Reno

  1998 ist ein sehr destruktives Jahr für das Chrysler Building. Als das fette, grüne Monster in der Stadt wütet, verfehlt ein mit Blindheit geschlagener Hubschrauberpilot sein doch kaum zu verfehlendes Ziel. Die verirrte Rakete reißt das schöne Haus in tausend Stücke.

- 1998 **Armageddon**
  R: Michael Bay, D: Bruce Willis, Ben Affleck

  Von riesigen Meteoriten getroffen, bohren sich die oberen Stockwerke mit der schönen Edelstahlspitze voran in Manhattans felsigen Boden.

- 2002 **Bad Company – Die Welt in guten Händen**
  R: Joel Schumacher, D: Anthony Hopkins, Chris Rock

  Anthony Hopkins muss die Welt vor den Terroristen retten. Sie haben irgendwo in Manhattan eine Atombombe versteckt. Seine CIA-Truppe überfliegt das New Yorker Wahrzeichen mit ihren Hubschraubern.

- 2002 **Spiderman**
  R: Sam Raimi, D: Tobey Maguire, Willem Dafoe, Kirsten Dunst

  Nachdem Spiderman Tobey Maguire den Mörder seines Onkels zur Strecke gebracht hat, sitzt er trauernd auf einem der Edelstahl-Adlerköpfe, die am Chrysler Building die Wasserspeier verzieren. Sicherlich eine im Studio nachgebaute Szene, als Bild aber sehr faszinierend.

- 2002 **Ein Chef zum Verlieben** □
  R: Marc Lawrence, D: Sandra Bullock, Hugh Grant

»Ein Chef zum Verlieben«

26 Tudor City

East 40th-43rd Street, zwischen First & Second Avenue □

Die Tudor City besteht aus 12 Gebäuden mit Hotel, Geschäften und Postamt. Nach ihrer Fertigstellung trieben in den preiswerten Behausungen noch berüchtigte Gangsterbanden ihr Unwesen. Da die alten Fabriken und Schlachthöfe der Umgegend nun verschwunden sind, ist Tudor City ein beliebtes Wohnviertel geworden. Die Apartments mit Blick auf die UNO sind besonders gefragt.

Filme

- 1984 **Splash – Jungfrau am Haken** □
  R: Ron Howard, D: Tom Hanks, Daryl Hannah, John Candy

  Tom Hanks verbrachte mit seiner »Jungfrau« eine Liebesnacht in seinem Apartment. Als die Liaison bekannt wird, gibt es einen gewaltigen Auflauf von Reportern vor Toms Haustür. Sein dicker Bruder John schafft es, ihn von dem Mob zu befreien.
- 1998 **Auf der Jagd**
  R: Stuart Baird, D: Tommy Lee Jones, Wesley Snipes, Robert Downey Jr.

  Der entflohene Sträfling Wesley Snipes mietet sich ein Apartment mit UNO-Blick. Von hier aus plant er alle Aktionen, um seine Unschuld zu beweisen.
- 1998 **Ein perfekter Mord**
  R: Andrew Davis, D: Michael Douglas, Gwyneth Paltrow, Viggo Mortensen

  Von den Stufen der Tudor City aus beobachtet der Liebhaber von Gwyneth Paltrow, Viggo Mortensen, wie sie mit ihrem Mann Michael Douglas aus der Limousine steigt. Michael hat Viggo beauftragt, Gwyneth zu ermorden.

- 2004 **Spiderman 2 – Im Netz des Bösen** □
  R: Sam Raimi, D: Tobey Maguire, Kirsten Dunst, Alfred Molina, James Franco

  In einem der einer englischen Burg ähnelnden Gebäude wohnt Tobeys reicher Freund James Franco. Blitze zucken durch die Nacht, und plötzlich erscheint der zu Doc Ock mutierte Alfred Molina und fordert mehr von seinem Lebenselixier Tritium. Doch James will es ihm nur geben, wenn Alfred ihm Spiderman liefert, den er für den Tod seines Vaters verantwortlich macht.

27 Lincoln Building

60 East 42nd Street, NY 10165, Höhe Vanderbilt Avenue

www.thelincolnbuilding.com

Dieses 53 Stockwerke hohe Bauwerk ist mit seinen gut 200 m Höhe ein typischer Vertreter der frühen 1930er-Jahre.

Film

- 1996 **Tage wie dieser**
  R: Michael Hoffman, D: Michelle Pfeiffer, George Clooney, Mae Whitman
  Die Zeitungsredaktion des rasenden Reporters George Clooney befindet sich in diesem Gebäude.

28 Barclay-Rex Pipe Shop

70 East 42nd Sreet, NY 10165, Höhe Vanderbilt Avenue

Infos im Kapitel »Filmreif Shoppen« ▶ S. 236

Film

- 1998 **Auf der Jagd**
  R: Stuart Baird, D: Tommy Lee Jones, Wesley Snipes, Robert Downey Jr.

29 Bowery Savings Bank

110 East 42nd Street, NY 10017 · www.nyc-architecture.com/MID/MID023.htm

Die riesige Schalterhalle der ehemaligen Bank ist eine der prächtigsten der ganzen Stadt. Marmorsäulen, Steinbögen und Mosaikfußböden zieren den Raum im Stil einer römischen Basilika. Heute werden dort im neu eröffneten *Cipriani 42nd Street* edle Delikatessen serviert; www.cipriani.com/cipriani/Locs/42main.htm.

Film

- 1997 **Private Parts** □
  R: Betty Thomas, D: Howard Stern, Robin Quivers, Mary McCormack
  Howards Vater arbeitet bei einer Radiostation in diesem Gebäude. Sein Sohn, den er mit zur Arbeit nimmt, muss dort einen völlig durchgedrehten, cholerischen Moderator erleben, der alle Schallplatten zerschlägt, die ihm in die Hände kommen. Das prägt Howards späteres Leben.

30 Daily News Building

220 East 42nd Street, NY 10017, zwischen Second & Third Avenue

Reißerische Lettern und große Bilder, das sind die Erkennungsmerkmale der *Daily News*. Die 1919 gegründete Zeitung hatte hier lange Zeit ihren Sitz und war in den

1930er-Jahren die größte Zeitung Amerikas. Im Foyer dreht sich ein riesiger Globus □. Er soll das größte überdachte Erdmodell der Welt sein.

Film

- 1978 **Superman** □
  R: Richard Donner, D: Christopher Reeve, Gene Hackmann, Marlon Brando

  Im Film sitzt hier die Nachrichtenredaktion des *Daily Planet*, bei der Superman angestellt wird.

31 120 Park Avenue

NY 10017, Höhe 42nd Street

Dieses 42-stöckige Hochhaus direkt an der Grand Central Station gehört dem Marlboro-Mann oder vielmehr dem Tabak-Giganten Phillip Morris. Er ist nicht nur der führende Tabakkonzern der Welt, ihm gehören auch Marken wie *Miller Beer* und Kraft, die in wohl jedem Supermarkt der westlichen Welt zu finden sind. Um ein freundliches Image bemüht, hat man die Lobby, die eine Kunstgalerie beherbergt, für das Publikum geöffnet.

Film

- 1990 **Ein verrückt genialer Coup** □
  R: Howard Franklin, Bill Murray, D: Bill Murray, Dale Grand, Bob Elliott

  Im Erdgeschoss an der Ecke 41st Street ist der Eingang der Bank, die Bill Murray. als Clown verkleidet, überfällt. Der Polizeieinsatz vor der Tür mutiert zum Volksfest. Auf Bills Anweisungen landen Hubschrauber, Monstertrucks parken vor der Tür, und die fahrbaren Würstchenbuden kämpfen um die besten Plätze. Als die Stimmung den Höhepunkt erreicht, ist Bill längst verschwunden.

»Ein verrückt genialer Coup«

9 Upper West Side

Die Seite westlich des Central Parks ist die Domäne der wohlhabenden Intellektuellen, Kreativen und Künstler. Das *Lincoln Center for the Performing Arts* mit seinen vielen Theatern und Einrichtungen befindet sich in seinem Herzen. Die *American Bible Society* hat die größte Bibelsammlung der Welt. Das größte Glockenspiel erklingt in der Riverside Church. Auch die älteste Schule Amerikas findet man in diesem Viertel. Yoko Ono, die Witwe John Lennons, Dustin Hoffman, Paul Simon, Diane Keaton und viele andere berühmte Namen haben hier ihr Zuhause.

1 Roman Catholic Church of the Ascension

221 West 107th Street, NY 10025
✆ (212) 222-0666, Fax (212) 961-1086
www.nyc-ascensionchurch.org/eng

In der neoromanischen Kirche mit spanischem Charme werden samstags um 17 Uhr und sonntags um 8.15, 11 und 18 Uhr Messen gefeiert. In der 11-Uhr-Messe kann man dem Kirchenchor lauschen.

Film

- 2000 **Glauben ist alles** ☐
  D: Ben Stiller, Edward Norton, Jenna Elfman
  In dem Gotteshaus lebt Edward sein Leben als Priester. Dass er für seine Berufung brennt, liegt aber an dem außer Kontrolle geratenen Weihrauchgefäß. Zum Glück ist die lodernde Soutane mit einem Sprung ins Taufbecken zu löschen.

2 The Claremont Riding Academy

175 West 89th Street, NY 10024-1901, zwischen Columbus & Amsterdam Avenue ☐
www.potomachorse.com/clarmont.htm

Die 1892 gegründete Reitsport-Schule mit einem Stall über 4 Etagen schloss am 29. April 2007 für immer ihre Pforten. Damit endet das letzte Kapitel der »Wild West Geschichte« Manhattans. Sie war bis dahin der älteste, durchgehend betriebene Stall der USA. Nach einer Proberunde in der Reithalle im Erdgeschoss konnte man für $50 pro Stunde im Central Park ausreiten. Mit dem Ende dieses Parkhauses für Pferde hat New York eine historische Touristenattraktion verloren.

Film

- 1977 **Hair** □
  R: Milos Forman, D: John Savage, Beverly D'Angelo

  Die wilde, im Central Park hausende Hippie-Gemeinde erweist ihrem Freund aus der Provinz, der freiwillig in den Vietnam-Krieg ziehen will, einen letzten Liebesdienst. Damit er die von ihm Angebetete aus besserem Hause mit seinen Reitkünsten beeindrucken kann, mieten sie ihm ein Pferd, und das war in Manhattan nur in der Claremont Riding Academy möglich.

3 Barney Greengrass

541 Amsterdam Avenue, NY 10024, Höhe 86th Street

Infos im Kapitel »Restaurants, die eine Rolle spielen« ▶ S. 202

Filme

- 1998 **e-m@il für Dich**
  R: Nora Ephron, D: Meg Ryan, Tom Hanks, Greg Kinnear
- 1995 **Sonny Boys**
  R: John Erman, D: Woody Allen, Peter Falk, Sarah Jessica Parker
- 1995 **Smoke**
  R: Wayne Wang, D: Harvey Keitel, William Hurt

4 Café Lalo

201 West 83rd Street, NY 10024

Infos im Kapitel »Restaurants, die eine Rolle spielen« ▶ S. 206

Film

- 1998 **e-m@il für Dich**
  R: Nora Ephron, D: Meg Ryan, Tom Hanks, Greg Kinnear

Upper West
0 200 m
Cathedral Pkwy
Central Park N
W 108th St
W 106th St
W 104th St
W 102nd St
W 100th St
W 99th St
W 97th St
W 96th St
W 94th St
W 92nd St
W 91st St
W 90th St
W 88th St
W 86th St
W 84th St
W 82nd St
W 81st St
W 79th St
W 77th St
W 75th St
W 73th St
W 72nd St
W 70th St
W 68th St
W 66th St
W 65th St
W 62nd St
W 60th St
Henry Hudson Pkwy
Riverside Dr
Broadway
Amsterdam Ave
Manhatten Ave
Columbus Ave
Central Park W
West End Ave
Freedom Pl
Amsterdam Ave
97th St
85 th St
79th St
65th St
Central Park S
5th Ave
Park Ave
3rd Ave
E 104th St
E 102nd St
E 99th St
E 97th St
E 96th St
E 94th St
E 92nd St
E 87th St
E 85th St
E 84th St
E 83th St
E 81st St
E 79th St
E 77th St
E 72nd St
E 70th St
E 68th St
E 66th St
E 65th St
E 62nd St
E 60th St
1
2
3
4
5
6
7 + 11
8
9
10
12
13
14
15
16
17
18
19 + 20
21
22
23
24
25 + 28
26
27
29
30
31
32
33
34
35
36
37
38

5 Riverside Park

68th-155th Street, am Ufer des Hudson River
www.riversideparkfund.org

Der Riverside Park beginnt an der 72nd Street und zieht sich weit nach Norden am Ufer des Hudson entlang. Diesen zweitgrößten Park Manhattans gestaltete Frederick Law Olmsted von 1873-1875, der vorher auch im Central Park federführte. Die Idee für den Riverside Park entstand, wie so oft in New York, aus dem Wunsch, ein gutes Geschäft zu machen. Er sollte die Immobilienpreise in seiner Umgebung in die Höhe treiben. Das Vorhaben gelang und schuf eine der schönsten Wohngegenden. Aber auch für die New Yorker, die es sich nicht leisten können, hier zu wohnen, steht so eine weitere grüne Oase zur Erholung und Entspannung bereit. Die vielen Bänke der Strandpromenade sind an Sonnentagen ein beliebtes Ziel.

Film

- 1998 **e-m@il für Dich** □
  R: Nora Ephron, D: Meg Ryan, Tom Hanks, Greg Kinnear

Im wonnig blühenden Park umrahmt von Vogelgezwitscher findet endlich das von allen ersehnte Happy End zwischen Meg Ryan und Tom Hanks statt.

6 Louie's Westside Café

441 Amsterdam Avenue, NY 10024, Höhe 81st Street

Infos im Kapitel »Restaurants, die eine Rolle spielen« ▶ S. 221

Film

- 1998 **e-m@il für Dich**
  R: Nora Ephron, D: Meg Ryan, Tom Hanks, Greg Kinnear

7 Zabar's

2245 Broadway, NY 10024, Höhe 80th Street

Infos in der »Broadway Tour« ▶ S. 311 und »Filmreif Shoppen« ▶ S. 256

Filme

- 1979 **Manhattan**
  R/D: Woody Allen, D: Diane Keaton, Mariel Hemingway, Michael Murphy, Meryl Streep
- 1998 **e-m@il für Dich**
  R: Nora Ephron, D: Meg Ryan, Tom Hanks, Greg Kinnear

8 Subway Station 81st Street

am American Museum of Natural History □

Filme

- 1993 **Hilfe, jeder ist der Größte** □
  R: James Lapine, D: Michael J. Fox, Cyndi Lauper, Christina Vidal

  Noch kein Teenie, aber schon eine Profidiebin. Die kleine Christina Vidal klaut Michael J. Fox durch einen Trick seine Geldbörse. Er jagt das kleine Gör und kriegt sie im Eingang zur Subway beinahe zu fassen. Durch einen kräftigen Tritt an Michaels Schienbein kann sie sich jedoch vorerst retten.

- 2002 **Men in Black II**
  R: Barry Sonnenfeld, D: Tommy Lee Jones, Will Smith

  In der Station werden die durch den gefräßigen Subwaywurm paralysierten Fahrgäste mit dem Blitzfinger neutralisiert.

9 Hayden Planetarium's Rose Center for Earth and Space

American Museum of Natural History · Central Park West, NY 10024-5192, Höhe 79th Street

Infos im Kapitel »Film-Museen« ▸ S. 285 u. in der »Central Park Tour« ▸ S. 294

Filme

- 2000 **Forrester – gefunden**
  R: Gus Van Sant, D: Sean Connery, Bob Brown, F. Murray Abraham
- 2002 **Alle lieben Oscar**
  R: Gary Winick, D: Aaron Stanford, Sigourney Weaver, John Ritter, Bebe Neuwirth
- 2002 **Men in Black II**
  R: Barry Sonnenfeld, D: Tommy Lee Jones, Will Smith
- 2004 **Spiderman 2 – Im Netz des Bösen**
  R: Sam Raimi, D: Tobey Maguire, Kirsten Dunst, Alfred Molina, James Franco

10 American Museum of Natural History

Central Park West, NY 10024-5912, Höhe 79th Street □

Infos in der »Central Park Tour« ▶ S. 294 und »Film-Museen« ▶ S. 284

Filme

- 1977 **Der Exorzist II – Der Ketzer**
  R: John Boorman, D: Richard Burton, Linda Blair, Louise Fletcher, Max von Sydow
- 1979 **Manhattan**
  R/D: Woody Allen, D: Diane Keaton, Mariel Hemingway, Michael Murphy, Meryl Streep
- 1982 **American Monster**
  R: Larry Cohen, D: Michael Moriarty, David Carradine, Candy Clark, Richard Roundtree
- 1984 **Splash – Jungfrau am Haken**
  R: Ron Howard, D: Tom Hanks, Daryl Hannah, John Candy
- 1992 **Malcolm X**
  R: Spike Lee, D: Denzel Washington, Angela Bassett
- 1993 **Hilfe, jeder ist der Größte**
  R: James Lapine, D: Michael J. Fox, Cyndi Lauper, Christina Vidal
- 1996 **Tage wie dieser**
  R: Michael Hoffman, D: Michelle Pfeiffer, George Clooney, Mae Whitman, Alex D. Linz

11 H&H Bagels

2239 Broadway, NY 10024

Infos in der »Broadway Tour« ▶ S. 311
und im Kapitel »Filmreif Shoppen« ▶ S. 244

Film

- 1998 **e-m@il für Dich**
  R: Nora Ephron, D: Meg Ryan, Tom Hanks, Greg Kinnear

12 The Apthorp

2201-2219 Broadway, NY 10024, zw. 78th & 79th St

Infos in der »Broadway Tour« ▶ S. 311

Filme

- 1976 **Network**
  R: Sidney Lumet, D: Faye Dunaway, Peter Finch
- 1989 **Im Zeichen der Jungfrau**
  R: Pat O'Connor, D: Kevin Kline, Susan Sarandon, Harvey Keitel, Danny Aiello

13 Ruby Foo's

2182 Broadway, NY 10024, zwischen 77th & 78th Street

Infos in der »Broadway Tour« ▶ S. 311
und im Kapitel »Restaurants« ▶ S. 231

Film

- 2000 **Schmalspurganoven**
  R/D: Woody Allen, D: Hugh Grant

14 New York Historical Society

170 Central Park West, NY 10024, Höhe 77th Street

Infos im Kapitel »Film Museen« ▶ S. 293

Film

- 1994 **Quiz Show**
  R: Robert Redford, D: Ralph Fiennes, John Turturro

15 Riverside Memorial Chapel

180 West 76th Street, NY 10023

✆ (212) 362-6600

www.riversidememorialchapel.com

Seit dem Jahr 1926 werden in diesem Haus jüdische Trauerfeiern ausgerichtet. Das Unternehmen besitzt eine über 100-jährige Erfahrung und ist damit eines der traditionsreichsten seiner Branche.

Film

- 1989 **New Yorker Geschichten**
  R: Martin Scorsese, Francis Ford Coppola, Woody Allen, D: Nick Nolte, Rosanna Arquette, Heather McComb, Giancarlo Giannini, Woody Allen, Mia Farrow

  Der erfolgreiche Anwalt Woody Allen träumt, wie der Sarg seiner Mutter aus der Kapelle getragen und in einen Leichenwagen geschoben wird. Er ist der Fahrer, und Mutti bevormundet und maßregelt ihn noch aus dem Sarg heraus, wie sie es schon tat, als er Kind war.

16 Beacon Theater

2124 Broadway, NY 10023, zwischen 74th & 75th Street

Infos in der »Broadway Tour« ▶ S. 311 und »Film-Theater« ▶ S. 281

Film

- 1991 **Auf die Harte Tour**
  R: John Badham, D: Michael J. Fox, James Woods, Stephen Lang, A. Sciorra

9

17 Ansonia Hotel

2107-2109 Broadway, NY 10023, zwischen West 73rd & 74th Street ◻

Infos in der »Broadway Tour« ▶ S. 311

Filme

- 1992 **Weiblich, ledig, jung sucht ...**
  R: Barbet Schroeder, D: Bridget Fonda, Jennifer Jason Leigh
- 2001 **Sag kein Wort**
  R: Gary Fleder, D: Michael Douglas, Sean Bean, Brittany Murphy
- 2003 **Uptown Girls**
  R: Boaz Yakin, D: Brittany Murphy, Dakota Fanning

18 P&G Bar

279 Amsterdam Avenue, NY 10023-2103,
Höhe 73th Street

Infos im Kapitel »Die Lichter der Nacht – Bars, Clubs & Discos« ▶ S. 265 und der »Broadway Tour« ▶ S. 311

Filme

- 1997 **Donnie Brasco**
  R: Mike Newell, D: Al Pacino, Johnny Depp, Anne Heche
- 1999 **Ticket To Love**
  R: Richard Wenk, D: Andy Garcia, Andie MacDowell, Richard Bradford

Ansonia Hotel

19 Kreuzung 72nd Street/ Broadway

Infos in der »Broadway Tour« ▶ S. 311

Filme

- 1983 **Ein Single kommt selten allein**
  R: Arthur Hiller, D: Steve Martin, Steve Lawrence
- 1995 **Stirb langsam – Jetzt erst recht**
  R: John McTiernan, D: Bruce Willis, Samuel L. Jackson, Jeremy Irons

20 Gray's Papaya Imbiss

2090 Broadway/72nd Street, NY 10023

Infos in der »Broadway Tour« ▶ S. 311 und im Kapitel »Restaurants, die eine Rolle spielen« ▶ S. 214

Filme

- 1995 **Stirb langsam – Jetzt erst recht**
  R: John McTiernan, D: Bruce Willis, Samuel L. Jackson, Jeremy Irons
- 1996 **Herz über Kopf – Fools Rush in**
  R: Andy Tennant, D: Matthew Perry, Salma Hayek
- 1998 **e-m@il für Dich**
  R: Nora Ephron, D: Meg Ryan, Tom Hanks, Greg Kinnear

21 Dakota Apartments

1 West 72nd Street, NY 10023,
Höhe Central Park West ◻

Infos in der »Central Park Tour« ▶ S. 294

Filme

- 1968 **Rosemaries Baby**
  R: Roman Polanski, D: Mia Farrow, John Cassavetes
- 1986 **Hannah und ihre Schwestern**
  R/D: Woody Allen, D: Mia Farrow, Michael Caine, Barbara Hershey, D. Wiest
- 2001 **Vanilla Sky**
  R: Cameron Crowe, D: Tom Cruise, Penélope Cruz, Cameron Diaz, Kurt Russell

22 Comfort Inn Central Park West (früher: Hotel 71)

31 West 71st Street, NY 10023-4103, Höhe Park Avenue

Infos im Kapitel »Hotels für Helden, Diven und Halunken« ▶ S. 199

Film

- 1994 **Leon – Der Profi**
  R: Luc Besson, D: Jean Reno, Natalie Portman, Gary Oldman, Danny Aiello

23 Emerald Inn

Irish Pub · 205 Columbus Avenue, NY 10023-4012, zwischen 69th & 70th Street West ◻

Infos im Kapitel »Die Lichter der Nacht – Bars, Clubs & Discos« ▶ S. 259

Film

- 1960 **Das Appartement**
  R: Billy Wilder, D: Jack Lemmon, Shirley MacLaine

24 91 Central Park West

NY 10023 □1

Infos auch in der »Central Park Tour« ▸ S. 294

Das 1929 fertig gestellte Apartmenthaus wurde im Renaissance Revival Stil erbaut. Es ist 62 m hoch und besitzt 16 Stockwerke.

Film

- 1996 **Ich bin nicht Rappaport □**
  R: Herb Gardner, D: Walter Matthau, Ossie Davis

  In dem Haus ist Ossie Davis Chefhausmeister und damit Herr über die alte Wasserversorgungsanlage.

25 2000 Broadway

Apartment Building · NY 10023, Höhe 68th Street

Infos in der »Broadway Tour« ▸ S. 311

Film

- 2000 **Family Man**
  R: Brett Ratner, D: Nicolas Cage, Téa Leoni

26 Maya Schaper Cheese & Antiques

106 West 69th Street, NY 10023

Infos im Kapitel »Filmreif Shoppen« ▸ S. 236

Film

- 1998 **e-m@il für Dich**
  R: Nora Ephron, D: Meg Ryan, Tom Hanks, Greg Kinnear

27 1987 Broadway

NY 10023, zw. 67th & 68th St, neben d. Regency Theatre

Infos in der »Broadway Tour« ▸ S. 311

Film

- 1987 **Cocktail**
  R: Roger Donaldson, D: Tom Cruise, B. Brown

»Ich bin nicht Rappaport«

28 Loews Lincoln Square Theater

1998 Broadway, NY 10023-5983

Infos in der »Broadway Tour« ▶ S. 311
und im Kapitel »Film-Theater« ▶ S. 282

Film

- 2000 **Glauben ist alles**
  R/D: Edward Norton, D: Ben Stiller, Jenna Elfman

29 Café des Artistes

1 West 67th Street, NY 10023 □2

Infos im Kapitel »Restaurants, die eine Rolle spielen« ▶ S. 204 und in der »Central Park Tour« ▶ S. 294

Filme

- 1981 **Der Fanatiker**
  R: Edward Bianchi, D: James Garner, Lauren Bacall, Michael Biehn
- 1993 **Manhattan Murder Mystery**
  R/D: Woody Allen, D: Diane Keaton, Alan Alda, Anjelica Huston
- 1996 **Der Club der Teufelinnen**
  R: Hugh Wilson, D: Goldie Hawn, Bette Midler, Diane Keaton, Sarah Jessica Parker, Maggie Smith

30 Tower Records

1961 Broadway, NY 10023, Höhe 66th Street □3

Infos in der »Broadway Tour« ▶ S. 311 und im Kapitel »Filmreif Shoppen« ▶ S. 253

Film

- 1986 **Hannah und ihre Schwestern**
  R/D: Woody Allen, D: Mia Farrow, Michael Caine, Barbara Hershey, D. Wiest

31 55 Central Park West

NY 10023, Höhe 65th Street

Eines der charakteristischsten Art Déco-Gebäude in dieser Straße. Es schillert in den unterschiedlichsten Farben, am Boden in dunklem Rosa, die oberen Etagen in gelblichem Weiß.

Film

- 1984 **Ghostbusters – Die Geisterjäger** □
  R: Ivan Reitman, D: Bill Murray, Dan Aykroyd, Harold Ramis, Sigourney Weaver, Rick Moranis

  Dieses Haus ist das Zentrum des Bösen, bewohnt vom von den Geisterjägern geliebten Opfer Sigourney Weaver. Nicht nur von ihr ergreifen die Dämonen Besitz, auch der große, klebrige Marshmallow-Mann verbreitet Angst und Schrecken.

32 Metropolitan Opera

Lincoln Center · Broadway, NY 10023, Höhe 64th Street □

Infos in der »Broadway Tour« ▶ S. 311 und im Kapitel »Film-Theater« ▶ S. 276

Filme

- 1979 **Manhattan**
  R/D: Woody Allen, D: Diane Keaton, Mariel Hemingway, Michael Murphy, Meryl Streep
- 1987 **Mondsüchtig**
  R: Norman Jewison, D: Cher, Nicolas Cage, Danny Aiello
- 1987 **Das Geheimnis meines Erfolges**
  R: Herbert Ross, D: Michael J. Fox, Helen Slater
- 1993 **Manhattan Murder Mystery**
  R/D: Woody Allen, D: Diane Keaton, Alan Alda, Anjelica Huston

33 Lincoln Center

Columbus Avenue, NY 10023, zwischen 62th & 65th Street
www.lincolncenter.org
Infos in der »Broadway Tour« ▶ S. 311

Filme

- 1967 **Frühling für Hitler**
  R: Mel Brooks, D: Gene Wilder, Kenneth Mars
- 1979 **Manhattan**
  R/D: Woody Allen, D: Diane Keaton, Mariel Hemingway, Michael Murphy, Meryl Streep
- 1990 **Alice**
  R: Woody Allen, D: Mia Farrow, Joe Mantegna, William Hurt
- 1993 **Manhattan Murder Mystery**
  R/D: Woody Allen, D: Diane Keaton, Alan Alda, Anjelica Huston

34 New York State Theater

150 West 65th St/Broadway, NY 10023, Südseite der Lincoln Center Plaza □
Infos in der »Broadway Tour« ▶ S. 311 und dem Kapitel »Film-Theater« ▶ S. 277

Film

- 1973 **Serpico**
  R: Sidney Lumet, D: Al Pacino, Barbara Eda-Young

35 Café Fiorello

1900 Broadway, NY 10023, zwischen 63rd & 64th Street
Infos in der »Broadway Tour« ▶ S. 311 und im Kapitel »Restaurants« ▶ S. 205

Film

- 1979 **Hinter dem Rampenlicht**
  R: Bob Fosse, D: Roy Scheider, Jessica Lange

36 West Side YMCA

5 West 63rd Street, NY 10023
Infos im Kapitel »Hotels für Helden, Diven und Halunken« ▶ S. 200

Film

- 1981 **Der Fanatiker**
  R: Edward Bianchi, D: James Garner, Lauren Bacall, Michael Biehn

37 Empire Hotel

44 West 63rd Street, NY 10023

Infos im Kapitel »Hotels für Helden, Diven und Halunken« ▸ S. 195 und in der »Broadway Tour« ▸ S. 311

Film

- 1977 **Der Stadtneurotiker**
  R/D: Woody Allen, D: Diane Keaton, Christopher Walken

O'Neal's Balloon

(jetzt: Iridium Jazz Club)

im Empire Hotel · 48 West 63rd Street, NY 10023-7003, Ecke Columbus Avenue □

Infos im Kapitel »Die Lichter der Nacht – Bars, Clubs & Discos« ▸ S. 264

Film

- 1989 **Sea of Love – Melodie des Todes**
  R: Harold Becker, D: Al Pacino, John Goodman, Ellen Barkin

38 Subway Station Broadway

Höhe 60th Street

Infos in der »Broadway Tour« ▸ S. 311

Film

- 1986 **Crocodile Dundee – Ein Krokodil zum Küssen**
  R: Peter Faiman, D: Paul Hogan, Linda Kozlowski

10 Central Park

Dieses beeindruckende Naturerlebnis inmitten steinerner Riesen sollten Sie am besten auf der Central Park Tour (▶ S. 294) genießen. Die Sehenswürdigkeiten des Parks sind dort bis auf wenige Ausnahmen beschrieben. Die nachfolgende Aufstellung ist eine Übersicht über die Drehorte und die dort handelnden Filme.

1 Reservoir □

Das Reservoir ist als größter See des Central Parks angelegt. Er wurde geschaffen, um New York eine Trinkwasserreserve zu sichern. Um diese zu schützen, ist das Ufer durchgehend eingezäunt. Der Weg entlang des Zauns hat sich als bekannteste Joggingstrecke Manhattans etabliert. Zeitweise traben fitnesshungrige Heerscharen diesen Pfad entlang.

Filme

- 1976 **Der Marathon-Mann**
  R: John Schlesinger, D: Dustin Hoffman, Laurence Olivier, Roy Scheider
  Dustin Hoffman läuft während des Vorspanns die Joggerstrecke um das Reservoir, später ist er mit seiner Freundin unterwegs. Im *North Gate House* am Reservoir zwingt Dustin Hoffman den KZ-Arzt Laurence Olivier, seine Diamanten zu essen.
- 1986 **Hannah und ihre Schwestern**
  R/D: Woody Allen, D: Mia Farrow, Michael Caine, Barbara Hershey, D. Wiest
  Woody Allen spaziert an einem verregneten Nachmittag auf der berühmten Joggingstrecke und macht sich philosophische Gedanken über das Leben. Außerdem bemitleidet er die an ihm vorbeitrottenden Menschen wegen ihres hoffnungslosen Versuchs, den Verfall ihrer Körper aufzuhalten.
- 1997 **Im Auftrag des Teufels**
  R: Taylor Hackford, D: Keanu Reeves, Al Pacino, Charlize Theron
  Al Pacino führt eine höllische Anwaltskanzlei; einer seiner Mitarbeiter joggt entlang der Laufstrecke um das Reservoir.
- 2000 **Glauben ist alles**
  R/D: Edward Norton, D: Ben Stiller, Jenna Elfman
  Der katholische Priester Edward Norton läuft mit seiner Jugendfreundin Jenna Elfman auf dem berühmten Pfad. Mehr verbietet ihm leider sein Gelübde.

Reservoir

- 2003 **Es bleibt in der Familie** □
  R: Fred Schepisi, D: Michael Douglas, Kirk Douglas, Rory Culkin, Cameron Douglas, Diana Douglas

  Kirk Douglas joggt im Schneckentempo um das Reservoir und wird von den an ihm Vorbeilaufenden zu Boden geschubst. Humpelnd und frustriert tritt er den Heimweg an.

2 Delacorte Theatre

Film

- 2005 **Hitch – Der Date Doktor**
  R: Andy Tennant, D: Will Smith, Eva Mendes, Kevin James, Amber Valletta

3 Belvedere Castle □1

Filme

- 1982 **Ein Draufgänger in New York**
  R: Richard Benjamin, D: Peter O'Toole, Mark Linn-Baker
- 1986 **Hannah und ihre Schwestern**
  R/D: Woody Allen, D: Mia Farrow, Michael Caine, Barbara Hershey, Dianne Wiest

4 Alice im Wunderland-Skulptur □2

Filme

- 1996 **Ich bin nicht Rappaport**
  R: Herb Gardner, D: Walter Matthau, Ossie Davis
- 1996 **Liebe hat zwei Gesichter**
  R/D: Barbra Streisand, D: Jeff Bridges, Pierce Brosnan, George Segal, Lauren Bacall
- 2002 **Alle lieben Oscar**
  R: Gary Winick, D: Aaron Stanford, Sigourney Weaver, John Ritter, Bebe Neuwirth

1

2

X SHARPER IMAGE STORE MADISON AVE 900 AT 72ND ST

10

5 Conservatory Water □1

Filme

- 1961 **Frühstück bei Tiffany's**
  R: Blake Edwards, D: Audrey Hepburn
- 1999 **Eiskalte Engel**
  R: Roger Kumble, D: Sarah Michelle Gellar, Ryan Phillippe, Reese Witherspoon
- 2004 **30 über Nacht**
  R: Gary Winick, D: Jennifer Garner, Mark Ruffalo, Judy Greer

6 Loeb Boathouse

Filme

- 1962 **Botschafter der Angst**
  R: John Frankenheimer, D: Frank Sinatra, Laurence Harvey
- 1979 **Manhattan**
  R/D: Woody Allen, D: Diane Keaton, Mariel Hemingway, Michael Murphy, Meryl Streep
- 1989 **Harry und Sally**
  R: Rob Reiner, D: Billy Crystal, Meg Ryan
- 2000 **Es begann im September**
  R: Joan Chen, D: Richard Gere, Winona Ryder

7 Bow Bridge □2

Filme

- 1976 **Der Marathon-Mann**
  R: John Schlesinger, D: Dustin Hoffman, Laurence Olivier, Roy Scheider
- 1986 **Highlander – Es kann nur einen geben**
  R: Russell Mulcahy, D: Christopher Lambert, Sean Connery

1

2

3

- 1989 **New Yorker Geschichten**
  R: Martin Scorsese, Francis Ford Coppola, Woody Allen, D: Nick Nolte, Rosanna Arquette, Heather McComb, Giancarlo Giannini, Woody Allen, Mia Farrow
- 1996 **Liebe hat zwei Gesichter**
  R/D: Barbra Streisand, D: Jeff Bridges, Pierce Brosnan, George Segal, Lauren Bacall
- 1998 **Große Erwartungen**
  R: Alfonso Cuarón, D: Ethan Hawke, Gwyneth Paltrow, Anne Bancroft, Robert De Niro
- 2000 **Es begann im September**
  R: Joan Chen, D: Richard Gere, Winona Ryder
- 2000 **Glauben ist alles** □4
  R/D: Edward Norton, D: Ben Stiller, Jenna Elfman
- 2002 **Alle lieben Oscar**
  R: Gary Winick, D: Aaron Stanford, Sigourney Weaver, John Ritter, Bebe Neuwirth
- 2003 **Uptown Girls**
  R: Boaz Yakin, D: Brittany Murphy, Dakota Fanning

8 Hans Christian Andersen Skulptur □3

Film

- 1996 **Ich bin nicht Rappaport**
  R: Herb Gardner, D: Walter Matthau, Ossie Davis

9 Bethesda Fountain □5

Filme

- 1976 **Der Marathon-Mann**
  R: John Schlesinger, D: Dustin Hoffman, Laurence Olivier, Roy Scheider
- 1977 **Hair**
  R: Milos Forman, D: John Savage, Beverly D'Angelo

4

5

- 1990 **Green Card**
  R: Peter Weir, D: Andie MacDowell, Gérard Depardieu
- 1992 **Kevin – allein in New York**
  R: Chris Columbus, D: Macaulay Culkin
- 1994 **2 Millionen Dollar Trinkgeld**
  R: Andrew Bergman, D: Nicolas Cage, Bridget Fonda, Rosie Perez
- 1996 **Ich bin nicht Rappaport**
  R: Herb Gardner, D: Walter Matthau, Ossie Davis
- 1996 **Herz über Kopf – Fools Rush in**
  R: Andy Tennant, D: Matthew Perry, Salma Hayek
- 1996 **Kopfgeld**
  R: Ron Howard, D: Mel Gibson, Rene Russo, Gary Sinise
- 1996 **Tage wie dieser**
  R: Michael Hoffman, D: Michelle Pfeiffer, George Clooney, Mae Whitman, Alex D. Linz
- 1997 **Harry außer sich**
  R/D: Woody Allen, D: Judy Davis, Billy Crystal, Demi Moore, Robin Williams
- 2002 **Alle lieben Oscar**
  R: Gary Winick, D: Aaron Stanford, Sigourney Weaver, John Ritter, Bebe Neuwirth
- 2002 **Mr. Deeds**
  R: Steven Brill, D: Adam Sandler, Winona Ryder, John McEnroe

10 Bandshell

Filme

- 1961 **Frühstück bei Tiffany's**
  R: Blake Edwards, D: Audrey Hepburn
- 1977 **Hair**
  R: Milos Forman, D: John Savage, Beverly D'Angelo
- 1983 **Ein Single kommt selten allein**
  R: Arthur Hiller, D: Steve Martin, Steve Lawrence
- 1995 **Geliebte Aphrodite**
  R/D: Woody Allen, D: Mira Sorvino, F. Murray Abraham, Helena Bonham Carter
- 1996 **Ich bin nicht Rappaport**
  R: Herb Gardner, D: Walter Matthau, Ossie Davis

11 Sheep Meadow □

Filme

- 1986 **Hannah und ihre Schwestern**
  R/D: Woody Allen, D: Mia Farrow, Michael Caine, Barbara Hershey, Dianne Wiest

- 1987 **Wall Street**
  R: Oliver Stone, D: Michael Douglas, Charlie Sheen, Daryl Hannah
- 1991 **König der Fischer**
  R: Terry Gilliam, D: Jeff Bridges, Robin Williams
- 2004 **30 über Nacht**
  R: Gary Winick, D: Jennifer Garner, Mark Ruffalo, Judy Greer

12 Skulptur der Hündin Balto

Die Schlittenhündin Balto übernahm mit ihrem Gespann die letzte Etappe eines Transports von Diphtherieimpfstoffen in Alaska, die von der 1000 Meilen entfernten Eisenbahn-Endstation in Nenana durch Eis und Schnee nach Nome gebracht wurden. Damit rettete sie vielen Menschen dort das Leben. Dieser tierischen Heldentat ist mit der Skulptur ein Denkmal gesetzt.

Film

- 1993 **Das Leben – ein Sechserpack** □
  R: Fred Schepisi, D: Will Smith, Donald Sutherland, Stockard Channing
  Der Freund von Donald Sutherland erkennt durch ein Fernrohr die Skulptur im Park und fragt, warum sie errichtet wurde.

13 Tavern-on-the-Green

Filme

- 1984 **Ghostbusters – Die Geisterjäger**
  R: Ivan Reitman, D: Bill Murray, Dan Aykroyd, Harold Ramis, Sigourney Weaver, Rick Moranis
- 1987 **Wall Street**
  R: Oliver Stone, D: Michael Douglas, Charlie Sheen, Daryl Hannah

- 1989 **New Yorker Geschichten**
  R: Martin Scorsese, Francis Ford Coppola, Woody Allen, D: Nick Nolte, Rosanna Arquette, Heather McComb, Giancarlo Giannini, Woody Allen, Mia Farrow
- 1993 **Die Nacht mit meinem Traummann**
  R: Warren Leight, D: Matthew Broderick, Jeanne Tripplehorn
- 1999 **Eine schlaflose Nacht in New York**
  R: Sam Weisman, D: Steve Martin, Goldie Hawn, John Cleese, Rudolph W. Giuliani

14 Central Park Zoo

Filme

- 1976 **Der Marathon-Mann** □1
  R: John Schlesinger, D: Dustin Hoffman, Laurence Olivier, Roy Scheider
- 1995 **Geliebte Aphrodite**
  R/D: Woody Allen, D: Mira Sorvino, F. Murray Abraham, Helena Bonham Carter
- 1990 **Alice**
  R: Woody Allen, D: Mia Farrow, Joe Mantegna, William Hurt
- 2002 **Manhattan Love Story**
  R: Wayne Wang, D: Jennifer Lopez, Ralph Fiennes, Tyler Posey
- 2005 **Hitch – Der Date Doktor**
  R: Andy Tennant, D: Will Smith, Eva Mendes, Kevin James, Amber Valletta

15 Karussell

Filme

- 1996 **Ich bin nicht Rappaport**
  R: Herb Gardner, D: Walter Matthau, Ossie Davis
- 1997 **Die unsichtbare Falle**
  R: David Mamet, D: Campbell Scott, Steve Martin, Ben Gazzara, Felicity Huffman
- 2002 **Alle lieben Oscar**
  R: Gary Winick, D: Aaron Stanford, Sigourney Weaver, John Ritter, Bebe Neuwirth

16 Wollman Memorial Rink □2

Filme

- 1970 **Love Story**
  R: Arthur Hiller, D: Ryan O'Neal, Ali MacGraw
- 1989 **Im Zeichen der Jungfrau**
  R: Pat O'Connor, D: Kevin Kline, Susan Sarandon, Harvey Keitel, Danny Aiello

- 1992 **Kevin – allein in New York**
  R: Chris Columbus, D: Macaulay Culkin
- 1994 **Das Wunder von Manhattan**
  R: Les Mayfield, D: Richard Attenborough, Mara Wilson, Elizabeth Perkins, Dylan McDermott
- 2001 **Weil es Dich gibt**
  R: Peter Chelsom, D: John Cusack, Kate Beckinsale

17 Reiterstandbild General William Tecumseh Sherman

Filme

- 1991 **König der Fischer**
  R: Terry Gilliam, D: Jeff Bridges, Robin Williams
- 1992 **Kevin – allein in New York**
  R: Chris Columbus, D: Macaulay Culkin
- 1995 **Money Train**
  R: Joseph Ruben, D: Wesley Snipes, Woody Harrelson, Jennifer Lopez
- 2001 **Good Advice**
  R: Steve Rash, D: Charlie Sheen, Angie Harmon, Rosanna Arquette

18 Columbus Circle □3

Filme

- 1976 **Taxi Driver**
  R: Martin Scorsese, D: Robert De Niro, Cybill Shepherd, Jodie Foster
- 1994 **Wolf**
  R: Mike Nichols, D: Jack Nicholson, Michelle Pfeiffer
- 1995 **Geliebte Aphrodite**
  R/D: Woody Allen, D: Mira Sorvino, F. Murray Abraham, Helena Bonham Carter
- 2000 **Glauben ist alles**
  R/D: Edward Norton, D: Ben Stiller, Jenna Elfman

11 Upper East Side

Hier hat der Geldadel sein wirkliches Zuhause. Alles, was reich, teuer und edel ist, findet man geballt in diesem Bezirk: Die begehrtesten Appartements in der Park Avenue, die luxuriösesten Geschäfte in der Madison Avenue und die berühmtesten Museen in der Fifth Avenue. Für Leute, die die Länge ihrer Hotelrechnung nie zur Kenntnis nehmen und unter sich sein wollen, ist dieser Teil Manhattans unersetzlich.

1 Squadron A Armory

Madison Avenue, Höhe 94th Street □2

Den martialischen Turm hat die in den 1960er-Jahren erbaute Schule von ihrem Vorgänger, einer großen Exerzierhalle, übernommen.

Film

- 1991 **König der Fischer** □1
  R: Terry Gilliam, D: Jeff Bridges, Robin Williams
  Der durch den brutalen Mord an seiner Frau verrückt gewordene Robin Williams will in das alte Gemäuer einbrechen, um den »heiligen Gral« zu rauben. Als Robin Opfer eines Brandanschlages wird und im Krankenhaus liegt, setzt sein Freund Jeff Bridges diese Wahnidee in die Tat um und holt das göttliche Gefäß – in Wahrheit ein alter Sportpokal aus einem Büro des Gebäudes.

2 The Corner Bookstore

1313 Madison Avenue, NY 10128, Höhe 93rd Street □3

Infos im Kapitel »Filmreif Shoppen« ▸ S. 239

Filme

- 1991 **Herr der Gezeiten**
  R/D: Barbra Streisand, D: Nick Nolte, Jason Gould
- 1996 **Alle sagen I Love You**
  R/D: Woody Allen, D: Goldie Hawn, Julia Roberts, Alan Alda

1

2

3

Upper East Side
0 200 m
Central Park N
E 110th St
E 109th St
E 106th St
E 104th St
E 102nd St
E 99th St
E 97th St
E 96th St
E 94th St
E 92nd St
E 90th St
E 88th St
E 85th St
E 84th St
E 83th St
E 81st St
E 79th St
E 77th St
E 75th St
E 74th St
E 72nd St
E 70th St
E 68th St
E 66th St
E 65th St
E 62nd St
E 60th St
Central Park S
97th St
85 th St
79th St
65th St
Central Park W
5th Ave
Park Ave
3rd Ave
2nd Ave
1st Ave
York Ave
East End Ave
FDR Dr N
1
2
3 + 4 + 5
6
7
8
9
10
11
12
13
14
15
16
17
18
19
20
21
22
23
24
25
26
27
28
29
30
31
32
33
34
35
36
37
38
39
40
41

3 Convent of the Sacred Heart

1 East 91st Street, NY 10128-0654 □
✆ (212) 722-4745 · www.cshnyc.org

Der italienische Neorenaissance-Palazzo beherbergt heute den *Convent of the Sacred Heart*. Der Bauherr Otto Kahn, der auch ein großer Kunstmäzen war, verdankte sein Vermögen der Eisenbahn. Besonders visionär an dem 1918 errichteten Gebäude ist die völlig überbaute Auffahrt, durch die man praktisch in das Haus hinein und wieder heraus fahren kann.

Filme

- 1971 **Der Anderson-Clan** □
  R: Sidney Lumet, D: Sean Connery, Dyan Cannon

  Sean Connery kommt nach über 10 Jahren aus dem Knast und zieht bei seiner Freundin Dyan Cannon ein. Sie hat ein Luxusappartement in diesem Haus. Sean beschließt, das mit reichen Bewohnern vollgestopfte Haus vom Keller bis zum Boden auszurauben.

4 7 East 91st Street, NY 10128

Auch dieses schöne Gebäude gehört dem Convent of the Sacred Heart. Zur Zeit wird es als Schule genutzt.

Film

- 1998 **Ein perfekter Mord**
  R: Andrew Davis, D: Michael Douglas, Gwyneth Paltrow, Viggo Mortensen

  Das riesige Luxusappartement von Gwyneth und Ehemann Michael ist in diesem Gebäude angesiedelt. Als Michael bemerkt, dass ihn seine Frau mit dem jungen Künstler Viggo betrügt, macht er ihm das Angebot, sie für $400.000 umzubringen. Viggo willigt ein, doch der von ihm beauftragte Killer wird von Gwyneth überrascht und mit einem Küchenmesser erstochen. Viggo wartet vor der Tür und sieht, wie die Polizei eine Leiche abtransportiert. Ihm ist nun klar: Gwyneth ist tot und er ein reicher Mann.

5 Carnegie Mansion/Cooper Hewitt National Design Museum

2 East 91st Street, NY 10128, Höhe Fifth Avenue
Infos im Kapitel »Film-Museen« ▶ S. 287

Filme

- 1981 **Arthur – kein Kind von Traurigkeit**
  R: Steve Gordon, D: Dudley Moore, Liza Minnelli, Geraldine Fitzgerald
- 1988 **Die Waffen der Frauen**
  R: Mike Nichols, D: Melanie Griffith, Harrison Ford

6 Episcopal Church of the Heavenly Rest

2 East 90th Street, NY 10128, Höhe Fifth Avenue
© (212) 289-3400 · www.heavenlyrest.org

Der Name der Gemeinde erinnert an die Opfer des Bürgerkriegs (1861-1865). Die heutige gedrungene, turmlose und doch monumentale Kirche von 1929 ist Mo-Fr 10-16 Uhr geöffnet.

Film

- 1997 **Im Auftrag des Teufels**
  R: Taylor Hackford, D: Keanu Reeves, Al Pacino, Charlize Theron

  Keanu Reeves ist der aufgehende Stern in Al Pacinos teuflischer Anwaltskanzlei. Nach vielen dämonischen Erlebnissen dreht Keanus Frau Charlize Theron durch. Ihr zu Hilfe eilend, rast Keanu Reeves zur Kirche, in der er seine Frau nackt, völlig verwirrt und am ganzen Körper zerkratzt vorfindet.

7 Guggenheim Museum

1071 Fifth Avenue, NY 10128-0173, zwischen 88th & 89th Street
Infos im Kapitel »Film-Museen« ▸ S. 288

Filme

- 1975 **Die drei Tage des Condors**
  R: Sydney Pollack, D: Robert Redford, Max von Sydow, Faye Dunaway
- 1979 **Manhattan**
  R/D: Woody Allen, D: Mariel Hemingway, Diane Keaton, Michael Murphy
- 1997 **Men in Black**
  R: Barry Sonnenfeld, D: Tommy Lee Jones, Will Smith

8 Elaine's

1703 Second Avenue, NY 10128, zw. 88th & 89th Street, East Side
Infos im Kapitel »Restaurants, die eine Rolle spielen« ▸ S. 211

Filme

- 1979 **Manhattan**
  R/D: Woody Allen, D: Diane Keaton, Mariel Hemingway, Michael Murphy, Meryl Streep

Guggenheim Museum

- 1993 **Manhattan Murder Mystery**
  R/D: Woody Allen, D: Diane Keaton, Alan Alda, Anjelica Huston
- 1998 **Studio 54**
  R: Mark Christopher, D: Ryan Phillippe

9 Carl Schurz Park

zwischen 84th & 90th Street, am Ufer des East River · www.carlschurzparknyc.org

Benannt wurde der Park nach dem deutschen Einwanderer Carl Schurz, der viele administrative Positionen innehatte und auch Herausgeber der New York Evening Post und von Harper's Weekly war. Das Areal ist die grüne Lunge der Upper East Side. Viele Blumenbeete, Kinderspielplätze und Orte zum Ausspannen erfreuen die großen und kleinen Gäste. Von der Uferpromenade hat man einen herrlichen Blick auf Roosevelt Island und die Nachbarbezirke Manhattans. Am nördlichen Ende steht Gracie Mansion, die Residenz des New Yorker Bürgermeisters.

Film

- 2002 **25 Stunden** □
  R: Spike Lee, D: Edward Norton

  Edward sitzt mit seinem Hund an der Uferpromenade und weist einen Junkie ab, den er fünf Jahre lang beliefert hatte. Der Tag beginnt, und Edward hat noch genau 25 Stunden, bis er wegen Drogenhandels für 7 Jahre in den Knast zieht.

10 Metropolitan Museum of Art

1000 Fifth Avenue, NY 10028-0198, Höhe 82nd Street □

Weitere Infos im Kapitel »Film-Museen« ▸ S. 289 u. in der »Central Park Tour« ▸ S. 294

»25 Stunden«

Filme

- 1989 **Harry und Sally**
  R: Rob Reiner, D: Billy Crystal, Meg Ryan
- 1998 **Ein perfekter Mord**
  R: Andrew Davis, D: Michael Douglas, Gwyneth Paltrow
- 1999 **Die Thomas Crown Affäre**
  R: John McTiernan, D: Pierce Brosnan, Rene Russo
- 2000 **Glauben ist alles**
  R/D: Edward Norton, D: Ben Stiller, Jenna Elfman
- 2000 **Manhattan Love Story**
  R: Wayne Wang, D: Jennifer Lopez, Ralph Fiennes
- 2005 **Hitch – Der Date Doktor**
  R: Andy Tennant, D: Will Smith, Eva Mendes, Kevin James, Amber Valletta

11 1009 Fifth Avenue

NY 10128, Höhe 82nd Street

Das in dem in New York so verbreiteten Beaux-Arts-Stil gebaute Haus fand zur vorletzten Jahrhundertwende hier seinen Platz.

Weitere Infos in der »Central Park Tour« ▶ S. 294

Filme

- 1996 **Der Club der Teufelinnen** □
  R: Hugh Wilson, D: Goldie Hawn, Bette Midler, Diane Keaton, Maggie Smith

  In dem prächtigen Stadthaus verbringt Maggie, die ihren Wohlstand ihren Ex-Männern zu verdanken hat, ihren Lebensabend. Sie ist den drei Teufelinnen gern zu Diensten und empfängt Sarah Jessica Parker, die Freundin von Bettes Ex-Mann. Maggie Smith ist als Anhängerin des teuflischen Clubs wie geschaffen, schließlich spielt sie auch Mrs. McGonagall, Lehrerin an Harry Potters Schule für Zauberei in Hogwarts.

- 1991 **In Sachen Henry** □
  R: Mike Nichols, D: Harrison Ford

  Der gerissene Anwalt Harrison Ford kann sich für seine Familie dieses Haus leisten. Als er beim Zigaretten Holen angeschossen wird, verliert er erst sein Gedächtnis, dann seinen Job und wenig später auch das schöne Haus.

12 Stanhope Hotel

995 Fifth Avenue, NY 10028

Weitere Infos im Kapitel »Hotels für Helden, Diven und Halunken« ▶ S. 191 und in der »Central Park Tour« ▶ S. 294

Filme

- 1998 **Celebrity**
  R: Woody Allen, D: Melanie Griffith, Leonardo DiCaprio, Winona Ryder, Donald Trump, Kate Winslet, Vanessa Redgrave
- 1998 **Für das Leben eines Freundes**
  R: Joseph Ruben, D: Anne Heche, Vince Vaughn

13 Melrose Café

Café im Stanhope Hotel · 995 Fifth Avenue, NY 10028 ☐1

Weitere Infos im Kapitel »Restaurants, die eine Rolle spielen« ▶ S. 224

Filme

- 1979 **Manhattan**
  R/D: Woody Allen, D: Diane Keaton, Mariel Hemingway, Micheal Murphy, Meryl Streep
- 2002 **Igby**
  R: Burr Steers, D: Kieran Culkin, Jeff Goldblum, Susan Sarandon

14 Frank E. Campbell Begräbnis-Kapelle

1076 Madison Avenue, NY 10028, Höhe 81st Street ☐2

www.frankecampbell.com

Als Frank E. Campbell 1898 sein Unternehmen eröffnete, wurden die Trauerfeiern noch in den eigenen vier Wänden abgehalten. Da jedoch immer mehr Menschen in kleinen Wohnungen lebten, gab er ihnen mit seiner Begräbnis-Kapelle die Möglichkeit einer würdigen Trauerzeremonie. Seitdem sind hier viele Berühmtheiten aus Politik und Kultur betrauert worden.

Filme

- 1996 **Alle sagen I Love You**
  R: Woody Allen, D: Goldie Hawn, Julia Roberts

  Während der Trauerfeier für den Großvater erhebt sich der Geist des verrückten Opas aus dem Sarg! Er mahnt die Trauergemeinde, ihr Leben zu genießen, so lange es noch geht – unterstützt von anderen ruhelosen Seelen, die in wildem Rhythmus tanzen.

- 1996 **Der Club der Teufelinnen**
  R: Hugh Wilson, D: Goldie Hawn, Bette Midler, Diane Keaton

  Die drei Frauen treffen sich nach langer Zeit bei der Begräbnisfeier ihrer ehemaligen College-Freundin wieder. Ihr Ex-Ehemann hatte sie in den Selbstmord getrieben. Diese und die Untaten ihrer eigenen Männer sind der Anstoß, den teuflischen Club zu gründen.

15 Ukrainian Institute

2 East 79th Street, NY 10021 □3

✆ (212) 288-8660, Fax (212) 288-2918 · www.ukrainianinstitute.org

Kurz vor Beginn des 20. Jahrhunderts als repräsentatives Wohnhaus im Renaissance-Stil erbaut, beherbergt es seit über 50 Jahren das *Ukrainian Institute*, welches die ukrainischen Künste fördern und ihren Bekanntheitsgrad erhöhen soll.

Weitere Infos in der »Central Park Tour« ▶ S. 294

Film

- 1999 **Eiskalte Engel □**
  R: Roger Kumble, D: Sarah Michelle Gellar, Ryan Phillippe, Reese Witherspoon

  Hier wohnen Ryan und seine böse Stiefschwester Sarah, die damit beschäftigt sind, Zwietracht unter ihren Freunden zu säen und die Millionen der Eltern auszugeben.

16 Carlyle Hotel

35 East 76th Street, NY 10021, Höhe Madison Avenue

Infos im Kapitel »Hotels für Helden, Diven und Halunken« ▶ S. 187

Film

- 1986 **Hannah und ihre Schwestern**
  R/D: Woody Allen, D: Mia Farrow, Michael Caine, Barbara Hershey, Dianne Wiest

»Eiskalte Engel«

17 Whitney Museum of American Art

945 Madison Avenue, NY 10021, Höhe 75th Street □ 1

Infos im Kapitel »Film-Museen« ▶ S. 293

Film

- 1979 **Manhattan**
  R/D: Woody Allen, D: Diane Keaton, Mariel Hemingway

18 Polo Ralph Lauren Store

Rhinelander Mansion · 867 Madison Avenue, NY 10021, Höhe 72nd Street □ 2

© (212) 606-2100 · www.polo.com · Mo-Fr 10-18, Do -19 Uhr, So 12-17 Uhr

Weitere Infos in der »Shoppingtour« ▶ S. 324

Filme

- 1990 **Alice**
  R: Woody Allen, D: Mia Farrow, Joe Mantegna, William Hurt
- 2002 **Ein Chef zum Verlieben**
  R: Marc Lawrence, D: Sandra Bullock, Hugh Grant

19 169 East 71st Street, NY 10121

Film

- 1961 **Frühstück bei Tiffany's** □ 3
  R: Blake Edwards, D: Audrey Hepburn
  In diesem Haus wohnt die junge, naive Audrey Hepburn.

20 Sotheby's

1334 York Avenue, NY 10021, Höhe 72nd Street

© (212) 606-7000, Fax (212) 606-7107 · www.sothebys.com

Wohl eher die Domäne der gut Betuchten ist das Auktionshaus Sotheby's. Das älteste Auktionshaus der Welt hat in New York seinen zweiten Hauptsitz. Hier kommt alles unter den Hammer, was wertvoll erscheint. Fast 60 Abteilungen von *Aboriginal Art* bis *Wine* beschäftigen sich mit Trophäen, Sammlerstücken, aber auch wirklichen Kunstwerken. Ein Renoir brachte $78.000.000, ein van Gogh $53.900.000. Aber auch den Nachlass von Jacqueline Kennedy Onassis oder ein Raumschiff konnte man hier ersteigern. Eine Ausnahme in diesen Kreisen ist, dass Zuschauer erlaubt sind – die Eintrittskarten haben allerdings einen hohen Preis.

Filme

- 1986 **Staatsanwälte küsst man nicht**
  R: Ivan Reitman, D: Robert Redford, Daryl Hannah

Daryl und Robert setzen, während bei einer Auktion Millionen über den Tisch gehen, einen mordverdächtigen Kunsthändler mächtig unter Druck. Es ist zu befürchten, dass Staatsanwalt Robert Redford seine Kompetenzen damit etwas überschritten hat.

3

4

- 1996 **Der Club der Teufelinnen** □4
  R: Hugh Wilson, D: Goldie Hawn, Bette Midler, Diane Keaton, Maggie Smith

Maggie ist den drei Teufelinnen gern zu Diensten und begleitet Sarah Jessica Parker, die Freundin von Bettes Ex-Mann zu einer Kunstauktion. Sie spornt Sarah an, ein, wie nur sie weiß, völlig wertloses Gemälde zu ersteigern.

21 Yves Saint Laurent

855 Madison Avenue, NY 10021, zwischen 70th & 71st Street

Weitere Infos im Kapitel »Filmreif Shoppen« ▶ S. 256 und in der »Shoppingtour« ▶ S. 324

Film

- 1996 **Alle sagen I Love You**
  R/D: Woody Allen, D: Goldie Hawn, Julia Roberts, Edward Norton, Drew Barrymore, Natasha Lyonne, Maxwell Caulfield, Alan Alda

22 Sonia Rykiel

849 Madison Avenue, NY 10021, Höhe 71st Street

Infos in den Kapiteln »Filmreif Shoppen« ▶ S. 252 und »Shoppingtour« ▶ S. 324

Film

- 1992 **Ehemänner und Ehefrauen**
  R/D: Woody Allen, D: Mia Farrow, Sydney Pollack, Judy Davis

23 The Americas Society

680 Park Avenue, NY 10021, Höhe 68th Street
✆ (212) 249-8950 · www.americas-society.org
Di-So 12-16 Uhr, Eintritt frei

Diese Gesellschaft bringt Kultur, Politik und Wirtschaft an einen Tisch. Die hier stattfindenden Workshops, Tagungen und Vorträge sollen ein vernetztes Denken zwischen den genannten Bereichen fördern. Die im Hause befindliche Galerie zeigt wechselnde Ausstellungen.

Film

- 2000 **Forrester – gefunden**
  R: Gus Van Sant, D: Sean Connery, Bob Brown F. Murray Abraham

  Das Gebäude ist wie geschaffen für eine Eliteschule. Bob Brown, ein schwarzes Volleyballtalent, bekommt ob seiner sportlichen Fähigkeiten einen Stipendiumsplatz in diesem Bildungstempel. Die von Sean Connery in ihm geweckte literarische Begabung wird bald zum Problem, denn Bobs ewiger Widersacher und Literaturdozent F. Murray Abraham duldet keinen Schöngeist neben sich.

24 La Perla

803 Madison Avenue, NY 10021-6106, Nähe 67th Street
Infos im Kapitel »Filmreif Shoppen« ▶ S. 246 und in der »Shoppingtour« ▶ S. 324

Film

- 1996 **Wer ist Mr. Cutty?**
  R: Donald Petrie, D: Whoopi Goldberg, Dianne Wiest, Bebe Neuwirth

»Forrester – gefunden«

25 Ronaldo Maia Flowers

27 East 67th Street, NY 10021, zwischen Madison & Park Avenue □

Infos im Kapitel »Filmreif Shoppen« ▶ S. 251 und in der »Shoppingtour« ▶ S. 324

Film

- 1971 **French Connection I**
  R: William Friedkin, D: Gene Hackman, Roy Scheider, Fernando Rey
  Hackman beschattet den französischen Drogenhändler Fernando Rey. Der betritt das Blumengeschäft und entkommt seinem Verfolger beinahe.

26 Krizia

769 Madison Avenue, NY 10021, Höhe East 66th Street

Weitere Infos im Kapitel »Filmreif Shoppen« ▶ S. 245 und in der »Shoppingtour« ▶ S. 324

Film

- 2000 **15 Minuten Ruhm**
  R: John Herzfeld, D: Robert De Niro, Edward Burns, Karel Roden, Oleg Taktarov, Vera Farmiga

27 Beekman Cinema

1254 Second Avenue, NY 10021, Höhe East 66th Street

Infos im Kapitel »Film-Theater« ▶ S. 281

Film

- 1977 **Der Stadtneurotiker**
  R/D: Woody Allen, D: Diane Keaton, Christopher Walken

28 La Goulue

746 Madison Avenue, NY 10021-7052 □

Infos im Kapitel »Restaurants, die eine Rolle spielen« ▶ S. 219

Film

- 1998 **Wachgeküsst**
  R: Richard LaGravenese, D: Holly Hunter, Danny DeVito

29 Plaza Athenee Hotel

37 East 64th Street, NY 10021, Höhe Madison Avenue □ 1

Weitere Infos im Kapitel »Hotels für Helden, Diven und Halunken« ▶ S. 188

Film

- 1999 **Eine schlaflose Nacht in New York**
  R: Sam Weisman, D: Steve Martin, Goldie Hawn, John Cleese

30 Central Presbyterian Church

593 Park Avenue, NY 10021, Höhe 64th Street
✆ (212) 838-0808, Fax (212) 888-9378
www.centralonpark.org

Die Gemeinde ist stolz darauf, eine der fortschrittlichsten Kirchen New Yorks zu sein. Mit seinen 50 Stimmen ist der Chor *Musica Sacra* der einzige professionelle, permanent bestehende Chor New Yorks. Auch die Orgel ist ein künstlerisches Meisterwerk. Fast alle bedeutenden Organisten unserer Zeit haben auf diesem Instrument schon Konzerte gegeben.

Film

- 1997 **Im Auftrag des Teufels**
  R: Taylor Hackford, D: Keanu Reeves, Al Pacino

  Al Pacino leitet eine der erfolgreichsten Anwaltskanzleien der Stadt. Keanu Reeves ist sein neuer Meisterschüler. In der Kirche findet die Trauerfeier für einen toten Anwaltskollegen statt. Der teuflische Al taucht seinen Finger ins Weihwasser und bringt es zum Kochen.

31 Graff Diamonds

früher Boris Le Beau Jewelers □ 2
721 Madison Avenue, NY 10021, zwischen 63rd & 64th Street

Weitere Infos im Kapitel »Filmreif Shoppen« ▶ S. 243 und in der »Shoppingtour« ▶ S. 324

Film

- 1999 **Mickey Blue Eyes**
  R: Kelly Makin, D: Hugh Grant, Jeanne Tripplehorn

32 Baker Street

1152 First Avenue, NY 10021, Höhe 63rd Street □3

Weitere Infos im Kapitel »Die Lichter der Nacht – Bars, Clubs & Discos« ▶ S. 257

Film

- 1987 **Cocktail**
  R: Roger Donaldson, D: Tom Cruise, Bryan Brown

33 Luca Luca by Luca Orlandi

690 Madison Avenue, NY 10021-7206, Höhe 62nd Street

Weitere Infos in »Filmreif Shoppen« ▶ S. 247 und in der »Shoppingtour« ▶ S. 324

Film

- 2000 **15 Minuten Ruhm**
  R: John Herzfeld, D: Robert De Niro, Edward Burns, Karel Roden, Oleg Taktarov

34 Abigail Adams Smith Museum

jetzt Mount Vernon Hotel Museum,
421 East 61st Street, NY 10021, zwischen York & First Avenue □

Infos im Kapitel »Film-Museen« ▶ S. 283

Film

- 1986 **Hannah und ihre Schwestern**
  R/D: Woody Allen, D: Mia Farrow, Michael Caine, Barbara Hershey, Dianne Wiest

35 Hotel & Café Pierre

2 East 61st Street, NY 10021

Weitere Infos im Kapitel »Hotels für Helden, Diven und Halunken« ▶ S. 183

Filme

- 1970 **Love Story**
  R: Arthur Hiller, D: Ryan O'Neal, Ali MacGraw
- 1979 **Manhattan**
  R/D: Woody Allen, D: Diane Keaton, Mariel Hemingway, Michael Murphy, Meryl Streep
- 1987 **Baby Boom**
  R: Charles Shyer, D: Diane Keaton, Sam Shepard
- 1993 **Ein Concierge zum Verlieben**
  R: Barry Sonnenfeld, D: Michael J. Fox, Gabrielle Anwar
- 1999 **Der Talentierte Mr. Ripley**
  R: Anthony Minghella, D: Matt Damon, Gwyneth Paltrow, Jude Law, Cate Blanchett

36 Serendipity 3.

225 East 60th Street, NY 10022,
zwischen Second & Third Avenue

Weitere Infos im Kapitel »Restaurants, die eine Rolle spielen« ▶ S. 232

Filme

- 1996 **Tage wie dieser**
  R: Michael Hoffman, D: Michelle Pfeiffer, George Clooney
- 2001 **Weil es Dich gibt**
  R: Peter Chelsom, D: John Cusack, Kate Beckinsale

37 Scores

Luxus Striplokal □1
333 East 60th Street, NY 10022

Weitere Infos im Kapitel »Die Lichter der Nacht – Bars, Clubs & Discos« ▶ S. 266

Film

- 1997 **Cop Land**
  R: James Mangold
  D: Robert De Niro, Sylvester Stallone, Harvey Keitel, Ray Liotta

1

38 Queensboro Bridge

Höhe 60th Street · www.nycroads.com/crossings/queensboro

Die erste große Brücke mit einer massiven Stahlkonstruktion wurde genau wie die *Manhattan Bridge* 1909 fertig gestellt. Durch die feste Anbindung an Manhattan verwandelte sich die ländliche Region Queens in ein Stadtgebiet mit mehreren Millionen Einwohnern.

Filme

- 1979 **Manhattan**
  R/D: Woody Allen, D: Diane Keaton, Mariel Hemingway, Michael Murphy
  Nachdem Woody und Diane das Nachtleben in Manhattan genossen haben, erwarten sie auf einer Bank mit Blick auf die Brücke den Morgen. Dieses Bild ist eines der berühmtesten der New Yorker Filmgeschichte.
- 1993 **Ein Concierge zum Verlieben** □
  R: Barry Sonnenfeld, D: Michael J. Fox, G. Anwar
  Nach zahlreichen Irrungen und Verwirrungen kriegen sich Michael J. Fox und Gabrielle Anwar endlich auf der *Queensboro Bridge*. Michael lässt einen künstlichen Stau verursachen und eilt seiner Geliebten entgegen. Die erkennt im Brückenstau sitzend zur gleichen Zeit, wie wundervoll, dass ihr reicher Lover ein schmieriger Schuft ist und verlässt für immer die weichen Polster des Mercedes Cabriolets, um sofort in Michaels Arme zu laufen.
- 2002 **Spiderman** □**2**
  R: Sam Raimi, D: Tobey Maguire, Willem Dafoe, Kirsten Dunst
  Um SpidermanTobey Maguire endlich zu beseitigen, sperrt der grüne Bösewicht Willem Dafoe Tobeys Freundin auf den First der Brücke. Voller Ungeduld wartet er nun auf Spiderman.
- 2003 **Die Wutprobe** □**3**
  R: Peter Segal, D: Jack Nicholson, Adam Sadler, Rudolph W. Giuliani, John McEnroe
  Der ruhige und ausgeglichene Adam Sadler gerät in den Strudel von Antiaggressionstrainer Jack Nicholson. Unter Zeitdruck fahren beide nach Manhattan, Adam

2

3

muss ins Büro. Jack, der Adams Anspannung spürt, zieht auf der Brücke die Handbremse und erzwingt damit eine Vollbremsung. Während auf der Brücke Hass und Chaos ausbricht, muss Adam »I feel pretty« aus der *Westside Story* singen.

- 2005 **Wo die Liebe hinfällt...** □
  R: Rob Reiner, D: Jennifer Aniston, Mark Ruffalo, Mena Suvari, Shirley MacLaine, Kevin Costner

  Nach ihrem Liebesabenteuer mit dem superreichen Womanizer Kevin Costner, der auch schon ihre Mutter und sogar ihre Großmutter ins Bett kriegte, kehrt Jennifer Aniston reumütig über die Brücke zu ihrem Freund Mark Ruffalo zurück. Die Begrüßung in seinem New Yorker Apartment ist wie erwartet wenig herzlich.

39 Sherry-Netherland Hotel & Restaurant Harry Cipriani

781 Fifth Avenue, NY 10022, Höhe 59th Street

Infos in den Kapiteln »Restaurants« ▶ S. 215 und »Hotels« ▶ S. 190

Filme

- 1982 **Tootsie**
  R/D: Sydney Pollack, D: Dustin Hoffman, Jessica Lang, Bill Murray
- 1989 **New Yorker Geschichten**
  R: Martin Scorsese, Francis Ford Coppola, Woody Allen, D: Nick Nolte, Rosanna Arquette, Heather McComb, Giancarlo Giannini, Woody Allen, Mia Farrow
- 1999 **Die Thomas Crown Affäre**
  R: John McTiernan, D: Pierce Brosnan, Rene Russo

40 Bloomingdale's

1000 Third Avenue, NY 10022, zwischen Lexington & Third Avenue □

Weitere Infos im Kapitel »Filmreif Shoppen« ▶ S. 238 und in der »Shoppingtour« ▶ S. 324

»Wo die Liebe hinfällt...«

Filme

- 1979 **Manhattan**
  R/D: Woody Allen, D: Diane Keaton
- 1984 **Splash – Jungfrau am Haken**
  R: Ron Howard, D: Tom Hanks, Daryl Hannah, John Candy
- 1996 **Liebe hat zwei Gesichter**
  R/D: Barbra Streisand, D: Jeff Bridges, Pierce Brosnan, George Segal
- 2001 **Weil es Dich gibt**
  R: Peter Chelsom, D: John Cusack, Kate Beckinsale

41 Roosevelt Island Tramway

60th Street/Second Avenue ☐
✆ (212) 832-4540, Fax (212) 832-4582
www.rioc.com

Diesen Drahtseilakt beschloss die Stadtverwaltung 1976 als Notlösung im Kampf gegen das Verkehrschaos. Zwischen 6 und 2.30 Uhr pendeln die in den USA einzigartigen Gondeln im 15-Minuten-Takt parallel zur Queensboro Bridge zwischen Roosevelt Island und Manhattan. Obwohl schon seit einiger Zeit die Subway auf der Insel hält, ist das Schweizer Qualitätsprodukt aus dem Stadtbild nicht mehr wegzudenken. Für nur $1,50 bekommt man nach dem Urteil der *New York Times* den begeisterndsten Blick auf Manhattan präsentiert.

Filme

- 1979 **Manhattan**
  R/D: Woody Allen, D: Diane Keaton, Mariel Hemingway, M. Murphy, M. Streep
  Die Liebe zu seiner Stadt zeigt Woody Allen in der Ouvertüre zum Film. Majestätisch schwebt die Bahn in Richtung Roosevelt Island.
- 1994 **Leon – Der Profi**
  R: Luc Besson, D: Jean Reno, Natalie Portman, Gary Oldman, Danny Aiello
  Natalie Portman hat alles verloren: Ihre Familie wurde von korrupten Polizisten niedergemetzelt, und der Profikiller Jean Reno, ihr bester Freund, stirbt, als er die mörderischen Polizisten ins Jenseits befördert. Traurig und desillusioniert kehrt sie mit der Bahn zu ihrer alten Schule zurück, um ein normales Leben zu beginnen.
- 2002 **Spiderman**
  R: Sam Raimi, D: Tobey Maguire, Willem Dafoe, Kirsten Dunst
  Um Spiderman Tobey Maguire einen Vorgeschmack von seiner wirklichen Kraft zu geben, zerstört der grüne Kobold Willem Dafoe die Talstation der Seilbahn, die sich gerade über dem East River befindet.

12 Harlem und Morningside High

Mit dem Ende des 19. Jahrhunderts begannen Afroamerikaner, Harlem zu besiedeln. Sie entwickelten den Jazz zur Hochkultur. Das größte Vergnügen der New Yorker High Society in den 1920er-Jahren war es, in die sündigen Clubs und Jazzhöhlen Harlems hinabzusteigen. In diesem Mythos ist der Stadtteil noch heute gefangen. Nach einer langen Zeit des Verfalls ziehen nun Jazz und *Soul Food* wieder mehr Besucher in den nördlichsten Stadtteil Manhattans. Ein sonntägliches Gospelkonzert in einer der vielen Kirchen sollte man nicht verpassen.

1 The Cloisters

Fort Tryon Park, NY 10040
✆ (212) 923-3700 · www.metmuseum.org

Di-So 9.30-16.45 Uhr, März-Oktober bis 17.15 Uhr

Eintritt $12, Senioren und Studenten $7, Kinder bis 12 Jahre frei

Im Fort Tryon Park beginnt 1939 das europäische Mittelalter. Kreuzgänge aus französischen Klöstern, romanische und gotische Kapellen wurden vorsichtig in Europa demontiert und, Stein neben Stein geordnet, nach Amerika verschifft. John D. Rockefeller Jr. ließ sich so eine ganze Kulturepoche über den großen Teich bringen und errichtete auf dem eigens dafür gekauften Land *The Cloisters* ein Museum für die Kulturgeschichte des 12.-15. Jahrhunderts. Das zum Metropolitan Museum gehörende Retro-Kloster ist gefüllt mit seltenen Schätzen. Handschriften, Gemälde, Wandteppiche, Sakralgefäße und vieles andere mehr sind hier zu bestaunen. Erwähnenswert sind noch der mittelalterliche Klostergarten und der schöne Blick über den Hudson River.

Filme

- 1968 **Coogans großer Bluff** □
  R: Don Siegel, D: Clint Eastwood, Don Stroud
  Clint Eastwood spürt den von ihm nach Arizona zu überführenden Don Stroud in *The Cloisters* wieder auf. Der Gefangene war ihm im New Yorker Asphalt-Dschungel abhanden gekommen. Nach einem Schusswechsel in den historischen Mauern liefern sie sich eine wilde Motorrad-Verfolgungsjagd durch den Park.
- 2000 **Glauben ist alles**
  R/D: Edward Norton, D: Ben Stiller, Jenna Elfman
  Jenna und Ben nehmen seine Mutter in den Klostergarten zu einem Spaziergang mit. Es dauert nicht lange, und Ben muss sich den bohrenden Fragen seiner Mutter stellen. Aber noch immer hat er die passende Frau nicht gefunden.

Harlem und Morningside High
0 400 m
N
Palisade Ave
River Rd
River Rd
Henry Hudson Pkwy
Riverside Dr
Cross Bronx Expy
W 181st St
High Bridge Park
Broadway
St Nicholas Ave
Audubon Ave
Amsterdam Ave
W 165th St
Harlem River Dr
Major Deegan Expy
Roger Morris Park
Ave
W 155th St
Amsterdam
Frederick Douglass Blvd
Jackie Robinson Park
FDR Dr N
Henry Hudson Pkwy
Broadway
W 145th St
Major Deegan Expy
Ave
St Nicholas
W 142nd St
Amsterdam Ave
7th Ave
Lenox Ave
FDR Dr N
Grand Concourse
St Nicholas Park
Dr Martin L King Jr Blvd
W 135th St
5th Ave
W 132nd St
W 130th St
W 128th St
Henry Hudson Pkwy
Riverside Dr
Broadway
Frederick Douglass Blvd
Dr Martin L King Jr Blvd
3rd Ave Brg
Amsterdam Ave
Morningside Park
7th Ave
FDR Dr N
E 125th St
Central Park N
St Nicholas Ave
Lenox Ave
W 120th St
W 118th St
Park Ave
Lexington Ave
Ave
3rd
2nd Ave
1st Ave
Broadway
Columbus Ave
Central Park W
W 112th St
E 116th St
1
2
3
4
5
6
7
8
9
10
11
12

2 George Washington Bridge

Schon der Bauhaus-Meister Le Corbusier verfiel beim Anblick der 1931 fertig gestellten Brücke in wahre Begeisterung. Diese Hauptschlagader nach New Jersey ist über 2 Kilometer lang. Mehr als 100 Millionen Autos lässt die Brücke jährlich auf zwei Etagen über sich ergehen.

www.fortleeonline.com/gwb

Filme

- 1985 **Susan... verzweifelt gesucht** □
  R: Susan Seidelman, D: Madonna, Rosanna Arquette, Aidan Quinn

  Die gelangweilte Unternehmergattin Rosanna Arquette blickt von ihrem Apartment aus auf die im nächtlichen Schimmer liegende Brücke. Gerade hat ein Bus die Brücke überquert, der die ruhelose Madonna in die Stadt bringt.
- 1988 **BIG** □
  R: Penny Marshall, D: Tom Hanks, E. Perkins

  Für 25 Cent gewährt ein Rummelautomat einem kleinen Jungen einen Wunsch. Der sehnt sich danach, endlich groß zu sein. Als er am nächsten Morgen erwacht, ist er ein junger Mann. Entsetzt über die prompte Erfüllung seines Wunsches, radelt Tom Hanks auf seinem viel zu kleinen Fahrrad durch New Jersey, um nachzusehen, ob die Welt um ihn herum noch dieselbe ist. An der großen Hängebrücke, die in die verheißungsvolle Stadt führt, macht er endlich halt.
- 1993 **Manhattan Murder Mystery**
  R/D: Woody Allen, D: Diane Keaton, Alan Alda, A. Huston

  Dianes Vorahnungen haben sich bestätigt. Der freundliche Herr aus dem Nachbarapartment ist ein kaltblütiger Mörder. Diane und Woody beobachten, wie er die Leiche seiner braven Frau im Kofferraum verstaut. Trotz Woodys Gezeter nehmen sie die Verfolgung über die im nächtlichen Glanz liegende *George Washington Bridge* auf.

»BIG«

3 Audubon Ballroom

3940 Broadway, NY 10032, Höhe 166th Street

Zu trauriger Berühmtheit gelangte der mit farbigem Terrakotta verzierte Bau, als hier am 21. Februar 1965 der Bürgerrechtler Malcolm X erschossen wurde. Der 1912 erbaute Ballsaal wurde in den 1970er- und 1980er-Jahren dem Verfall preisgegeben. Nun wieder restauriert, ist er eines der wichtigsten sozialen und kulturellen Zentren in Harlem. Auch die Malcolm-X-Gedenkstätte hat hier ihren Platz gefunden; www.cmgww.com/historic/malcolm.

Film

- 1992 **Malcolm X** □
  R: Spike Lee, D: Denzel Washington

  Denzel Washington fährt vor Beginn der Veranstaltung, die für ihn so tragisch enden soll, am Eingang des Audubon Ballroom vor.

4 Sylvia's Restaurant

328 Lenox Avenue, NY 10027 □

Infos im Kapitel »Restaurants, die eine Rolle spielen« ▶ S. 233

Film

- 1991 **Jungle Fever**
  R: Spike Lee, D: Wesley Snipes, Annabella Sciorra

5 Apollo Theater

253 West 125th Street, NY 10027

Infos im Kapitel »Film-Theater« ▶ S. 269

Filme

- 1971 **Shaft**
  R: Gordon Parks, D: Richard Roundtree
- 1992 **Boomerang**
  R: Reginald Hudlin, D: Eddie Murphy, Halle Berry, Grace Jones, Eartha Kitt
- 1992 **Malcolm X**
  R: Spike Lee, D: Denzel Washington

6 Lenox Lounge Jazz Club

288 Lenox Avenue/Malcolm X Boulevard, NY 10027, zwischen 124th & 125th Street □

Infos im Kapitel »Die Lichter der Nacht – Bars, Clubs & Discos« ▶ S. 261

Filme

- 1992 **Malcolm X**
  R: Spike Lee, D: Denzel Washington
- 2000 **Shaft**
  R: John Singleton, D: Samuel L. Jackson, Richard Roundtree, Christian Bale

7 Harlem Court House

170 East 121st Street, NY 10035, am Sylvian Place
www.nyc.gov/html/dcas/html/resources/man_harlemcourthouse.shtml

Das 1893 im neoromanischen Stil fertig errichtete Verwaltungsgebäude erfüllte seine Aufgaben bis zu einer Verwaltungsreform 1961. Aber auch heute befinden sich dort noch Zivilgerichte und Schiedsstellen. Es wurde 1967 unter Denkmalschutz gestellt.

Film

- 1991 **New Jack City** □
  R: Mario Van Peebles, D: Wesley Snipes, Ice-T

  Vor dem Gebäude treffen sich die verdeckten Ermittler um Ice-T und besprechen mit einer jungen Staatsanwältin, wie sie dem Gangster Wesley Snipes endlich das Handwerk legen können.

8 Riverside Church

490 Riverside Drive, NY 10027, zwischen West 120th & 122nd Street
© (212) 870-6700 · www.theriversidechurchny.org

täglich von 7-22 Uhr geöffnet

Die 120 m hohe Kirche wurde 1929 erbaut; als Vorbild diente die Kathedrale von Chartres. Nicht nur der Blick von der Aussichtsplattform des Kirchturms ist beeindruckend, sondern auch das von John D. Rockefeller Jr. zum Gedenken an seine Mutter gestiftete Glockenspiel: Der größte Klangkörper hält mit 20 Tonnen den Glockenweltrekord. Mit seinen 74 Glocken reicht dieses außergewöhnliche Kircheninstrument über 5 Oktaven. Es spielt dreimal täglich um 10.30, 12.30 und 15 Uhr. – 1930 besuchte Albert Einstein die Kirche und fand sich als einzigen Lebenden in Gesellschaft vieler anderer porträtierter Wissenschaftler am Westportal bereits in Stein gehauen. Das für alle Konfessionen und Hautfarben offene Gotteshaus ist darüber hinaus durch die Rede Martin Luther Kings am 4. April 1967 gegen den Vietnamkrieg berühmt geworden.

Filme

- 1999 **Hochzeit mit Hindernissen**
  R: Spike Lee, D: Taye Diggs, Nia Long

  Taye Diggs' Freunde wollen in der Riverside-Kirche heiraten. Die ganze Clique ist hier verabredet, um Vorbereitungen zu treffen.

- 2004 **Spiderman 2 – Im Netz des Bösen**
  R: Sam Raimi, D: Tobey Maguire, Kirsten Dunst, Alfred Molina, James Franco

  In der Kirche beginnt Kirstens Hochzeit mit ihrem Astronauten. Doch die Liebe zu Spiderman Tobey ist stärker. Sie lässt dem vor dem Altar stehenden Bräutigam nur einen Zettel mit ihrer Absage zukommen.

9 Columbia University

West 116th-120th Street,
zwischen Amsterdam Avenue & Broadway, Morningside Heights □
www.columbia.edu

Die altehrwürdige Universität gibt es schon seit 1754. König George II. veranlasste ihre Gründung. Der großzügige Campus ist von Gebäuden verschiedenster Architekturepochen umgeben. In seinem Zentrum steht die renommierte *Low Library*. Auf ihren Stufen thront die Alma Mater. Die den Campus im Süden begrenzende *Butler Library* mit einem Bestand von sechs Millionen Bänden ist jedoch der Hauptwissensspeicher der Lehranstalt. Bis heute ist Columbia eine der angesehensten Hochschulen der USA. Gelehrt werden Medizin, Recht, Wirtschaft, Technik, Architektur, Kunst und Journalismus. Ein Gremium der Universität vergibt jährlich die weltberühmten Pulitzer-Preise; www.pulitzer.org.

Filme

- 1976 **Der Marathon-Mann**
  R: John Schlesinger, D: Dustin Hoffman, Laurence Olivier, Roy Scheider

  Dustin beabsichtigt, an der Columbia, an der sein Vater Professor war, zu promovieren. Atemlos hetzt er über den Campus, schafft es jedoch nicht mehr pünktlich zu seinem elitären Historiker-Seminar.
- 1984 **Ghostbusters – Die Geisterjäger**
  R: Ivan Reitman, D: Bill Murray, Dan Aykroyd, Harold Ramis, Sigourney Weaver, Rick Moranis

  Bill Murray, Dan Aykroyd und Harold Ramis haben es sich in ihrem universitären Institut für Parapsychologie gemütlich gemacht. Doch wie tragisch, gerade haben sie ihren ersten echten Gespensterfall untersucht, da streicht ihnen die Uni die Mittel und setzt sie vor die Tür. So bleibt ihnen nichts anderes übrig, als den Campus zu räumen.

- 1986 **Hannah und ihre Schwestern**
  R/D: Woody Allen, D: Mia Farrow, Michael Caine, Barbara Hershey, Dianne Wiest

  Die Schwägerin von Michael Caine, Barbara Hershey, ist verhängnisvollerweise auch seine Geliebte. Um etwas Abstand von der so ausweglosen Beziehung zu bekommen, besucht sie Vorlesungen an der Columbia University.

- 1992 **Ehemänner und Ehefrauen** □
  R/D: Woody Allen, D: Mia Farrow, Sydney Pollack, Judy Davis, Juliette Lewis

  Woody ist Professor an der Columbia University. Unvermittelt stolpert er in eine Affäre mit seiner Studentin Juliette Lewis.

- 1996 **Liebe hat zwei Gesichter**
  R/D: Barbra Streisand, D: Jeff Bridges, Pierce Brosnan, George Segal

  Jeff Bridges und Barbra Streisand sind beide Professoren an der Columbia University. Er lehrt Mathematik, Barbra Literatur. Nach einem Konzert in *St. Paul's Chapel* auf dem Campus der Universität doziert Jeff über die Liebe, die nur ewig halte, wenn Sex darin keine Rolle spielt. Im Ergebnis versuchen beide eine zölibatäre Ehe, doch die Hormone halten nicht lange still.

- 1999 **Music of the Heart**
  R: Wes Craven, D: Meryl Streep, Gloria Estefan

  Nach 1400 ausgebildeten Kindern wird Meryl von der Schulbehörde die Unterstützung für ihren Geigenunterricht gestrichen. Hilfe suchend bittet sie einen Freund, der an der Columbia University arbeitet, um Unterstützung.

- 2002 **Spiderman**
  R: Sam Raimi, D: Tobey Maguire, Willem Dafoe, Kirsten Dunst

  Tobey Maguire, der ein Auge auf seine Mitschülerin Kirsten Dunst geworfen hat, wird auf einem Schulausflug zur naturwissenschaftlichen Fakultät von einer genmanipulierten Spinne gebissen. Dieses nur wenig schmerzhafte Erlebnis macht Tobey zu Spiderman.

- 2004 **Ein verrückter Tag in New York** □
  R: Dennie Gordon, D: Mary-Kate & Ashley Olsen

  Um ein Stipendium für ein Studium in Oxford zu erhalten, soll die Streberin Ashley Olsen eine Rede über Wirtschaft an der Universität halten. Da sie jedoch von einer Raubkopierer-Bande entführt wurde, springt ihre punkige Zwillingsschwester Mary-Kate für sie ein. Kurze Zeit später rauscht Ashley auf dem Fahrradgepäckträger eines Kavaliers die Stufen zur Library hinauf und kann die Situation gerade noch retten.
- 2004 **Spiderman 2 – Im Netz des Bösen**
  R: Sam Raimi, D: Tobey Maguire, Kirsten Dunst, Alfred Molina, James Franco

  Pizzas ausfahren, New York die Gangster vom Hals halten und studieren ist einfach zu viel, schon wieder hat Tobey seine Vorlesung verpasst. Zu allem Ärger läuft er auf dem Campus auch noch seinem Professor in die Arme.

10 Graham Court

1923-1937 Adam Clayton Powell Jr. Boulevard (Seventh Avenue), NY 10026, zwischen West 116th & 117th Street

Das edelste Apartmenthaus Harlems kann sich durchaus mit seinen Pendants an der Upper West Side messen. Wie auch das *Apthorp* wurde es von William Waldorf Astor gebaut.

Film

- 1991 **Jungle Fever**
  R: Spike Lee, D: Wesley Snipes, Annabella Sciorra

  Hier wohnen die Eltern von Wesley Snipes. Sein Vater ist ein gestrenger Reverend, der die Beziehung Wesleys mit der weißen Annabella zutiefst missbilligt. Als er mit seinem kleinen Hund eines Abends durch den großen Torbogen auf die Strasse tritt, nutzt der crack-abhängige Bruder Wesleys die Gelegenheit, um seine Mutter zu berauben. Der Vater überrascht und erschießt ihn.

11 The Cathedral Church of Saint John Divine

1047 Amsterdam Avenue, NY 10025
© (212) 316-7540 · www.stjohndivine.org

geöffnet Mo-Sa 7-18, So -19 Uhr, Messe So 19 Uhr

Der Hang zu Superlativen ist für die New Yorker nicht immer einfach. 1892 wurde der Grundstein für die größte Kathedrale der Welt gelegt. 1941 kurz nach der Weihe des Hauptschiffes hatten die Bauarbeiten vorerst ein Ende, denn mit dem Eintritt der USA in den 2. Weltkrieg gab es zunächst Dringenderes zu tun. 1978 begann ein erneuter Anlauf zur Fertigstellung, doch Finanzprobleme setzten der Bautätigkeit bald ein Ende. Um 400 Millionen Dollar und eine geschätzte Bauzeit von mehr als einem halben Jahrhundert würden wohl gebraucht (Kölner raten zur Geduld: der dortige Dom war nach 600 Jahren fertig). Im jetzt schon imposanten Hauptschiff finden Konzerte, Theateraufführungen, Ausstellungen und vieles andere mehr statt.

Film

- 1993 **Das Leben – ein Sechserpack** □
  R: Fred Schepisi, D: Will Smith, Donald Sutherland, Stockard Channing
  Donald Sutherland und seine Frau Stockard Channing treffen sich in der Kirche mit einem befreundeten Paar zu einer Taufe und besprechen den Fortgang der Affäre, die Will Smith mit seinen Übernachtungen in den Familien ausgelöst hat.

12 Subway Station 110th Street/Cathedral Parkway

nord-westlich des Central Park

Film

- 1995 **Money Train** □
  R: Joseph Ruben, D: Wesley Snipes, Woody Harrelson, Jennifer Lopez
  Woody startet einen Überfall auf den Geldtransport-Zug. An der Subway Station 110th Street taucht er in das unterirdische Labyrinth. Zum Glück eilen ihm Wesley und J.Lo bald zu Hilfe.

Hotels

In New Yorks Filmen wird wenig geschlafen. Trotzdem spielen die Hotels der Stadt nicht nur eine Nebenrolle. Hier wird gemordet und geliebt, gegessen und getrunken, es gibt Skandale und peinliche Situationen zu Hauf. Detektive und Polizisten observieren und lauschen, gucken und greifen. Die Mafia liebt die Luxushotels für ihre unauffälligen Geschäfte, Hoteldiebe wären ohne sie arbeitslos.

Aber die Realisierung der Filmträume hat auch ihren Preis. Darum sind die Hotels nach Preisen pro Übernachtung geordnet. Maßstab ist ein Doppelzimmer. Da oft der Spaß da am größten sein kann, wo es auch etwas kostet, beginnt die Aufzählung mit den Luxushotels.

1 The Pierre

Fifth Avenue, NY 10021, Höhe 61st Street □
✆ (212) 838-8000, Fax (212) 940-8109 · www.tajhotels.com
DZ mit Central Park Blick ab $855

Wer den Film »**Ein Concierge zum Verlieben**« gesehen hat, kennt das Pierre mit seinem Luxus in fast jedem Detail. Vor allem ist er sich sicher, dass der Concierge hier wirklich alles möglich macht. The Pierre liegt am Rande der nobelsten Einkaufsmeile New Yorks, der Fifth Avenue, und zu *Tiffany's* ist es nur ein Katzensprung. Von den oberen Zimmern und dem Dachgarten hat man einen überwältigenden Blick auf den *Central Park*. Matt Damon, »**Der Talentierte Mr. Ripley**«, hat, wenn auch nur als Pianist für eine noble Gesellschaft, den Ausblick sicher sehr genossen. Das Pierre gehört wohl zu Recht – erkennbar auch am Preis – zum Kreis der führenden Hotels der Welt.

Es gab jedoch auch schmerzliche Momente im Pierre. Vor dem Hotel hilft Ryan O'Neal in »**Love Story**« seiner im Film todkranken Frau Ali MacGraw in ein Taxi, um sie ins Krankenhaus zu bringen. Noch schmerzlicher ist es aber, dass man im Hotel nie dem alten, zauseligen Pagen aus »**Ein Concierge zum Verlieben**« begegnen wird. Er transportiert das Gepäck der Gäste immer mit einem Mal, auch wenn er die abenteuerlichsten Pyramiden auf seinem Gepäckwagen bauen muss. Woody Allen ehrt das Haus mit einem Schnitt auf das verschneite Hotel in seiner Filmouvertüre zu »**Manhattan**«.

Filme

- 1970 **Love Story**
  R: Arthur Hiller, D: Ryan O'Neal, Ali MacGraw, Tom Lee Jones
- 1979 **Manhattan** □S. 184
  R/D: Woody Allen, D: Diane Keaton, Mariel Hemingway, Michael Murphy, Meryl Streep

- 1993 **Ein Concierge zum Verlieben** □1
  R: Barry Sonnenfeld, D: Michael J. Fox, Gabrielle Anwar
- 1996 **Wer ist Mr. Cutty?**
  R: Donald Petrie, D: Whoopi Goldberg, Dianne Wiest, Bebe Neuwirth, Donald Trump
- 1999 **Der Talentierte Mr. Ripley** □2
  R: Anthony Minghella, D: Matt Damon, Gwyneth Paltrow, Jude Law, Cate Blanchett

2 Peninsula Hotel

700 Fifth Avenue, NY 10019, Höhe 55th Street
✆ (212) 956-2888, Fax (212) 903-3949
www.peninsula.com
DZ ab $625

Der erste und wohl berühmteste Film, der hier gedreht wurde, ist **»Asphalt-Cowboy«**. Dort hieß es jedoch Berkeley Hotel for Women. John, ein Cowboy aus Texas, träumt vor der Tür von einer Karriere als Profi-Lover. Sein mit Kinderlähmung geschlagener Manager ist der noch jugendliche Dustin Hoffman. Leider

»Manhattan«

hat keiner von beiden den überwältigenden Blick vom auf dem Dach gelegenen Pool auf die Wolkenkratzer Manhattans genossen. Der Fitness- und Health-Bereich erstreckt sich über drei Hoteletagen. Mehr Glück hatte Whoopi Goldberg als »**Eddie**«: Die frisch ernannte Trainerin der New York Knicks war vom Besitzer des Teams Frank Langella zu einem Candlelight Dinner auf die Dachterrasse geladen worden. James Woods konnte einen Blick auf die im Hotel gesammelten stilvollen asiatischen Möbel werfen. In »**Das Dreckige Spiel**« trifft er im Restaurant den korrupten Bezirksstaatsanwalt.

Filme

- 1969 **Asphalt-Cowboy**
  R: John Schlesinger, D: Dustin Hoffman, John Voight
- 1988 **Das Dreckige Spiel**
  R: Joseph Ruben, D: James Woods, Robert Downey Jr., Yuji Okumoto
- 1996 **Eddie** **□3**
  R: Steve Rash, D: Whoopi Goldberg, Richard Jenkins, Donald Trump, Rudolph W. Guiliani

3 Plaza Athenee Hotel

37 East 64th Street, NY 10021, Höhe Madison Avenue
© (212) 734-9100, Fax (212) 772-0958 · www.plaza-athenee.com
DZ ab $695

Dieses edle, kleine Boutique-Hotel entpuppt sich als Tollhaus, zumindest wenn John Cleese als Portier dort agiert. Goldie Hawn und Steve Martin kommen völlig erschöpft, durchnässt und ausgeraubt im Hotel an. Als John von dem furchtbaren Schicksal erfährt, weist er ihnen in seiner unnachahmlichen Art freundlich, britisch, gnadenlos die Tür. 13

»**Eine schlaflose Nacht in New York**« beginnt. Ein in Frauenkleidern zu »*Bad Girls*« tanzender John Cleese macht den Film unvergesslich.

Film

- 1999 **Eine schlaflose Nacht in New York** **□4**
  R: Sam Weisman, D: Steve Martin, Goldie Hawn, John Cleese, Rudolph W. Giuliani

3

4

4 The St. Regis Hotel

2 East 55th Street, NY 10022, Höhe Fifth Avenue
✆ (212) 753-4500, Fax (212) 787-3447
www.starwoodhotels.com/stregis
DZ ab $695

Das Luxushotel St. Regis wurde im Beaux Arts-Stil errichtet, die Räume stecken voller Antiquitäten. Wer das nötige Kleingeld für einen Aufenthalt hat, sollte sich daher nicht davon schrecken lassen, dass hier zwei Gangster erschossen wurden: **»Der Pate«** ließ aufräumen.

Für die Geheimaktion **»Topas«** beauftragt der unvermittelt im Hotelzimmer auftauchende Geheimdienstchef John Forsythe alias Michael Nordstrom den jungen Frederick Stafford, einen geheimen kubanischen Vertrag zu besorgen. Die Fäden zieht Alfred Hitchcock.

Goldie Hawn, aktives Mitglied im **»Club der Teufelinnen«**, versenkt in der eleganten Hotelbar ihre Jugend im Alkohol. Die nun nicht mehr so gefragte Schauspielerin bekam gerade ihre erste Mutterrolle angeboten.

Für ein aufregendes und befriedigendes Liebesabenteuer ist nicht nur ein bequemes Bett wichtig. Entscheidend sind vielmehr die Akteure: Michael Caine und Barbara Hershey schweben im St. Regis im Woody-Allen-Film **»Hannah und ihre Schwestern«** im siebten Himmel. Welches Zimmer sie hatten, ist leider nicht mehr zu ermitteln. In Billy Wilders **»Das verflixte siebte Jahr«** wird sich wohl keiner an das St. Regis erinnern. Marilyn Monroe wohnte jedoch während der Dreharbeiten hier in den Suiten 1105 & 1106.

Eine Hoffnung muss man allerdings begraben. Robert De Niro wird nicht mit seinem Taxi vor der Tür stehen. Es ist immerhin schon dreißig Jahre her, dass er hier als **»Taxi Driver«** durch New York rauschte.

»Der Pate«

1

2

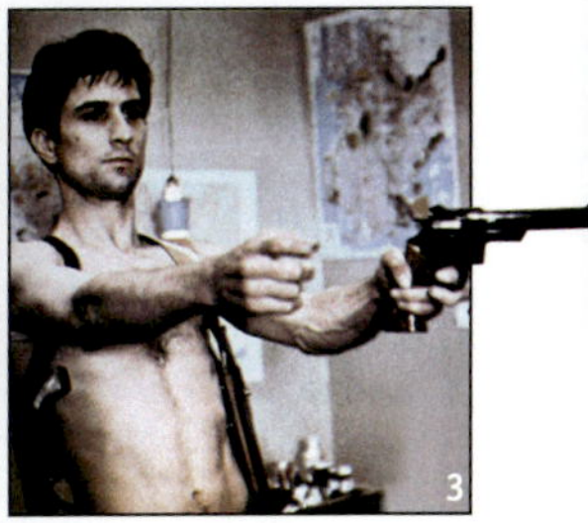
3

Filme

- 1972 **Der Pate** ☐
  R: Francis Ford Coppola, D: Marlon Brando, Al Pacino, Diane Keaton
- 1976 **Taxi Driver** ☐3
  R: Martin Scorsese, D: Robert De Niro, Cybill Shepherd, Jodie Foster
- 1969 **Topas** ☐2
  R: Alfred Hitchcock, D: Frederick Stafford, Dany Robin, Michel Piccoli
- 1986 **Hannah und ihre Schwestern**
  R/D: Woody Allen, D: Mia Farrow, Michael Caine, Barbara Hershey, Dianne Wiest
- 1987 **Radio Days** ☐1
  R/D: Woody Allen, D: Mia Farrow, Seth Green, Julie Kavner, Michael Tucker, Dianne Wiest
- 1996 **Der Club der Teufelinnen**
  R: Hugh Wilson, D: Goldie Hawn, Bette Midler, Diane Keaton, Sarah Jessica Parker, Maggie Smith

5 Carlyle Hotel

35 East 76th Street, NY 10021, Höhe Madison Avenue
✆ (212) 744-1600, Fax (212) 717-4682
www.thecarlyle.com

DZ ab $495

Das Carlyle ist eines der traditionsreichsten Luxushotels von New York. Viele Filmstars und Prominente gaben und geben sich hier die Klinke in die Hand. Auch John F. Kennedy war öfter zu Gast. Das Personal ist Extravaganzen gewohnt und in der Lage, fast jeden Wunsch zu erfüllen. Woody Allen flieht mit Hannahs Schwester Dianne Wiest vor einem lärmenden Rockkonzert in die anheimelnde Atmosphäre des Hotelrestaurants. Die hier spielende Jazz-Band heilt seine wunde Seele, nur Dianne langweilt sich, ihr fehlen die stampfenden Rhythmen.

Film

- 1986 **Hannah und ihre Schwestern**
  R/D: Woody Allen, D: Mia Farrow, Michael Caine, Barbara Hershey, Dianne Wiest

6 Plaza Hotel

Fifth Avenue, NY 10019, Höhe Central Park South

Weitere Infos in der »Central Park Tour« ▶ S. 294

Bis Ende 2007 wird das Plaza renoviert und ein Teil der Hotelzimmer zu Wohnungen umgebaut – ab 1,5 Mio. Dollar ist man dabei: www.theplazaresidences.com. Danach eröffnet das Hotel mit 348 Zimmern neu. Das Plaza ist zweifellos die beliebteste Hotelfilmkulisse der Stadt. Wen hat es nicht amüsiert, wie **»Kevin – allein in New York«** sich dort verwöhnen lässt. Als besonderen Gag fragt er ausgerechnet Donald Trump, der das Hotel seiner Frau zur Hochzeit schenkte, nach dem Weg zur Rezeption.

»Zwei mal Zwei« sind Bette Midler und Lily Tomlin im Doppelpack. Sie spielen zwei ungleiche Zwillingspaare, das eine schwer reich, das andere lebenslustig vom Lande. Durch nicht enden wollende Verwechslungen landen beide Zwillingspaare Tür an Tür in den Suiten des Hotels. Die in Folge entstehende Verwirrung stürzt das Hotel allmählich ins Chaos.

Auch **»Crocodile Dundee«** konnte im Plaza seine staubigen Sachen abwerfen. Er rammt ein Messer in die Wand seiner Suite, um daran eine Wäscheleine zu befestigen – ein schmerzlicher Anblick für jeden Ästheten. **»Ein verrückter Tag in New York«** führt Ashley Olsen vor die Tür des Hotels. Ausgerechnet in der Limousine einer Raubkopierer-Bande hat sie ihren lebenswichtigen Terminplaner vergessen. Es bleibt ihr nichts anderes übrig, als sich mit dem fiesen Chauffeur vor dem Hotel zu verabreden. Als Julia Stiles und Freddie Prinze Jr. sich nach langer Zeit wiedersehen, umgibt sie auch der alte Zauber erneut. Sie spazieren am Plaza vorbei und beobachten eine Familie, die das Hotel durch die Drehtür betritt. Ihr ist sofort klar: **»Den Einen oder keinen«**.

1

Harrison Ford **»In Sachen Henry«** speist im Hotel mit seinen Anwaltskollegen. In **»König der Fischer«** bekommt Jeff Bridges, heruntergekommen wie ein Penner, von einem schicken, reichen Jungen, der mit seinem Vater das Hotel verlässt, einen großen Pinocchio geschenkt. Das Plaza von innen zu sehen, hat Jeff in seinem Aufzug keine Chance.

Während Tom Hanks noch **»Schlaflos in Seattle«** liegt, ist Meg Ryan schon mit ihrem Bräutigam im Plaza abgestiegen. Sie wollen *Thanksgiving* feiern und ihre Aussteuer aussuchen.

Vor ihren Partnern auf der Flucht treffen sich Bridget Fonda und Nicolas Cage zufällig an der Rezeption des Plaza wieder. Die

2

»**2 Millionen Dollar Trinkgeld**«, die Lottomillionär Nicholas an sie zahlte, haben das Leben beider aus den Angeln gehoben. Robert Redford schließt sich mit Jane Fonda eine ganze Flitterwoche im Plaza ein – ein Unterfangen, was man sich wirklich leisten können muss. Dass Redford hinterher »**Barfuß im Park**« spazieren geht, hat aber andere Gründe.

Die kleine Kate Hudson aus »**Almost Famous**« □ erliegt in einem der Zimmer fast dem Drogenrausch. Christopher Walken fühlt sich als Gangsterboss wie der »**King of New York**«. Er schlägt nach jahrelangem »Staatsdienst« sein Hauptquartier im Hotel auf. Auf die Diskretion des Personals kann man sich hier nämlich 100%ig verlassen. Der Wirbel, der um die Frage: »**Wer ist Mr. Cutty?**« in der noblen Herberge aufkommt, bleibt einem garantiert erspart.

Zu allen Anlässen wurde hier gefeiert, in »**Lieblingsfeinde – Eine Seifenoper**« □**3** funkelt das Plaza für die Verleihung der Fernsehpreise. Nur die Mafia-Party aus dem Film »**Cotton Club**« geht leider daneben, als Dutch Schultz einen konkurrierenden Mafia-Boss mit der Fleischgabel niedersticht. Folgender Plaza-Werbeslogan beruhte wohl auf Erfahrung: »Im Plaza passiert nie etwas Uninteressantes.«

Filme

- 1967 **Barfuß im Park**
  R: Gene Saks, D: Jane Fonda, Robert Redford
- 1974 **Der große Gatsby**
  R: Jack Clayton, D: Robert Redford, Mia Farrow
- 1984 **Cotton Club**
  R: Francis Ford Coppola, D: Richard Gere, Gregory Hines, Diane Lane
- 1986 **Crocodile Dundee – Ein Krokodil zum Küssen**
  R: P. Faiman, D: Paul Hogan, Linda Kozlowski
- 1987 **Zwei mal Zwei** □**1**
  R: Jim Abrahams, D: Bette Midler, Lily Tomlin
- 1990 **King of New York**
  R: Abel Ferrara, D: Christopher Walken, Wesley Snipes
- 1991 **Lieblingsfeinde – Eine Seifenoper** □**3**
  R: Michael Hoffman, D: Sally Field, Kevin Kline, Whoopi Goldberg, Elisabeth Shue
- 1991 **König der Fischer**
  R: Terry Gilliam, D: Jeff Bridges, Robin Williams
- 1991 **In Sachen Henry**
  R: Mike Nichols, D: Harrison Ford

3

- 1992 **Kevin – allein in New York**
  R: Chris Columbus, D: Macaulay Culkin
- 1993 **Schlaflos in Seattle**
  R: Nora Ephron, D: Meg Ryan, Tom Hanks, Ross Malinger, Bill Pullman
- 1996 **Wer ist Mr. Cutty?**
  R: Donald Petrie, D: Whoopi Goldberg, Dianne Wiest, Bebe Neuwirth
- 2000 **Almost Famous – Fast berühmt** ☐2 S. 189
  R: Cameron Crowe, D: Billy Crudup, Frances McDormand, Kate Hudson
- 2000 **Den Einen oder keinen**
  R: Kris Isacsson, D: Freddie Prinze Jr., Julia Stiles, Selma Blair
- 2004 **Ein verrückter Tag in New York**
  R: Dennie Gordon, D: Mary-Kate & Ashley Olsen

7 Millennium Broadway Hotel

145 West 44th Street, NY 10036-4012 ☐1
✆ (212) 768-4400, Fax (212) 768-0847
www.millenniumhotels.com

DZ ab $425. Weitere Infos in der »Broadway Tour« ▶ S. 311

Das moderne Luxushotel liegt mitten im Times-Square-Gewimmel. Auch Wesley Snipes kämpft sich durch die Massen. Als sein Füllfederhalter ihm in der Hotelhalle das Hemd ruiniert, bietet ihm Nastassja Kinski ihr Zimmer zum sich Umziehen an. Nach einem gemeinsam durchlittenen Raubüberfall haben sie in diesem Zimmer ihren sehr einfühlsam inszenierten **»One Night Stand«**.

Film

- 1997 **One Night Stand** ☐2
  R: Mike Figgis, D: Wesley Snipes, Nastassja Kinski, Ming-Na Wen, Robert Downey Jr., Kyle MacLachlan

8 Sherry-Netherland Hotel

781 Fifth Avenue, NY 10022, Höhe 59th Street
✆ (212) 355-2800, Fax (212) 319-4306
www.sherrynetherland.com

DZ ab $470

Eines der großen Luxushotels New Yorks. Einst war es das größte Apartment-Hotel der Welt und um bei Superlativen zu bleiben: die Zimmer und Suiten hier sind wirklich riesig. Die kleine Flötisten-Tochter aus dem zweiten Teil der **»New Yorker Geschichten«** lässt sich hier verwöhnen, während ihre Eltern in der Weltgeschichte herumreisen. Für des Sherry-Netherland fast eine Hauptrolle. Sicherlich kann man hier auch so manche Berühmtheit treffen. Dustin Hoffman, für kurze Zeit von seiner Krankenhaussekretärinnen-Identität **»Tootsie«** befreit, trifft vor der Tür des Hotels seine Schauspielkollegin Jessica Lange, die er so sehr begehrt. Als Mann kommt er leider bei ihr gar nicht gut an, nicht einmal ein Hauch von Sympathie ist zu spüren.

1

2

3

Filme

- 1982 **Tootsie** □3
  R/D: Sydney Pollack, D: Dustin Hoffman, Jessica Lange, Bill Murray
- 1989 **New Yorker Geschichten**
  R: Martin Scorsese, Francis Ford Coppola, Woody Allen, D: Nick Nolte, Rosanna Arquette, Heather McComb, Giancarlo Giannini, Woody Allen, Mia Farrow

9 Paramount Hotel

235 West 46th Street, NY 10036
✆ (212) 764-5500, Fax (212) 354-5237
www.nycparamount.com
Dean & DeLuca Delikatessen Shop

DZ ab $348

Das Paramount ist in vielerlei Hinsicht filmreif. Direkt am Times Square gelegen, wurde es von einer der größten Filmgesellschaften erbaut. Wer das Paramount betritt, fühlt sich wie in einem modernen Film. Und die Zimmer sind, wenn auch klein, von Bett bis Bad von Philippe Starck perfekt durchgestylt. Frische Blumen auf den Zimmern sind hier eine Selbstverständlichkeit.

Auch wenn das Hotel in »**Light Sleeper**« nur eine Nebenrolle hatte, wird hier filmisch alles geboten. Die hauseigene Videothek ist gut sortiert, und jedes Zimmer besitzt einen eigenen Videorecorder.

Film

- 1992 **Light Sleeper**
  R: Paul Schrader, D: Willem Dafoe, Susan Sarandon

10 Stanhope Hotel

995 Fifth Avenue, NY 10028

Weitere Infos in der »Central Park Tour« ▶ S. 294

Dem Trend des schnellen Geldes folgend wurde auch dieses Traditionshotel zum Apartmenthaus umgebaut. Früher war es eine Herberge für Feingeister, denn das

Metropolitan Museum of Art liegt gleich auf der anderen Straßenseite.

Die Einrichtung des Hauses bot viele museale Schätze. Der **»Celebrity«** ◻ Leonardo DiCaprio hat jedoch nur die Eifersucht im Kopf. Das bekommt nicht bloß seine Freundin, sondern auch das gesamte Hotel zu spüren. Nachdem das Zimmer bis zur Unkenntlichkeit verwüstet ist, endet alles mit einem furiosen Menschenauflauf vor der Tür. Die herbeigerufenen Polizisten sichern sich ob ihrer guten Position Autogramme für Frau und Familie. Hinter dem ganzen Chaos steckte wie so oft Woody Allen.

Aber auch Recht und Gerechtigkeit wohnen dort. Die junge Anne Heche ist die Anwältin eines in Malaysia festgenommenen Touristen und im Stanhope abgestiegen, um **»Für das Leben eines Freundes«** zu kämpfen. Das Hotelzimmer ist ihr Hauptquartier.

Filme

- 1998 **Celebrity** ◻
  R: Woody Allen, D: Melanie Griffith, Leonardo DiCaprio, Winona Ryder, Donald Trump, Kate Winslet, Vanessa Redgrave
- 1998 **Für das Leben eines Freundes**
  R: Joseph Ruben, D: Vince Vaughn, Anne Heche

11 Waldorf Astoria

301 Park Avenue, NY 10022
© (212) 355-3000, Fax (212) 872-7272
www.waldorfastoria.com

DZ ab $320

Al Pacino scheint das Waldorf besonders zu mögen. Als blinder Colonel Slate, dessen Passion **»Der Duft der Frauen«** ist, hält er das Hotel für den kultiviertesten Ort unseres Planeten. Einen kleinen Makel hat für ihn jedoch auch dieses Refugium: Ihm sind die Flaschen in der Minibar zu klein.

»Celebrity«

In »**Der Pate 3**« nun endlich zum Mafiaboss aufgestiegen, dealt Al Pacino sogar mit dem Vatikan. Der Vertreter des Papstes wohnt stilvoll, wie es ihm gebührt, im Waldorf Astoria. Für Unterhaltung ist im Waldorf bestens gesorgt. Ob Sie jedoch von dem von Woody Allen gemanagten alternden Schlagerstar begeistert sind, ist fraglich. Er lässt ihn in seinem Film **»Broadway Danny Rose«** hier auftreten. In **»Verbrechen und andere Kleinigkeiten«** □**1** ist Woody Allen zur Hochzeitsfeier der Tochter seines Schwagers eingeladen. Dort trifft er die von ihm geliebte Mia Farrow, die jedoch mit dem verhassten Alan Alda verbandelt ist. Martin Landau beichtet ihm in einer stillen Ecke seinen Auftragsmord.

1

2

Wesentlich seriöser geht es in **»Ein Chef zum Verlieben«** □**2** im Ballsaal des Waldorf zu. Hugh Grant wird angesichts seiner großzügigen Spende für die Pädiatrie des Krankenhauses zum Wohltäter des Jahres gewählt. Kate Beckinsale und John Cusack trennt in **»Weil es Dich gibt«** hier das Schicksal. Frisch verliebt, jedoch ohne den Namen des anderen zu kennen, steigen sie jeder in einen Fahrstuhl. Kate beschließt, dass sie sich nur näher kennen lernen werden, wenn die Bestimmung sie auf einem der oberen Flure wieder zusammenführt. Jeder drückt in seinem Aufzug eine Etagentaste, und das Wagnis scheint zu gelingen, bis Johns Fahrstuhl stoppt und ein kleiner Teufel alles verdirbt.

Das moderne Aschenputtel Jennifer Lopez muss dank moderner Technik nicht die Erbsen aus der Asche lesen, sondern als Zimmermädchen aufräumen und Betten machen. Wie in alter Zeit ist in der **»Manhattan Love Story«** die Belohnung ein Prinz. Ralph Fiennes kandidiert als Senator und leistet sich die Annehmlichkeiten einer Suite im Waldorf. Durch ein paar edle Kleider wird die Putzfrau mit einer Prinzessin verwechselt und das Glück nimmt seinen Lauf.

Der US-Präsident hat sicher andere Spiele im Kopf. Aber auch er wohnt im Waldorf, wenn er in der Stadt ist.

Filme

- 1984 **Broadway Danny Rose**
  R/D: Woody Allen, D: Mia Farrow
- 1988 **Der Prinz von Zamunda** □**3**
  R: John Landis, D: Eddie Murphy, Arsenio Hall, James Earl Jones
- 1989 **Verbrechen und andere Kleinigkeiten** □**1**
  R/D: Woody Allen, D: Martin Landau, Anjelica Huston, Mia Farrow, Alan Alda
- 1990 **Der Pate 3**
  R: Francis Ford Coppola, D: Al Pacino, Andy Garcia, Diane Keaton

3

- 1992 **Der Duft der Frauen**
  R: Martin Brest, D: Al Pacino, Chris O'Donnell, Gabrielle Anwar
- 1995 **Machen wir's wie Cowboys**
  R: Gregg Champion, D: Kiefer Sutherland, Woody Harrelson, Ernie Hudson
- 2001 **Weil es Dich gibt**
  R: Peter Chelsom, D: John Cusack, Kate Beckinsale
- 2002 **Ein Chef zum Verlieben**
  R: Marc Lawrence, D: Sandra Bullock, Hugh Grant
- 2003 **Manhattan Love Story**
  R: Wayne Wang, D: Jennifer Lopez, Ralph Fiennes, Tyler Posey

1

2

12 Chelsea Hotel

222 West 23rd Street, NY 10011,
zwischen Seventh & Eighth Avenue, Chelsea □2
✆ (212) 243-3700, Fax (212) 675-5531 · www.chelseahotel.com
DZ ab $250

Das berühmt-berüchtigtste Hotel New Yorks: Hier steigen Künstler und Freaks ab. Nicht nur die Besucher, auch die Zimmer sind leicht abgefahren.

Gäste waren (ohne Anspruch auf Vollständigkeit) Sarah Bernhardt, Mark Twain, Tennessee Williams, Arthur Miller, Jane Fonda, Jackson Pollock, Bob Dylan und Milos Forman. Leider kein Film, sondern Realität: Sid Vicious von der Punkrockgruppe *Sex Pistols* erstach hier im Drogenrausch seine Frau.

Filmgeschichte schrieb das Hotel besonders mit »**Chelsea Girls**«: Andy Warhol wählte das Chelsea als seine Filmkulisse. Aber auch Woody Allen hat es schon heimgesucht. Während in »**Manhattan Murder Mystery**« **□1** die mysteriöse Frau des Nachbarn im *Hotel 17* verschwindet, wurden die Innenaufnahmen, bei denen Diane und Woody ihre Leiche finden, im Chelsea gedreht. Wer es wirklich geschafft hat, in diesem Hotel zu wohnen, findet seinen Namen auf einer Messingplakette an der Fassade.

Filme

- 1966 **Chelsea Girls**
  R: Andy Warhol
- 1993 **Manhattan Murder Mystery** □1
  R/D: Woody Allen, D: Diane Keaton, Alan Alda, Anjelica Huston

13 Empire Hotel

44 West 63rd Street, NY 10023
✆ (212) 265-7400
DZ ab $300. Weitere Infos in der »Broadway Tour« ▶ S. 311

Das solide Touristenhotel steht direkt gegenüber der *Metropolitan Opera*. Das Frühstück ist mit $21 jedoch etwas kostspielig. Im *Deli* um die Ecke sind die Leute interessanter und noch dazu ist auch das Essen billiger.

Woody Allen trifft sich im Hotel nach langer Zeit mit seiner Freundin Diane Keaton wieder. Aus dem Restaurant haben sie einen schönen Blick auf das *Lincoln Center*. Sie plaudern über alte Zeiten. Auf der Straße sagen sie sich dann »Lebe wohl«: Diane geht, und Woody sieht ihr lange nach.

Film

- 1977 **Der Stadtneurotiker**
  R/D: Woody Allen, D: Diane Keaton, Christopher Walken

14 Roosevelt Hotel

45 East 45th Street, NY 10017, Höhe Madison Avenue
✆ (212) 661-9600, Fax (212) 885-6161 · www.theroosevelthotel.com
DZ ab $445

Das Roosevelt an der schicken Einkaufsmeile Madison Avenue ist Schauplatz mafiöser und mörderischer Aktivitäten. Hier bespricht sich die New Yorker Mafia mit ihrer »**French Connection**«, die der Stadt eine opulente Ladung Rauschgift bescheren will – ein Plan, der äußerst blutig endet. Im Hotel wird auch gemordet. In der Gene-Wilder-Komödie »**Der Geisterflieger Hanky Panky**« fällt dem Hauptdarsteller seine Zufallsbekanntschaft als Opfer eines Agentenrings tot in die Hände. Wie dumm: Der Mordverdacht lastet nun auf ihm. Aber auch Recht und Ordnung haben ihren Platz im Roosevelt. Der Kongress-Sonderermittler gegen die Quiz-Show steigt hier ab. Der geschasste »**Quiz Show**«-Kandidat kommt ihm in der Lobby in die Quere, und es gibt eine turbulente Auseinandersetzung.

3

Filme

- 1971 **French Connection I** □3
  R: William Friedkin, D: Gene Hackman, Roy Scheider, Fernando Rey

- 1982 **Der Geisterflieger Hanky Panky**
  R: Sidney Poitier, D: Gene Wilder, Richard Widmark, Gilda Radner
- 1994 **Quiz Show**
  R: Robert Redford, D: Ralph Fiennes

15 Edison Hotel

228 West 47th Street, NY 10036
© (212) 840-5000, Fax (212) 596-6850
www.edisonhotelnyc.com

DZ ab $260

Das herrliche Art Déco-Hotel wird wohl jeden Touristen erfreuen. Ob hier wirklich gelegentlich die Mafia absteigt – wer weiß das schon. In Woody Allens »**Bullets Over Broadway**« wohnt hier Nick Valenti, der zweifelhafte Mafia-Finanzier der Broadwayshow. Eine Bedingung hat er jedoch: eine wichtige Rolle für seine unbegabte Freundin, doch das ist nicht nur für die Show fast tödlich.

Film

- 1994 **Bullets Over Broadway**
  R: Woody Allen, D: John Cusack, Chazz Palminteri, Dianne Wiest, Rob Reiner

16 Gramercy Park Hotel

Two Lexington Avenue, NY 10010, Höhe 21st Street □
© (212) 920-3300, Fax (212) 673-5890
www.gramercyparkhotel.com

DZ ab $420

Wer im Gramercy Park Hotel absteigt, bekommt damit Zugang zum exklusivsten Fleckchen Erde New Yorks. Der *Gramercy Park* ist der einzige Privatpark New Yorks, nur die Anwohner der umliegenden Häuser haben einen Schlüssel. Aber

eben auch Hotelgäste erwerben das Glück, den Park benutzen zu dürfen: Die Rezeption hält einen Schlüssel bereit. Wahrscheinlich hat John F. Kennedy hier als Kind gespielt. Er wohnte als 11-Jähriger mit seinen Eltern im Gramercy .

Die wilde Band aus »**Almost Famous – Fast berühmt**« hat sich das Gramercy für einen Tournee-Stop gewählt. Ihnen scheint der Park weniger wichtig zu sein.

1926 auf dem Dachgarten schaute Filmlegende Humphrey Bogart seiner Kleinen tief in die Augen und heiratete Helen Menken.

Film

- 2000 **Almost Famous – Fast berühmt** □
  R: Cameron Crowe, D: Billy Crudup, Frances McDormand, Kate Hudson

17 Algonquin Hotel

59 West 44th Street, NY 10036
✆ (212) 840-6800, Fax (212) 944-1618
www.algonquinhotel.com

DZ ab $264

Das Algonquin Hotel galt als der Treffpunkt der amerikanischen Intellektuellen in den 1920er-Jahren. Besonders »**Mrs. Parker und ihr lasterhafter Kreis**« prägte diesen Zirkel. Die Autorin Dorothy Parker steht im Mittelpunkt dieses Films, der in vielen Szenen im Algonquin spielt. Auch heute trifft sich hier noch die geistige Elite. Mehr um nackte Tatsachen drehte sich der Film »**9 1/2 Wochen**« mit Mickey Rourke und Kim Basinger. Kim sitzt als Mann verkleidet mit Mickey im Restaurant des Algonquin, bevor sie von Gangstern verfolgt in einem Kellergang landen.

Filme

- 1986 **9 1/2 Wochen**
  R: Adrian Lyne, D: Mickey Rourke, Kim Basinger
- 1994 **Mrs. Parker und ihr lasterhafter Kreis**
  R: Alan Rudolph, D: Jennifer Jason Leigh, Campbell Scott, Matthew Broderick

18 Hotel Washington-Jefferson

318 West 51st Street, NY 10019
✆ (212) 246-7550, Fax (212) 246-7622
www.wjhotel.com

DZ ab $290

Das aufwändig renovierte und mit modernen Designer-Möbeln ausgestatte Hotel wurde wie viele andere vom »**Schmalspurganoven**« Woody Allen heimgesucht. Der

13

vermutet im Washington-Jefferson eine alte Dame, die ihm einen zu mietenden Laden weggeschnappt hat. Das Geschäft liegt nämlich neben einer Bank, die Woody mittels eines Tunnels ausrauben will. Sie – die Dame – entpuppt sich jedoch als alter Knastkumpel, der seine Mietobjekte anzündet, um die Versicherung zu prellen. Er wird für den geplanten Bankraub gewonnen.

Film

- 2000 **Schmalspurganoven**
  R/D: Woody Allen, D: Hugh Grant

19 New Yorker Hotel

481 Eighth Avenue, NY 10001, Höhe 34th Street
© (212) 971-0101, Fax (212) 629-6536
www.newyorkerhotel.com
DZ ab $270

Das New Yorker ist ein Art Déco-Hotel mit gutem Preis/Leistungs-Verhältnis und ca. 1000 renovierten Zimmern. Woody Allen scheint sich besonders für den Ballsaal zu begeistern. Sowohl in

»**Radio Days**« als auch »**Bullets over Broadway**« hat er hier glänzende Auftritte. Im zweiten Fall wurde der Saal allerdings in den Nachtclub *Three Deuces* verwandelt.

Filme

- 1987 **Radio Days**
  R/D: Woody Allen, D: Mia Farrow, Seth Green, Julie Kavner, Michael Tucker, Dianne Wiest
- 1994 **Bullets over Broadway**
  R: Woody Allen, D: John Cusack, Chazz Palminteri, Dianne Wiest, Rob Reiner

20 Hotel Carter

250 West 43rd Street, NY 10036
© (212) 944-6000, Fax (212) 398-8541
www.carterhotel.com
DZ ab $115

»**Große Erwartungen**« sollte man nicht an dieses Hotel stellen, es erfüllt gerade die elementarsten Ansprüche. Für den talentierten Maler Ethan Hawke, der, gerade nach New York gekommen, im Zimmer 831 absteigt, ist das nur Nebensache: Wie im Rausch malt er hier Akte von seiner Jugendliebe Gwyneth Paltrow. Seine »großen Erwartungen« betreffen neben Gwyneth nur seine Karriere.

Film

- 1998 **Große Erwartungen**
  R: Alfonso Cuarón, D: Ethan Hawke, Gwyneth Paltrow, Anne Bancroft, Robert De Niro

21 Comfort Inn Central Park West (früher Hotel 71)

31 West 71st Street, NY 10023-4103, Höhe Park Avenue
✆ (212) 721-4770, Fax (212) 579-8544
www.comfortinn.com

DZ ab $234

In dem eher charmanten Boutique-Hotel unweit des Central Park braucht man in im echten Leben keine Profikiller zu fürchten, denn sie verhalten sich wie Jean Reno und seine kindliche Assistentin Natalie Portman in »**Leon – Der Profi**« möglichst unauffällig. Die beiden hat es samt ihrer Zimmerpflanze in dieses Hotel verschlagen, nachdem Natalie die Trommel eines Revolvers mit Schüssen aus dem Fenster ihrer Wohnung entleert hatte. Das damals noch sehr spartanische Hotel 71 ist jedoch nur für kurze Zeit ihr Zuhause.

Film

- 1994 **Leon – Der Profi** ☐
  R: Luc Besson, D: Jean Reno, Natalie Portman, Gary Oldman, Danny Aiello

22 Hotel 17

225 East 17th Street, NY 10003
✆ (212) 475-2845, Fax (212) 677-8178
www.net4.com/hotel17

DZ ab $75

Das einstige Partyhotel New Yorks liegt im hippen East Village. Popstars wie Madonna und viele andere Berühmtheiten ließen sich den Spaß hier nicht entgehen. Wer in Ruhe schlafen wollte, konnte seine Wahl nur bitter bereuen. Nun ist es im neu renovierten Hotel 17 zwar etwas ruhiger geworden, aber nicht langweilig – ein Tipp für junge Leute oder Gäste, die sich (noch) so fühlen.

»Leon – Der Profi«

Woody Allen sorgte hier wie überall für Verwirrung. In »**Manhattan Murder Mystery**« heißt das Hotel nicht 17, sondern »Waldrun«. Diane und Woody vermuten, dass ihre tot geglaubte Nachbarin dort wohnt. Als sie sich Zugang zu ihrem Zimmer verschaffen (das real wiederum im Chelsea Hotel gefilmt wurde), ist sie tatsächlich dahingeschieden. Als die herbeigerufene Polizei eintrifft, ist die Leiche jedoch verschwunden.

Film

- 1993 **Manhattan Murder Mystery**
  R/D: Woody Allen, D: Diane Keaton, Alan Alda, Anjelica Huston

23 West Side YMCA

5 West 63rd Street New Nork, NY 10023
✆ (212) 875-4100, Fax (212) 580-0441 · www.ymcanyc.org
DZ ab $99

Dieses traditionsreiche YMCA-Hotel verfügt über Einzel- und Doppelzimmer. Gemeinschaftsbäder und Duschen sind auf jeder Etage. Im Haus befinden sich außerdem ein Fitness-Center und zwei Schwimmbäder.

In einem der Wasserbecken schreitet »**Der Fanatiker**« Michael Biehn zur Tat. Er ist ein manischer Fan des Broadway-Stars Lauren Bacall. Niemanden duldet er zwischen sich und seinem Star. Getrieben von Eifersucht verfolgt er einen von Laurens Tänzerfreunden bis in den Pool und schlitzt ihn mit einem Rasiermesser auf.

Film

- 1981 **Der Fanatiker** ☐
  R: Edward Bianchi, D: James Garner, Lauren Bacall, Michael Biehn

Info

Alle Hotels verlangen eine Mehrwertsteuer (tax) von 13,5%. Darüber hinaus werden pro Nacht noch $2 berechnet.

14 Restaurants, die eine Rolle spielen

Sich durch die New Yorker Restaurants zu essen, ist ein Vorhaben, das entweder ein Internist oder ein Gerichtsvollzieher vereiteln wird. Das Essen in der Stadt ist oft exzellent, aber auch teuer. Im Folgenden sind die Restaurants und Cafés gelistet, die in New York wirklich eine Rolle spielen.

1 America Restaurant (jetzt Rosa Mexicano)

9 East 18th Street, NY 10003,
zwischen Broadway & Fifth Avenue
✆ (212) 533-3350, Fax (212) 533-5530
www.rosamexicano.info
Mo-Fr 12-24, Sa-So ab 11 Uhr · $25-$35

> **Info**
> Alle angegebenen Preise beziehen sich auf ein Hauptgericht.

Das Loftrestaurant der amerikanischen Kette *Rosa Mexicano* liegt mitten im Flatiron-Distrikt. Serviert wird mexikanische und amerikanische Küche. Für gutes Geld gibt es auch große Portionen. Sollten die als Maximalzahl angegebenen 600 Personen zugegen sein, ist die Atmosphäre sicher schon aus diesem Grund atemberaubend.

Film

- 1990 **Mo' Better Blues** □
  R/D: Spike Lee,
  D: Denzel Washington, Wesley Snipes

  Bei dem Versuch, seinen spielsüchtigen Freund Spike Lee zu retten, wird Startrompeter Denzel Washington von ein paar Kredithaien krankenhausreif geschlagen. Mit vernarbten Lippen versucht er ein Jahr später einen Gastauftritt bei der Band seines Freundes Wesley Snipes. Die folgende katastrophale Darbietung im America Restaurant bedeutet das Ende seiner Musikerlaufbahn.

2 Angelika Film Center

18 West Houston Street, NY 10012, Höhe Broadway
✆ (212) 995-2000
www.angelikafilmcenter.com/newyork
So-Do 10.30-22.30, Fr-Sa -24 Uhr
Weitere Infos im Kapitel »Film-Theater« ▶ S. 280

Das ideale Café für Filmfans! Hier trifft sich die intellektuelle Filmszene New Yorks. Außer Kaffee und mehr als 10 Kuchensorten gibt es auch Sandwiches und Suppen für den kleinen Hunger. Das Café ist das Foyer des Kinos. Damit ist der Abend so oder so gesichert.

Film

- 1994 **Amateur**
  R: Hal Hartley, D: Isabelle Huppert, Martin Donovan
  Die pornografische Texte deklamierende Jungschriftstellerin Isabelle Huppert lernt im Café einen netten jungen Mann kennen, der gerade aus dem Fenster gestoßen wurde und, da er auf den Kopf gefallen ist, sein Gedächtnis verloren hat.

3 Barbetta

321 West 46th Street, NY 10036,
zwischen Eighth & Ninth Avenue
✆ (212) 246-9171, Fax (212) 246-1279
www.barbettarestaurant.com

Di-Sa 12-14.30 und 17-24 Uhr
$20-$36

Im ältesten Restaurant New Yorks wird italienisch gekocht. Mit der barocken Einrichtung umweht die Gäste ein Hauch von Geschichte. Sollten am Nachbartisch plötzlich die Gäste verschwinden, könnte das an der anregenden Grappa liegen, der hier serviert wird. Eine andere Möglichkeit: Woody Allen hat seine Hände im Spiel. Wer nach solcherlei Ereignissen ein wenig frische Luft schnappen möchte: Der Garten des Restaurants ist einer der schönsten der ganzen Stadt.

Film

- 1990 **Alice**
  R: Woody Allen, D: Mia Farrow, Joe Mantegna, William Hurt
  Mia Farrow und ihr Lover trinken ein von ihrem asiatischen Wunderdoktor gebrautes Zaubermittel und werden unsichtbar.

4 Barney Greengrass

541 Amsterdam Avenue, NY 10024, Höhe 86th Street
✆ (212) 724-4707 · www.barneygreengrass.com

Di-So 8.30-18 Uhr
$13-$16

Der Imbiss mit Restaurantplätzen ist eine New Yorker Institution. Er bietet jüdische Küche und Sandwiches auch zum Mitnehmen. Für ein Stör-Sandwich würde so manch einer alles tun.

Filme

- 1998 **e-m@il für Dich** □1
  R: Nora Ephron, D: Meg Ryan, Tom Hanks, Greg Kinnear

Meg Ryans kleiner Buchladen ist seit der Eröffnung von Tom Hanks Buch-Megastore ein hoffnungsloser Fall. Ihre alte Mitarbeiterin und Freundin sitzt mit ihr am Tisch und spricht ihr Mut zu.

- 1995 **Sonny Boys**
  R: John Erman, D: Woody Allen, Peter Falk, Sarah Jessica Parker

  Peter Falk schwingt bei Barney Greengrass große Reden. Der zauselige, alte Schauspieler prahlt mit dem eben bekommenen Warner Brothers-Angebot, verschweigt aber, dass er dort mit seinem alten Komikerpartner, den er wie die Pest hasst, auftreten muss: Sein Partner ist der in New York allgegenwärtige Woody Allen.

- 1995 **Smoke**
  R: Wayne Wang, D: Harvey Keitel, William Hurt

  Harvey Keitel besitzt einen kleinen Tabakladen in Brooklyn. Sein Freund und Stammkunde William Hurt, ein Schriftsteller, mit dem er schon vieles durchgemacht hat, soll für die *New York Times* eine Weihnachtsgeschichte schreiben. Eine große Chance, aber ihm fällt nichts ein. Bei Barney Greengrass erzählt ihm Harvey für ein Mittagessen eine rührende Story.

1

2

5 Bereket Turkish Kebab House

187 East Houston Street, NY 10002-1051

✆ (212) 475-7700

täglich 24 h · ab $5, liefert außer Haus

Dieser Deli-Imbiss ist in New York für gutes Kebab zu jeder Tages- und Nachtzeit bekannt.

Film

- 2000 **Coyote Ugly** □**2**
  R: David McNally, D: Piper Perabo, Adam Garcia, John Goodman

  Piper Perabo versteigert Adam Garcia, der halb nackt auf der Theke tanzt, an die wilden Frauen im Coyote Ugly. Als Gegenleistung geht sie mit ihm frühstücken. Im Bereket Turkish Kebab House versorgen sie sich morgens um 4 Uhr mit allem Nötigen.

6 Bright Food Shop

216 Eighth Avenue, NY 10011,
zwischen 21st & 22nd Street

Wie das *Moondance Diner* hat leider auch der Bright Food Shop das Zeitliche gesegnet. Wer sich aber nicht nur mit seinem Andenken in der Filmwelt begnügen möchte, wird zwei Blocks westlich mit deftiger amerikanischer Küche im *Empire Diner* belohnt. Mehr über die New Yorker Designikone ▶ S. 75 & 212.

Film

- 1996 **Das Rosenbett**
  R: Michael Goldenberg, D: Christian Slater, Mary Stuart Masterson

  Der Blumenhändler Christian gesteht Mary, der Absender des an sie gelieferten Blumenstraußes zu sein. Etwas verwirrt, aber neugierig geht sie mit Christian in den Bright Food Shop zum Frühstücken.

7 Café des Artistes

1 West 67th Street, NY 10023,
Höhe Central Park West & Columbus Avenue
✆ (212) 877-3500, Fax (212) 877-6263
www.cafenyc.com

Mo-Sa 17-0.30, Sa auch 11-15 Uhr, So 10-15/17.30-23 Uhr
$25-$32

Weitere Infos in der »Central Park Tour« ▶ S. 294

Durch seine großflächigen Wandgemälde mit Nymphen und allerlei anderen leicht beschürzten Wesen erhält das Café des Artistes ein gediegenes Pariser Flair. Für die edlen Schöngeister dieser Stadt also wie geschaffen, und sie besuchen diesen Ort auch rege seit fast 100 Jahren.

»Manhattan Murder Mystery«

Filme

- 1981 **Der Fanatiker**
  R: Edward Bianchi, D: James Garner, Lauren Bacall, Michael Biehn
  Der Broadway-Star Lauren Bacall geht mit ihrem Ex-Mann James Garner ins Café des Artistes. Sie plaudern über ihre bevorstehende Musical-Premiere.
- 1993 **Manhattan Murder Mystery** □
  R/D: Woody Allen, D: Diane Keaton, Alan Alda, Anjelica Huston
  Im Café des Artistes zeigt Woody Allen seine mangelnde Begabung im Pokerspiel. Die attraktive Schriftstellerin Anjelica Huston, die er als Verlagslektor betreut, gibt ihm hier eine Nachhilfestunde.
- 1996 **Der Club der Teufelinnen**
  R: Hugh Wilson, D: Goldie Hawn, Bette Midler, Diane Keaton, Sarah Jessica Parker, Maggie Smith
  Goldie Hawn, Diane Keaton und Bette Midler treffen sich im Café des Artistes zum Leichenschmaus, um für ihre verblichene Freundin, die durch ihren Mann in den Tod getrieben wurde, Rache zu schwören: Rache gegen die Männerwelt.

8 Café Fiorello

1900 Broadway, NY 10023-7004,
zwischen 63rd & 64th Street
✆ (212) 595-5330 · www.cafefiorello.com
Mo-Fr 11.30-1 Uhr, Sa 10-1 Uhr, So 10-22.30 Uhr
$17-$38
Weitere Infos in der »Broadway Tour« ▶ S. 311

Das gediegene italienische Restaurant befindet sich direkt gegenüber dem *Lincoln Center*. Um jeden zufrieden zu stellen, bietet es fünfzig verschiedene Vorspeisen an. Auch die Brassserie verleitet dazu, mehr zu essen, als einem gut tut.

Film

- 1979 **Hinter dem Rampenlicht** □
  R: Bob Fosse, D: Roy Scheider, Jessica Lange
  Allmählich verlassen den von allen verehrten New Yorker Regiestar Roy Scheider durch Drogen, Sex und Überarbeitung die Kräfte. Um den Start seiner Broadway-Show nicht zu gefährden, wurde für den mit Herzinfarkt Gestrauchelten ein Ersatzregisseur eingekauft. Da es dem alten Star der Showszene jedoch schnell wieder besser geht, wird im Fiorello nicht nur das Geschirr, sondern auch die Zweitbesetzung abserviert.

9 Café Pierre

2 East 61st Street, NY 10021
© (212) 940-8185
www.the-pierre-hotel.visit-new-york-city.com
Mo-So 7-22 Uhr · ab $30

Was sich so bescheiden mit Café Pierre betitelt, ist ein französisches Restaurant der Spitzenklasse in einem der nobelsten Hotels New Yorks. Nicht nur die Küche und Preise sind exquisit, sondern auch der Weinkeller: Über 10.000 Flaschen warten hier auf feinsinnige Genießer. Aber nicht nur für den Bauch wird gesorgt. Donnerstags bis sonntags gibt es abends Jazz-Musik. Wer nach dem Essen einen Spaziergang vorzieht, kann sich im gegenüberliegenden Central Park seine Kalorien wieder ablaufen.

Film

- 1987 **Baby Boom**
  R: Charles Shyer, D: Diane Keaton, Sam Shepard

  Diane Keaton nimmt am Flughafen ihr unerwartetes Erbe, ein kleines Adoptivkind, in Empfang. Mit dem schreienden Bündel rast sie dann ins Café Pierre zu einem Geschäftsessen. Das eilig an der Garderobe abgegebene Baby will einfach keine Ruhe geben. Nasse Windeln und infernalisches Geschrei trüben den Geschäftserfolg beträchtlich.

10 Café Lalo

201 West 83rd Street, NY 10024 □
© (212) 496-6031, Fax (212) 874-1578
www.cafelalo.com
Mo-Do 8-2 Uhr, Fr 8-4 Uhr, Sa 9-4 Uhr, So 9-2 Uhr
$3-$18

»e-m@il für Dich«

Das Café ist ein Paradies für Leckermäuler: 120 Desserts, Cremes und Schokoladenkuchen sowie Eis stehen zur Wahl. Für den kleinen Hunger gibt es Suppen, Salate und Sandwiches.

Film

- 1998 **e-m@il für Dich** □
  R: Nora Ephron, D: Meg Ryan, Tom Hanks, Greg Kinnear

  Meg Ryan wartet ungeduldig auf ihren ersehnten E-Mail-Mann. Das erste Rendezvous droht zu scheitern, als der böse Buch-Tycoon Tom Hanks das Lalo betritt. Aber nicht nur die Unterhaltung mit dem bösen Konkurrenten frustriert Meg, sondern auch der ausbleibende, zartfühlende E-Mail-Schreiber.

11 Café Noir

32 Grand Street, NY 10013, Höhe Thompson Street
✆ (212) 431-7910,
Fax (212) 431-3781
www.cafenoirny.com
Mo-Sa 12-4 Uhr, So 11-4 Uhr
$16-$32

Der dunkelste, coolste und am besten versteckte Schatz in Soho. Die französisch-spanische Küche serviert als Spezialität Couscous Royal, einen unvergesslichen Lammeintopf.

Film

- 2002 **Untreu**
  R: Adrian Lyne, D: Diane Lane, Richard Gere, Olivier Martinez, Erik Per Sullivan

  Diane Lane ist auf dem Weg zu ihrem heiß begehrten Liebhaber, als sie zwei ihrer Freundinnen vom Frauenkomitee trifft. Um ihr wahres Ziel nicht preisgeben zu müssen, geht sie mit ihnen auf einen Café ins Noir. Kurz nachdem Diane Olivier, ihren Lover, telefonisch informiert hat, betritt er das Café und geht von den Frauen neidisch taxiert zu den Toiletten. Sie folgt ihm unauffällig und beide erleben einen kurzen, aber heftigen Quickie.

12 Café Carlyle

35 East 76th Street, NY 10021, Höhe Madison Avenue, East Side
✆ (212) 744-1600, Fax (212) 717-4682
www.thecarlyle.com
Mo-Sa 18.30-24 Uhr · sehr teuer

Das Café Carlyle ist ein nobles französisches Restaurant mit exzellenter Küche, aber sehr hohen Preisen. Berühmt ist es für sein Jazz- und Cabaret-Programm. Wenn man Glück hat, spielt montags abends Woody Allen mit seiner Jazzband. 90 Dollar Eintritt pro Person ohne Allen-Garantie muss einem der Spaß aber wert sein.

Film

- 1986 **Hannah und ihre Schwestern**
  R/D: Woody Allen, D: Mia Farrow, Michael Caine, Barbara Hershey, Dianne Wiest

  Nach einem ohrenbetäubenden Rockkonzert flüchtet sich Woody Allen mit Dianne Wiest zu einem Jazzkonzert ins Café Carlyle. Woody ist glücklich, dem Chaos entronnen zu sein, aber Diane trauert den ekstatischen Rhythmen nach.

13 Café Reggio

119 MacDougal Street, NY 10012, Höhe West 3rd Street
✆ (212) 475-9557 · www.cafereggio.com
Mo-Do 10-2 Uhr, Fr-Sa 10-4 Uhr
ca. $5

1927 eröffnet, ist das Café Reggio eines der Traditionscafés in Greenwich Village. Von leckeren Kaffee-Kreationen über Kuchen, Eis und Süßspeisen bis hin zu Sandwiches und klassischer italienischer Küche gibt es alles, was sich der hungrige Italiener so vorstellen kann. Obwohl der Bürgersteig nicht all zu breit ist, finden hier ein paar Tische für Sonnenhungrige Platz.

Film

- 1971 **Shaft**
  R: Gordon Parks, D: Richard Roundtree

  Im Reggio, das sich seit 1971 kaum verändert hat, trifft der Privatdetektiv Richard Roundtree einen der Mafia-Killer. Er soll ihn zu der entführten Tochter des Harlemer Gangsterbosses bringen.

14 Carnegie Delicatessen & Restaurant

854 Seventh Avenue, NY 10019, Höhe 55th Street ◻
✆ (212) 757-2245, Fax (212) 757-9889
www.carnegiedeli.com
täglich 6.30-4 Uhr · $4-$20

Eines der berühmtesten Delis New Yorks. Außer dem legendären Pastrami-Sandwich gibt es eine reiche Auswahl an kalten und warmen Speisen; seit Woody Allens gleichnamigem Filmerfolg gibt es dort das Danny-Rose-Sandwich. Da die Portionen mehr als üppig sind, kann man den Rest in einer *Doggy-Bag* mitnehmen.

Filme

- 1984 **Broadway Danny Rose** ◻
  R/D: Woody Allen, D: Mia Farrow

  Um einen Tisch hat sich eine gemütliche Runde von Kleinkünstlern geschart. Sie erzählen sich die Anekdoten des Künstleragenten Danny Rose. Eine Rolle, die sich Woody Allen auf den Leib geschrieben hat.

- 1996 **Tage wie dieser**
  R: Michael Hoffman, D: Michelle Pfeiffer, George Clooney, Mae Whitman, Alex D. Linz

  Michelle und George, beide alleinerziehende Eltern, müssen an diesem Tag voller Hast und Hektik endlose Termine und unerwartete Katastrophen bewältigen. Auch die Natur fordert ihr Recht. Michelle Pfeiffer verschwindet mit der Filmtochter von George Clooney schnell mal im Restaurant, um die Toilette aufzusuchen. Für das leckere Essen bleibt leider keine Zeit.

15 Chumley's

86 Bedford Street, NY 10014,
zwischen Grove & Barrow Street, Greenwich Village
© (212) 675-4449

Mo-Do 16-24 Uhr, Fr 16-2 Uhr, Sa 11-2 Uhr, So 11-24 Uhr · $20-$30

In diesem traditionsreichen, ein wenig versteckt liegenden Bierlokal war schon Ernest Hemingway zu Gast. Für eine gute Grundlage sorgt die deftige amerikanische Küche. Besonders die Burger sind beliebt.

Film

- 1981 **Wolfen** □
  R: Michael Wadleigh, D: Albert Finney, Diane Venora

  Nach einer Attacke der hochintelligenten menschenfressenden Superwölfe in der South Bronx haben der Superbulle Albert Finney und Diane Venora eine Erfrischung nötig. Das Chumley's gibt Ruhe und Geborgenheit.

16 The Cupping Room Café

359 West Broadway, NY 10013 □
© (212) 966-5609 · www.cuppingroomcafe.com

täglich 7.30-24 Uhr · $10-$23

In der intimen, 1977 eröffneten Bar gibt es freitags ab 21 Uhr Live-Musik: Jazz-, Pop- und Rockbands treten hier bei freiem Eintritt auf. An allen anderen Tagen kommt laute Musik von der Scheibe. Die Küche ist modern und hausgemacht – speziell die *Veggie-Burger* empfehlen sich.

Film

- 2001 **Made**
  R/D: Jon Favreau, D: Vince Vaughn, Peter Falk

  Nachdem die beiden Möchtegern-Unterweltler Jon und Vince vor einer Nobeldisco abgewiesen wurden, sitzen sie frustriert im Café und trinken Tee.

17 Delmonico's

56 Beaver Street, NY 10004, Höhe William Street ☐1
✆ (212) 509-1144, Fax (212) 509-3130 · www.delmonicosny.com
www.nyc-architecture.com/LM/LM044-DELMONICO'S.htm
Mo-Fr 11.30-15/17-22 Uhr · $8-$32

Das älteste Restaurant New Yorks und damit wohl auch des Kontioexistiert seit 1825. Nach einem Brand an gleicher Stelle wieder aufgebaut, ist es der amerikanischen Küche treu geblieben. Das Marmor-Eingangsportal am heutigen Beaux Arts-Gebäude von 1891 stammt angeblich aus Pompeji.

Filme

- 1996 **Wer ist Mr. Cutty?** ☐2
  R: Donald Petrie, D: Whoopi Goldberg, Dianne Wiest, Bebe Neuwirth, Donald Trump

  Whoopi Goldberg beobachtet, wie sich ihr Kollege und ihr Boss im Restaurant treffen, um sie auszubooten.
- 2000 **Es begann im September**
  R: Joan Chen, D: Richard Gere, Winona Ryder

  Zu nachtschlafender Zeit macht Winona Ryder dem Frauenheld Richard Gere vor der Tür vom Delmonico's eine Riesen-Szene. Der Grund: Er hatte Sex mit der Ex.

18 De Robertis Konditorei und Café

176 First Avenue, NY 10009, zwischen 10th & 11th Street ☐3
✆ (212) 674-7137, Fax (212) 674-7372
www.derobertiscaffe.com

Di-So 9-23 Uhr, Fr-Sa bis 24 Uhr

Am 20. April 1904 öffnete das Paradies für Leckermäuler seine Pforten. In der vierten Generation sind die Kuchen und Torten nach original italienischen Rezepten immer noch so verführerisch wie vor 100 Jahren. Nicht nur für den Gaumen, auch für die Augen ist das hier Gezauberte ein Genuss. Von einem Stückchen Kuchen und Kaffee bis zur Hochzeitstorte für $600 geht hier alles.

Film

- 1997 **In Sachen Liebe**
  R: Griffin Dunne, D: Meg Ryan, Matthew Broderick, Tchéky Karyo, Kelly Preston
  Die Liebesgeschädigten Meg Ryan und Matthew Broderick lassen es sich hier gemeinsam mit Megs lebenskluger Oma schmecken. Ihr gaukeln sie vor, ein Liebespaar zu sein, doch noch sind sie es nicht.

19 Elaine's

1703 Second Avenue, NY 10128, zwischen 88th & 89th Street
© (212) 534-8103, Fax (212) 876-4921
täglich 18-2 Uhr · ca. $25

Diesen Italiener hat Woody Allen berühmt gemacht: In vielen seiner Filme hat das Lokal seinen Platz. Über die in diesem Touristenmagnet gebotene Qualität gibt es geteilte Meinungen, aber hier gesehen zu werden ist auch viel wichtiger.

Filme

- 1979 **Manhattan**
  R/D: Woody Allen, D: Diane Keaton, Mariel Hemingway, Michael Murphy, Meryl Streep
  Woody Allen sitzt mit seinen Freunden zusammen beim Essen und spricht über Kunst, seine junge Freundin und seine Ex, die ein Buch über ihre gescheiterte Ehe schreiben will.
- 1993 **Manhattan Murder Mystery** □4
  R/D: Woody Allen, D: Diane Keaton, Alan Alda, Anjelica Huston
  Woody und Diane besprechen bei einem Essen das erste Mal den Mordverdacht gegenüber ihrem Nachbarn.
- 1998 **Studio 54**
  R: Mark Christopher, D: Ryan Phillippe
  Nach seinem Aufstieg zum Barkeeper im wilden 54 knüpft Ryan Phillippe überall Kontakte. Auch im Elaine's trifft er sich mit einflussreichen Leuten.

3

4

20 Empire Diner

210 Tenth Avenue, NY 10019,
Höhe 22nd Street
✆ (212) 243-2736

24 Stunden täglich außer Do 4-8 Uhr
$5-$20

Das mit Edelstahl verkleidete Empire Diner ist *das* Imbissrestaurant New Yorks. Ob Frühstück oder Nachtmahl – hier gibt es zu jeder Tageszeit deftige amerikanische Kost zu günstigen Preisen. Je später der Abend, desto voller wird es in diesem stilvollen eisenbahnwaggonartigen Restaurant.

Filme

- 1979 **Manhattan**
  R/D: Woody Allen, D: Diane Keaton, Mariel Hemingway, Michael Murphy, Meryl Streep

  Bevor die eigentliche Handlung startet, sind in der Ouvertüre alle für Woody Allen wichtigen Orte Manhattans zu sehen. Das Empire Diner gehört selbstverständlich dazu.

- 1992 **Kevin – allein in New York**
  R: Chris Columbus, D: Macaulay Culkin

  Macaulay Culkin strandet einsam in New York, schlendert durch die Stadt. Sein Weg führt ihn auch zum Empire Diner.

- 2002 **Igby**
  R: Burr Steers, D: Kieran Culkin, Jeff Goldblum, Susan Sarandon

  Kieran Culkin und seine Freundin Susan Sarandon treffen sich im Diner und plaudern über seine Zukunft.

- 2002 **Men in Black II**
  R: Barry Sonnenfeld, D: Tommy Lee Jones, Will Smith

  Will Smith und sein neuer Partner verspeisen in einer nächtlichen Pause ein Stück Kuchen. Nachdem der Neue in einem Heulkrampf zusammenbricht, bleibt Will nur noch, ihn zu neutralisieren. Hinterher verkuppelt er ihn noch schnell mit der Kellnerin. Wenig später nimmt Will das attraktive Alienopfer aus Ben's Pizza mit zum sanften Verhör ins Empire Diner. Von ihren Reizen gefangen, bringt er es nicht übers Herz, sie zu »blitzdingsen«.

»Kevin – allein in New York«

21 Fanelli's

94 Prince Street, NY 10012, Höhe Mercer Street

✆ (212) 226-9412 · www.fanellicafe.com

So-Do 10-1.30 Uhr, Fr-Sa 10-4 Uhr

ca. $10

In diesem schlichten amerikanischen Restaurant soll es die besten Burger von New York geben. Normalerweise kann man hier in Ruhe essen. Die Gegend ist nicht krimineller als andere, im Film allerdings schon:

Film

- 1990 **Im Vorhof der Hölle** □1
  R: Phil Joanou, D: Sean Penn, Gary Oldman, Ed Harris
  Im Fanelli's trifft sich der irische Gangsterboss Ed Harris mit dem Mafiaboss der Stadt. Draußen wartet Eds Gang bis an die Zähne bewaffnet auf den großen Showdown.

22 Restaurant Bar Felix

340 West Broadway, NY 10013, Höhe Grand Street □2

✆ (212) 431-0021, Fax (212) 343-0278 · www.felixnyc.com

Mo-Fr 12-24 Uhr, Sa 11.30-24 Uhr, So 11.30-22.30 Uhr · $11-$30

Ein charmantes französisches Restaurant im schicken Soho. Für Leute, die frische Luft mögen, gibt es ein paar Tische auf dem Bürgersteig.

Film

- 1999 **Big Daddy**
  R: Dennis Dugan, D: Adam Sandler, Dylan & Cole Sprouse
  Adam Sandler, wie die Jungfrau zu einem Kind gekommen, ist mit seinem kleinen Pflegesohn in der Stadt unterwegs. Schon passiert das Unvermeidliche: Der Kleine muss mal. Das Restaurant scheint die Rettung, doch der Kellner verwehrt ihnen den Zutritt. Das schreit nach Rache. Beide pinkeln dem Restaurant an die Tür und verschwinden.

1

2

23 Fraunces Tavern

54 Pearl Street, NY 10004-2429
✆ (212) 968-1776, Fax (212) 797-1776
www.frauncestavern.com
Mo-Fr 11.30-21.30 Uhr, Sa 11-21.30 Uhr · $13-$36

Dieses Restaurant mit amerikanischer Küche ist einer der geschichtsträchtigsten Orte Manhattans: Hier verabschiedete 1789 George Washington seine Offiziere in den Bürgerkrieg. Im ersten Stock befindet sich ein Museum für Geschichte und Kultur Amerikas.

Film

- 2002 **Ein Chef zum Verlieben**
  R: Marc Lawrence, D: Sandra Bullock, Hugh Grant
  Nachdem Sandra Bullock eine weitere Zusammenarbeit mit dem Milliardär Hugh Grant unmöglich scheint, besprechen beide beim Essen die Suchkriterien für Sandras Nachfolgerin.

24 Gray's Papaya Imbiss

2090 Broadway, NY 10023-2802, Höhe 72nd Street
✆ (212) 799-0243 · täglich 24h · ab $1
Weitere Infos in der »Broadway Tour« ▶ S. 311

Der stadtbekannte Imbiss für Jedermann bietet rund um die Uhr unter anderem Hot Dogs ab $1 an.

Filme

- 1993 **Ein Concierge zum Verlieben**
  R: Barry Sonnenfeld, D: Michael J. Fox, Gabrielle Anwar
  Frisch verliebt erzählen sich Gabrielle und Michael dort ihre geheimen Träume.
- 1995 **Stirb langsam – Jetzt erst recht □1**
  R: John McTiernan, D: Bruce Willis, Samuel L. Jackson, Jeremy Irons
  Bruce und Jeremy haben vor dem Lokal an einem öffentlichen Telefon, das nur für den Film dort stand, den ersten Kontakt mit dem wahnsinnigen Killer. Das ihnen aufgegebene Rätsel zur Entschärfung einer Bombe lässt ihnen keine Zeit für einen Snack.
- 1996 **Herz über Kopf – Fools Rush in**
  R: Andy Tennant, D: Matthew Perry, Salma Hayek
  Matthew, bereut es bitter, seine schwangere Freundin verlassen zu haben. Er steht vor dem Imbiss, als ihm ein blinder Prediger heißt, auf die Zeichen zu achten. Dieser Rat führt zum Happy End.
- 1998 **e-m@il für Dich**
  R: Nora Ephron, D: Meg Ryan, Tom Hanks, Greg Kinnear
  Auch Meg Ryan und Tom Hanks lassen sich einen der günstigen Hot Dogs schmecken.

1

2

25 Guido's Supreme Macaroni Company

511 Ninth Avenue, NY 10018-2802, Höhe West 38th Street
© (212) 564-8074

Sonntags geschlossen · $12-$20

Der klassische Italiener liegt nicht, wie im Film zu vermuten, in Little Italy, sondern in Chelsea.

Film

- 1994 **Leon – Der Profi** □2
  R: Luc Besson, D: Jean Reno, Natalie Portman, Gary Oldman, Danny Aiello
  Jean Reno erhält bei Guido's von Wirt Danny Aiello seine Mordaufträge. Nicht nur Ganove ist der Restaurantbesitzer, sondern auch Jeans Bank und väterlicher Freund. Selbst die kleine Killerin Natalie Portman wird ihm vorgestellt.

26 Harry Cipriani

im Sherry Netherland Hotel, 781 Fifth Avenue, NY 10022
© (212) 753-5566, Fax (212) 308-5653
www.cipriani.com

täglich 7-10.30, 12-15 & 18-24 Uhr
ab ca. $65

Eines der wirklich noblen Restaurants der Stadt. Das italienische Flair wird nicht nur durch die Speisekarte erzeugt. Harry Cipriani ist eine exakte Kopie von Harry's Bar in Venedig, also sehr amerikanisch. Auf der Speisekarte steht: »Die Verwendung von Mobiltelefonen beeinträchtigt die Zubereitung des Risottos.«

Film

- 1999 **Die Thomas Crown Affäre**
  R: John McTiernan, D: Pierce Brosnan, Rene Russo, Ben Gazzara, Faye Dunaway
  Pierce Brosnan, der Bilderbuch-Millionär, lockert seinen Alltag mit ein paar genialen Kunstdiebstählen auf. Rene Russo, die superclevere Detektivin, nutzt dessen Einladung zum Essen, um ihm auf die Spur zu kommen.

14

27 Harry's at Hanover Square

1 Hanover Square, NY 10004,
zwischen Stone & Pearl Street
© (212) 425-3412, Fax (212) 943-8155
www.harrystogo.com

Mo-Fr 11-24, Sa 12-24, So 12-23 Uhr · $5-$33

Harry's ist eine Institution im *Financial District*. Dieses Lokal kennt wohl jeder *Wallstreet Broker*. Die amerikanische Küche scheint bei Geschäftsverhandlungen und Kontaktpflege nicht nachteilig zu sein.

Film

- 1976 **King Kong**
  R: John Guillermin, D: Jeff Bridges, Jessica Lange

  Als Jeff und Jessica das Restaurant betreten, sind sowohl Gäste als auch Personal schon vor dem großen Affen davongelaufen. Bei freier Wahl an Getränken gönnen sie sich eine Atempause auf ihrer Flucht, während King Kong auf Manhattan zuwatet. Formvollendet greift die große schwarze King Kong-Hand durch die Tür nach Jessica, um sie auf das Dach des *World Trade Centers* mitzunehmen.

28 Howard Johnson's Shoppers

1551 Broadway, NY 10036, Höhe 46th Street

Bis vor wenigen Jahren stand an dieser Straßenecke das berühmteste Imbisslokal des brodelnden *Times Square*. Über 100 Mio. $ für das alte, nur dreistöckige Haus ließ dem Eigentümer keinen Raum für Sentimentalität. In den Filmen bleibt es für die Nachwelt lebendig. – Weitere Infos in der »Broadway Tour« ▶ S. 311

»King of New York«

Filme

- 1971 **Shaft**
  R: Gordon Parks, D: Richard Roundtree

  Vor dem Lokal kauft Richard Roundtree ein paar Maroni.
- 1980 **Fame – Der Weg zum Ruhm**
  R: Alan Parker, D: Irene Cara

  Hier lernt Irene Cara den schmierigen Filmproduzenten kennen, der sie für Probeaufnahmen anbaggert und ihr eine große Zukunft verspricht. Wie nicht anders zu erwarten, muss sie in einer widerlichen Absteige vor der Kamera dann als erstes die Bluse ausziehen.
- 1990 **King of New York**
  R: Abel Ferrara, D: Christopher Walken, Wesley Snipes

  An der Ecke 46th Street steigt der brutale Christopher Walken in ein Taxi. In der Subway hat er gerade einen

Detektiv erschossen und flüchtet in aller Ruhe. Doch auch er hat etwas abbekommen, und die Polizisten nähern sich mit gezückten Pistolen von allen Seiten.

- 2004 **Ein verrückter Tag in New York**
  R: Dennie Gordon, D: Mary-Kate & Ashley Olsen

  Ashley schafft es trotz fehlender Fahrkünste von Harlem nach Midtown. Vor der Tür des Restaurants verlassen sie das »geborgte« Taxi einfach.

29 John's Pizzeria

278 Bleecker Street, NY 10014 □1
Höhe Morton Street, Greenwich Village
✆ (212) 243-1680 · www.johnsofbleeckerstreet.com

So-Fr 11.30-23.30, Sa -24 Uhr · unter $20

Die New Yorker Restaurantführer sind des Lobes voll über John's. Hier gibt es die beste Pizza in New York, soll Woody Allen einmal behauptet haben. Er hat das Lokal, wie so viele andere New Yorker Institutionen auch, in Szene gesetzt.

Film

- 1979 **Manhattan**
  R/D: Woody Allen, D: Diane Keaton, Mariel Hemingway

  Woody Allen isst dort mit seiner 17-jährigen Freundin Mariel Hemingway, als sie ihm eröffnet, ihn zu verlassen und nach London zu gehen.

1

2

14

30 Katz's Delicatessen

205 East Houston Street, NY 10002 □2
zwischen Ludlow & Orchard Street, East Village
✆ (212) 254-2246, Fax (212) 674-3270
www.katzdeli.com

täglich ab 8 Uhr, Mo/Di -21.45, Mi/Do & So -22.45, Fr/Sa -2.45 Uhr
unter $20

Katz's ist, wie Rick's Café mit »Casablanca«, mit »Harry und Sally« untrennbar verbunden. Das für in New York verhältnismäßig historischer Zeit 1888 von russischen Immigranten begründete Deli war von Anfang an für seine Fleischzubereitung

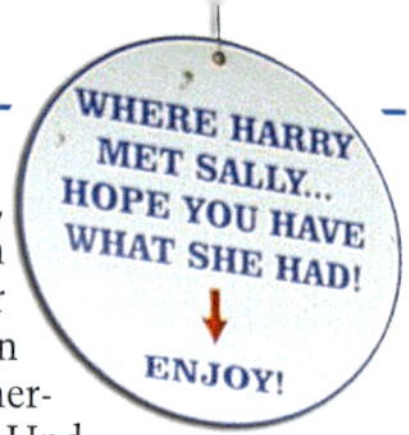

berühmt. Fast alles, was man hier kaufen kann, ist gepökelt, geräuchert oder gegart. Für Vegetarier bleiben nur die sauren Gurken. Zum Ausgleich sind die gigantischen Portionen für normalsterbliche Fleischliebhaber nicht zu bewältigen. Ein amerikanischer Präsident ist bei den New Yorkern erst anerkannt, wenn er hier eine Mahlzeit hinter sich gebracht hat. Und – ach ja: Der Tisch, an dem Meg Ryan und Billy Crystal saßen, ist nicht zu übersehen. Über ihm prangt ein großes Schild.

Filme

- 1989 **Harry und Sally** □2
  R: Rob Reiner, D: Billy Crystal, Meg Ryan

  Meg Ryan spielt Billy Crystal und den fassungslosen Gästen einen Orgasmus vor. Eine Kundin am Nachbartisch, übrigens die Mutter des Regisseurs, bestellt sich sofort das gleiche wie Meg Ryan.
- 1997 **Donnie Brasco** □1
  R: Mike Newell, D: Al Pacino, Johnny Depp, Anne Heche

  Johnny Depp hat andere Sorgen als die Liebe. Er ist einem Gangsterboss auf der Spur. Bei Katz's trifft er seinen Polizeikollegen zu einem konspirativen Treffen.

1

2

31 Kelley & Ping

127 Greene Street, NY 10012,
zwischen Prince & Houston Street
✆ (212) 228-1212
www.eatrice.com
täglich 11.30-23 Uhr · $7-$17

Kelley & Ping ist eine Mischung aus Nudelbar, Asian & Tea Shop. Mittags ein Self-Service-, abends ein Full-Service Restaurant, ahnt man in New York ein wenig von der Atmosphäre von Shanghai.

Film

- 1998 **Große Erwartungen** □3
  R: Alfonso Cuarón, D: Ethan Hawke, Gwyneth Paltrow, Anne Bancroft, Robert De Niro

Ethan stürmt in das Restaurant und entführt Gwyneth, seine Freundin aus Kindertagen, vom Tisch ihres Freundes, um mit ihr zu tanzen. Kurz darauf verlassen sie das Restaurant und stürzen sich in sein Bett.

32 Killarney Rose

127 Pearl Street, NY 10005 · www.killarneyrose.com
✆ (212) 24221486 · Mo-Fr 11-4 Uhr

In der *Broker Bar* mit amerikanischer Küche erholen sich die Geldvermehrer oder -vernichter, je nachdem, von ihrem Tagesstress.

Film

- 2000 **Risiko – Der schnelle Weg zum Reichtum**
  R: Ben Younger, D: Giovanni Ribisi, Ben Affleck, Ron Rifkin
  In der Bar nahe der Wall Street treffen die Topbroker des Börsenschwindel-Unternehmens Marlin auf ihre Konkurrenten und beginnen eine wilde Prügelei.

33 Knickerbocker Bar & Grill

33 University Place, NY 10003
✆ (212) 228-8490
www.knickerbockerbarandgrill.com
täglich ab 11.45 Uhr, Di-Do -1, Fr/Sa -2, So/Mo -24 Uhr
$8-$38

Im Knickerbocker gibt es nicht nur gute amerikanische und italienische Gerichte,, sondern auch Live Jazz. Es ist eines der typischen Greenwich Village-Restaurants.

- 1999 **Mickey Blue Eyes**
  R: Kelly Makin, D: Hugh Grant, Jeanne Tripplehorn
  Leider hat Hugh Grants Traumfrau Jeanne Tripplehorn die ehrenwerte Gesellschaft zur Familie. Hughs Vorsätze, sich vom Verbrechen fern zu halten, fallen in sich zusammen – im Nu ist er in Geldwäsche, Mord und Totschlag verwickelt. Als schließlich auch auf ihn Jagd gemacht wird, gehen er und sein Schwiegervater mit den Mafiakillern, die auf ihn angesetzt sind, ein blutiges Steak essen. Das Ablenkungsmanöver gerät zum Martyrium.

34 La Goulue

746 Madison Avenue, NY 10021-7052
✆ (212) 988-8169, Fax (212) 396-2552
www.lagouluerestaurant.com
täglich 12-16 & 18-23.30, So -22.30 Uhr · $10-$35

Dieses Restaurant mit Pariser Charme und französischer Küche gibt es schon seit über 30 Jahren. Im Sommer kann man auch an Tischen vor dem Restaurant Platz nehmen. Die umfangreiche Weinkarte zieht viele Freunde eines guten Tropfens an.

Film

- 1998 **Wachgeküsst**
  R: Richard LaGravenese, D: Holly Hunter, Danny DeVito

  Holly Hunter sitzt, da sie ihr Mann wegen einer Jüngeren verlassen hat, allein im Restaurant und liest ein Buch. Eine fremde Frau äußert sich lobend über diese Lektüre. Hollys Hoffnung, an ihren Tisch gebeten zu werden, erfüllt sich jedoch nicht.

35 Lespinasse

2 East 55th Street, NY 10022
✆ (212) 339-6719, Fax (212) 350-8722
www.alain-ducasse.com

Das Restaurant im St. Regis Hotel hat den Anspruch, eines der besten der Welt zu sein. Als der mit Sternen und Kochmützen überhäufte Chefkoch Gray Kunz seinen Job aufgab, war das Lespinasse am Ende und schloss. Als Restaurant »Adour« wird es im Herbst 2007 unter der Führung des nicht minder berühmten Chefkochs Alain Ducasse wiedereröffnet.

Film

- 2000 **Miss Undercover** □1
  R: Donald Petrie, D: Sandra Bullock, Michael Caine

  Die verlodderte FBI-Agentin Sandra Bullock speist hier mit dem angewiderten Schönheitsberater Michael Caine. Der betrachtet es als unmöglich, aus dieser Steak fressenden, biersaufenden Furie für einen Undercovereinsatz eine Dame zu machen, die bei den Wahlen zur *Miss America* bestehen kann.

36 Loeb Boathouse Restaurant, Central Park

6 East 72nd Street, NY 10021
✆ (212) 517-2233, Fax (212) 744-3949
www.thecentralparkboathouse.com
Express Cafe: 8-20 Uhr, Restaurant: Mo-Fr 12-16 & 17.30-21.30 Uhr, Sa-So 9.30-16 & 18-21.30 Uhr
$20-$42
Weitere Infos in der »Central Park Tour« ► S. 294

Dieses schicke amerikanische Restaurant liegt an *The Lake*, einem wunderschönen See mitten im Central Park. Hier bei schönem Wetter zu essen, ist ein echtes Erlebnis. Wer die aufgenommenen Kalorien gleich wieder loswerden will, könnte sich hier ein Ruderboot mieten und ein wenig über den See schaukeln.

»Harry und Sally«

Filme

- 1962 **Botschafter der Angst** □2
  R: John Frankenheimer, D: Frank Sinatra, Laurence Harvey
  Als Frank Sinatra 1962 am Boathouse vorbei Laurence Harvey nachjagte, war von einem noblen Restaurant noch nichts zu erkennen.
- 1989 **Harry und Sally** □
  R: Rob Reiner, D: Billy Crystal, Meg Ryan
  Meg Ryan trifft sich auf der Terrasse mit zwei Freundinnen. Letztere wollen Meg unbedingt eine Beziehung aufschwatzen. Die von ihnen auserwählten Kandidaten finden bei ihr jedoch keine Gnade.

37 Louie's Westside Café

441 Amsterdam Avenue, NY 10024, Höhe 81st Street
✆ (212) 877-1900, Fax (212) 875-8700 · www.louieswestside.com

ab $20

Zwischen *Riverside Park* und *Hayden Planetarium* liegt das Louie's. Hier wird amerikanische Küche auf klassische Art serviert.

Film

- 1998 **e-m@il für Dich**
  R: Nora Ephron, D: Meg Ryan, Tom Hanks, Greg Kinnear
  Bei dem etwas verkrampften Essen gestehen sich Meg Ryan und ihr Freund, der brillante Zeitungskolumnist Greg Kinnear, dass sie sich nicht lieben. Als das endlich geklärt ist, sind beide erleichtert und für Meg ist der Weg frei für den einfühlsamen E-mail-Schreiber.

38 Luna's Restaurant

112 Mulberry Street, NY 10013-4647,
zwischen Canal & Hester Street
✆ (212) 226-8657

So-Do 11-24 Uhr, Fr-Sa 11-2 Uhr · ca. $15

Eines der ältesten Restaurants in *Little Italy*. Über die Qualität der Speisen gibt es zwar geteilte Meinungen, aber wirklich enttäuscht war nie jemand bei der so ursprünglich italienischen Atmosphäre. Wer Glück hat, erlebt den Kellner am Akkordeon.

Filme

- 1990 **Freshman**
  R: Andrew Bergman, D: Marlon Brando, Matthew Broderick, Penelope Ann Miller

  Matthew Broderick hat eine Audienz beim Paten Marlon Brando. Er soll sich für einen Job vorstellen. Auf dem Weg dorthin kommt er an dem Restaurant vorbei.
- 1994 **Das Wunder von Manhattan**
  R: Les Mayfield, D: Richard Attenborough, Mara Wilson, Elizabeth Perkins, Dylan McDermott

  Im Restaurant treffen sich New Yorks gestresste Weihnachtsmänner. Die bösen Widersacher des zauberhaften Warenhauses Coles heuern den wegen Trunkenheit gefeuerten Weihnachtsstatisten an, um den echten Gabenbringer Richard Attenborough aus dem Weg zu räumen.
- 2001 **Made**
  R/D: Jon Favreau, D: Vince Vaughn, Peter Falk

  Bei ihrem ersten Job in der Unterwelt werden Jon und Vince von einer schwarzen Motorrad-Gang vor der Tür des Restaurants abgesetzt.

39 Lupe's East L.A. Kitchen

110 Sixth Avenue, NY 10013-1607, Höhe Watt Street
© (212) 966-1326 · www.lupeskitchen.com

Mi-Sa 11.30-24 Uhr, So-Di 11.30-23 Uhr · $8-$14

Lupe's ist ein sehr sachlich eingerichtetes Restaurant mit bodenständiger, aber schmackhafter mexikanischer Küche.

Film

- 1986 **Gefährliche Freundin**
  R: Jonathan Demme, D: Jeff Daniels, Melanie Griffith

  Jeff Daniels, ein junger dynamischer Familienvater, prellt hier zum Nervenkitzel die Zeche. Melanie Griffith stellt ihn vor der Tür und lädt ihn ein auf eine Tour voller Obsessionen.

40 McHale's

750 Eighth Avenue, NY 10036, Höhe 46th Street
McHale's war bei den New Yorkern wegen seiner klassischen Bar und den großen Burgern zu günstigen Preisen besonders beliebt. Leider schloss das Lokal im April 2007. Seine Fans fordern vehement die Wiedereröffnung. Bis es soweit ist, spenden die folgenden Filme vielleicht Trost.

Filme

- 1995 **Money Train** □
  R: Joseph Ruben, D: Wesley Snipes, Woody Harrelson, Jennifer Lopez
  Jennifer Lopez, Wesley Snipes und Woody Harrelson sind *Subway-Cops*. Nach der missglückten Festnahme des sadistischen Fackelmörders, gehen Jennifer und Wesley in diese Kneipe, um ihren Frust los zu werden. Einige Zeit später wollen Wesley und J.Lo, die sich schon sehr nahegekommen sind, hier eigentlich Silvester feiern. Da überreicht der Barmann Wesley ein Geschenk, das von seinem Partner Woody abgegeben wurde. Als er es öffnet, findet er das Modell des *Money Trains* und ihm wird klar: Woody wird den Zug überfallen. Wesley springt auf sein Motorrad, um ihn vor einer Dummheit zu bewahren.
- 1996 **Sleepers**
  R: Barry Levinson, D: Brad Pitt, Kevin Bacon, Robert De Niro, Dustin Hoffman, Ron Eldard, Billy Crudup
  Durch einen Dumme-Jungen-Streich, der tragisch ausgeht, landen vier Teenies im Jugendknast. Dort werden sie von den Aufsehern systematisch vergewaltigt. Nach vielen Jahren, dem Jugendalter entwachsen, treffen Ron Eldard und Billy Crudup, beide ehemalige Mitglieder der Kindergang, ihren alten Peiniger aus dem Kinderknast im McHale's und erschießen ihn.
- 1996 **She's the One** □
  R/D: Edward Burns, D: Maxine Bahns, Cameron Diaz, Mike McGlone
  Edward hat das Lokal ausgesucht, um sich mit seiner Ex-Verlobten Cameron Diaz zu treffen, die, ohne dass er es weiß, die Geliebte seines Bruders ist. Hier versucht sie nun, ihn wieder 'rumzukriegen.

»She's the One«

41 Melrose Café im Stanhope Hotel

995 Fifth Avenue, NY 10028

Aus dem feinsten Hotel der *Upper East Side*, in dem mehr als 75 Jahre lang die oberen Zehntausend verkehrten, ist nun ein renditeoptimiertes Apartmenthaus geworden. Das bedeutete leider auch das Ende für das Melrose Café. Obwohl die New Yorker stets kampfbereit über ihre traditionsreichen Institutionen wachen, gewinnen sie leider nicht jede Schlacht.

Filme

- 1979 **Manhattan**
  R/D: Woody Allen, D: Diane Keaton, Mariel Hemingway, Michael Murphy, Meryl Streep

  Woody Allens Freund Michael Murphy sitzt an einem Tisch vor dem Restaurant. Er versucht, seine Ehe zu retten und beendet daher die Beziehung zu seiner Geliebten Diane Keaton.
- 2002 **Igby**
  R: Burr Steers, D: Kieran Culkin, Jeff Goldblum, Susan Sarandon

  Im Restaurant des Stanhope Hotels trifft sich Kieran Culkin mit seiner Mutter, um seinen Anteil am Erbe seines Vaters zu fordern. Doch die herzlose Mama lehnt ab. Sie will ihn wieder ins Internat stecken.

42 Metronome (jetzt Strata)

915 Broadway, NY 10010, Höhe 21st Street □1

© (212) 505-7400 · www.stratanyc.com

Fr-Sa 22-4 Uhr
$10-$20

Aus dem Metronome Restaurant mit italienischer Küche entwickelte sich einer der angesagtesten Läden in New York. Mit einer supermodernen Licht- und Sound-Anlage ausgestattet zieht das Strata Künstler, Szenehelden, Transsexuelle und die Yuppies der Wall Street in ihren Bann. Wer seinen Fuß über die Schwelle des Strata setzen will, muss jung, hübsch und angesagt sein. Strenger Dreesscode. In der Woche finden in der sich über 3 Etagen erstreckenden Location Galas und Events statt.

Filme

- 1988 **BIG □2**
  R: Penny Marshall, D: Tom Hanks, Elizabeth Perkins

  Tom Hanks, durch einen Zauberautomaten vom Schuljungen zum Twen mutiert, findet einen Job als Spielzeugtester bei F.A.O. Schwarz,

»Shaft«

dem bekanntesten Spielzeugkaufhaus New Yorks – für sein kindliches Gemüt genau das Richtige. Als er bei der im Metronome stattfindenden Firmenparty von einer Kollegin angemacht wird, gerät so einiges durcheinander.

- 2000 **Shaft** □
  R: John Singleton, D: Samuel L. Jackson, Richard Roundtree, Christian Bale
  Im Restaurant wird ein farbiger junger Mann von einem reichen Aufschneider unablässig schikaniert. Der Schwarze versteht es jedoch, intelligent zu kontern, indem er aus einer Serviette eine Ku-Klux-Klan-Kapuze bastelt und sie seinem Kontrahenten aufsetzt. Damit hat er die Lacher der Gäste auf seiner Seite. Trotz seines Sieges verlässt er das Restaurant. Der rassistische Nichtsnutz folgt ihm und erschlägt den Nichtsahnenden hinterrücks.

43 Minetta Tavern

113 MacDougal Street, NY 10012-1201,
zwischen Bleecker & West 3rd Street
© (212) 475-3850, Fax (212) 924-7389

täglich 12-24 Uhr · $15-$25

Seit 1937 ein beliebter Ort zum Entspannen. Schon Ernest Hemingway wusste diesen bodenständigen Italiener zu schätzen.

Filme

- 1996 **Sleepers**
  R: Barry Levinson, D: Brad Pitt, Kevin Bacon, Jason Patric, Billy Crudup, Robert De Niro, Dustin Hoffman
  Nach dem gewonnenen Prozess feiern die Sleepers hier ihren Sieg.
- 1999 **Mickey Blue Eyes**
  R: Kelly Makin, D: Hugh Grant, Jeanne Tripplehorn
  Im Film heißt das Restaurant »La Trattoria«. Es gehört dem Vater von Hugh Grants Braut Jeanne Tripplehorn, einem geachteten Mitglied der ehrenwerten Familie. Als Hugh um Jeannes Hand anhält, stößt er auf große Begeisterung und wird sofort allen zwielichtigen Gestalten vorgestellt, die hier herumlungern. Besonders der im Kühlraum fast erfrorene nette Herr kommt Hugh merkwürdig vor.

1

2

44 Moondance Diner

80 Sixth Avenue, NY 10013-1603, Höhe Grand Street, Soho □1
Die klassischen amerikanischen Diners scheinen leider das Schicksal der Dinosaurier zu teilen. Seit wenigen Monaten ist nun auch das Moondance Diner nur noch Erinnerung. Allen Fans dieser preiswerten, lockeren Imbiss-Restaurants bleibt als Fels in der Brandung das elegante *Empire Diner* in Chelsea ▶ S. 212.

Filme

- 1985 **Die Zeit nach Mitternacht**
  R: Martin Scorsese, D: Griffin Dunne, Rosanna Arquette
  Griffin Dunne ist ein fleißiger junger Programmierer. In einem Restaurant lernt er Rosanna Arquette kennen, die ihn nach Soho einlädt. Ihr Selbstmord ist nur eines der chaotischen Ereignisse, die in dieser Nacht ihren Lauf nehmen. Ein Fluchtpunkt ist immer wieder das Moondance Diner. Hier kann Griffin jeweils für wenige Minuten Atem schöpfen.
- 2002 **Spiderman**
  R: Sam Raimi, D: Tobey Maguire, Willem Dafoe, Kirsten Dunst
  Tobey Maguires Schulfreundin Kirsten Dunst ist im Diner als Kellnerin gestrandet. Als sie Spiderman Tobey vor der Tür trifft, erzählt sie ihm von ihrem bevorstehenden Casting.

45 The Monkey Bar

60 East 54th Street, NY 10022
✆ (212) 838-2600, Fax (212) 838-4595 · www.theglaziergroup.com
Mo-Fr 11.30-24 Uhr, Sa 17-24, So 17-22 Uhr
Ein edles Restaurant mit luxuriösen Speisen und Preisen: $31-$50.

Film

- 1996 **Liebe hat zwei Gesichter □2**
  R/D: Barbra Streisand, D: Jeff Bridges, Pierce Brosnan, George Segal
  An der Tanzfläche sitzend haben Barbra Streisand und Jeff Bridges hier ihr erstes Rendezvous. Jeff hat jedoch jeglicher fleischlichen Lust abgeschworen. Tanz ist für ihn kein Thema – zu Barbras Leidwesen.

1

2

46 Oak Bar im Plaza Hotel

Fifth Avenue Höhe Central Park South, NY 10019 □3

Die Schließung des Plaza Hotels und damit der Oak Bar im April 2005 schockte die New Yorker. Aus dem legendären Haus sollte ein Apartmentgebäude werden; ▸ S. 188. Nach wütenden Protesten wird nun ein Teil weiter als Hotel genutzt. Auch die berühmten Restaurants und Ballsäle bleiben erhalten. Die Oak Bar eröffnet frisch renoviert am Neujahrstag 2008 wieder ihre Pforten.

Film

- 1992 **Der Duft der Frauen** □4
  R: Martin Brest, D: Al Pacino, Chris O'Donnell, Gabrielle Anwar
  Al Pacino, der erblindete Colonel, hat sein Lebensende strategisch, aber voller Höhepunkte geplant. Er und sein ihn führender Assistent Chris O'Donnell lernen im Oak Room eine junge Frau kennen. Der blinde Colonel bittet sie zum Tanz und legt mit ihr zum Staunen der anwesenden Gäste einen perfekten Tango aufs Parkett.

47 Odeon

145 West Broadway, NY 10013, Höhe Thomas Street
✆ (212) 233-0507, Fax (212) 406-1962
www.theodeonrestaurant.com
Mo-Fr 9-10.30 & 12-2 Uhr, Sa/So 10.30-2 Uhr
$15-$27

Dieses Restaurant mit französischer Küche war in den 1980er-Jahren der Treffpunkt der New Yorker Yuppies. Viele der nun etwas gealterten Klientel halten dem Restaurant nach wie vor die Treue. Zu ihnen gesellen sich die Broker der Wall Street.

Film

- 2000 **Risiko – Der schnelle Weg zum Reichtum** □5
  R: Ben Younger, D: Giovanni Ribisi, Ben Affleck, Ron Rifkin
  Nach Giovannis Brokerzulassung steigt im Odeon eine große Fete. Ein paar Schwule am Nachbartisch fühlen sich von den lärmenden Aktienhändlern gestört und bitten um Ruhe. Es entwickelt sich ein heftiger verbaler Schlagabtausch.

3

4

5

48 Palio

im Equitable Center
151 West 51st Street, NY 10019,
zwischen Sixth & Seventh Avenue
© (212) 399-9400

Mo-Fr 12-23.30 Uhr, Sa 17-23.30 Uhr
$18-$38

Das Palio ist eine wunderbar modern ausgemalte Bar. Im dazugehörigen Restaurant »Piano Due« im ersten Stock wird trendige italienische Küche serviert.

Film

- 1992 **Light Sleeper**
  R: Paul Schrader, D: Willem Dafoe, Susan Sarandon

  Willem Dafoe, der als kleiner Drogenkurier für seine mächtige Chefin Stoff an die Schickeria verteilt, liefert in das schicke Restaurant ein Briefchen Drogen.

49 Petrossian Paris

182 West 58th Street, NY 10019, Höhe Seventh Ave
© (212) 245-2214, Fax (212) 245-2812 □
www.petrossian.com

Mo-Fr 11.30-15/17.30-23.30 Uhr, Sa 11.30-16/17.30-23.30 Uhr, So 11.30-16/17.30-22.30 Uhr
$29-$49

Im Café und der angeschlossenen Boutique der berühmten französischen Kette kann man neben Kuchen, Desserts, Süßigkeiten und leckeren Sandwiches feinste Delikatessen aus aller Welt kaufen.

Film

- 1986 **Hannah und ihre Schwestern**
  R/D: Woody Allen, D: Mia Farrow, Michael Caine, Barbara Hershey, Dianne Wiest

  Die drei Schwestern Mia Farrow, Barbara Hershey und Dianne Wiest treffen sich im Restaurant. Dianne versucht wieder einmal, Mia anzupumpen, aber es gibt Streit zwischen den Schwestern.

50 Rainbow Room

30 Rockelfeller Plaza, NY 10112-0001
© (212) 632-5000, Fax (212) 632-5150 · www.rainbowroom.com

täglich 17-23.30 Uhr · $27-$48

Der Rainbow Room ist seit den 1930er-Jahren eines der Gourmet-Highlights New Yorks. Ein Fünf-Gänge-Menü der europäisch-mediterranen Küche ist nicht unter $100 zu haben. Geld allein genügt jedoch nicht, um in den 65. Stock des *Rockefeller*

Centers zu gelangen. Wer die strenge Dressorder nicht erfüllt, muss auf den atemberaubenden Blick auf Manhattan verzichten. Eine Tischreservierung ist wegen der Beliebtheit des Lokals und der großen Zahl reicher New Yorker äußerst ratsam.

Filme

- 1986 **Hannah und ihre Schwestern**
  R/D: Woody Allen, D: Mia Farrow, Michael Caine, Barbara Hershey, Dianne Wiest

  Nach einer Party lädt ein junger Architekt Mia Farrow und Dianne Wiest zu einer Fahrt zu den schönsten Häusern der Stadt ein. Auch am *Rockefeller Center* vor dem Rainbow Room machen sie halt.
- 1991 **Herr der Gezeiten**
  R/D: Barbra Streisand, D: Nick Nolte, Jason Gould

  Durch den Selbstmordversuch seiner Schwester lernt der Football-Trainer Nick Nolte die Psychoanalytikerin Barbra Streisand kennen. Er verliebt sich in sie, beschließt aber, zu Frau und Kindern nach Texas zurückzukehren. Den letzten Abend verbringen sie tanzend im Rainbow Room.
- 1993 **Das Leben – ein Sechserpack**
  R: Fred Schepisi, D: Will Smith, Donald Sutherland, Stockard Channing

  Will lädt seinen naiven Freund in dieses berühmte New Yorker Restaurant ein. Als sie gemeinsam das Tanzbein schwingen, werden sie des Saales verwiesen.
- 1993 **Schlaflos in Seattle**
  R: Nora Ephron, D: Meg Ryan, Tom Hanks, Ross Malinger, Bill Pullman

  Meg Ryan sitzt mit ihrem Bräutigam Bill Pullman am Fenster des Rainbow Room und blickt auf das *Empire State Building*. Nun muss ihm Meg die Geschichte mit »Schlaflos in Seattle« gestehen. Bill gibt sie frei und Meg stürmt zur Aussichtsplattform des Empire State Building.

»Schlaflos in Seattle«

- 2000 **Im Bann des Jade Skorpions**
  R/D: Woody Allen, D: Dan Aykroyd, Helen Hunt

  Woody Allen, ein cleverer Versicherungsdetektiv, geht zur Geburtstagsfeier eines Kollegen in den Rainbow Room. Dort wird er gemeinsam mit Helen Hunt hypnotisiert, die in seiner Versicherungsagentur als Spezialistin für Rationalisierung seine Intimfeindin ist.

51 Ratner's

138 Delancey Street, NY 10002 □1
Nach mehr als 100 Jahren seines Bestehens musste das traditionsreiche koschere Restaurant einem Apartmenthaus weichen. Das hervorragende Essen war bei Politgrößen wie Roosevelt, Kennedy und Giuliani genauso beliebt wie bei Rockstars: Auch Jimi Hendrix, Janis Joplin und The Greatful Dead griffen hier zu *blintzes* und *latkes*. Die Ausstattung wurde versteigert, eins der Schilder soll im Jüdischen Museum zu besichtigen sein.

Filme

- 1971 **French Connection I**
  R: William Friedkin, D: Gene Hackman, Roy Scheider, Fernando Rey

  Gene Hackman und Roy Scheider sind zwei knallharte Cops, die gegen einen Drogenhändler-Ring ermitteln. Vor dem Restaurant beschatten sie ein Mafiosi-Paar.
- 2000 **Risiko – Der schnelle Weg zum Reichtum**
  R: Ben Younger, D: Giovanni Ribisi, Ben Affleck, Ron Rifkin

  Giovanni hat Probleme mit seinem Vater. Der als Richter arbeitende Familienvorstand kann sich mit dem Lebenswandel seines Sohnes nicht abfinden. Ein Essen mit der ganzen Familie soll Versöhnung stiften, doch die bohrenden Fragen des Vaters lassen Giovanni schnell die Flucht ergreifen.

52 Raoul's Restaurant

180 Prince Street, NY 10012 □2
zwischen Sullivan & Thompson Street
✆ (212) 966-3518, Fax (212) 966-0205 · www.raouls.com
täglich 17.30-1 Uhr · $18-$41

In dem schicken französischen Restaurant in Soho versammelt sich am späten Abend die Künstlerschar. Moderne Gemälde schmücken die Wände des Lokals.

Film

- 1997 **In Sachen Liebe**
  R: Griffin Dunne, D: Meg Ryan, Matthew Broderick, Tchéky Karyo, Kelly Preston
  Tchéky Karyo besitzt das Restaurant, in dem Matthew Broderick als Tellerwäscher anheuert. Da ihm Tchéky die Freundin ausgespannt hat, sinnt er auf Rache. Als der Restaurantkritiker der *New York Times* zu Gast ist, lässt Matthew seine gesammelten Kakerlaken frei. Das Lokal wird geschlossen, Tchéky ist ruiniert.

53 Ruby Foo's

2182 Broadway, NY 10024,
zwischen 77th & 78th Street
© (212) 724-6700 · www.brguestrestaurants.com
täglich ab 11.30 Uhr, So/Mo -22, Di-Do -23.30, Fr/Sa -0.30 Uhr · $7-$37
Weitere Infos in der »Broadway Tour« ▶ S. 311

Das sich über zwei Etagen erstreckende asiatische Restaurant bietet viele klassische Spezialitäten. *Dim Sum* und *Sushi* sind speziell einen Versuch wert.

Film

- 2000 **Schmalspurganoven**
  R/D: Woody Allen, D: Hugh Grant
  Als Woody an diesem Restaurant vorbeikommt, spricht ihn seine Cousine von drinnen durchs Fenster an. Doch Woody hat keine Lust, mit den Leuten zu essen.

54 Sardi's

234 West 44th Street, NY 10036, Nähe Broadway
© (212) 221-8440, Fax (212) 302-0865 · www.sardis.com
Di-Do 11.30-23.30 Uhr, Fr/Sa 11.30-15.30/17.30-24 Uhr,
So 11.30-19.30 Uhr
$18-$35
Weitere Infos in der »Broadway Tour« ▶ S. 311

Sardi's ist *das* Show Bizz-Lokal. Hier verkehren alle, die am Broadway etwas zu sagen haben. Die Wände sind übersät mit Karikaturenporträts berühmter Schauspieler. Die Küche ist wie das Publikum: international.

»Schmalspurganoven«

Filme

- 1983 **The King of Comedy**
  R: Martin Scorsese, D: Robert De Niro, Jerry Lewis

  Jerry Lewis träumt, dass er ein berühmter Mann sei und im Sardi's eine Besprechung mit Robert De Niro hat.
- 1984 **Die Muppets erobern Manhattan** □
  R: Frank Oz, D: Brooke Shields, Liza Minnelli, John Landis

  Hier tritt Kermit, der Frosch, als österreichischer Produzent auf. Die eingeschleppten Ratten streuen das Gerücht, dass Kermits Manhattan Melodie die heißeste Show am Broadway sei.
- 1987 **Radio Days** □
  R/D: Woody Allen, D: Mia Farrow

  Mia Farrow läuft nach der Aufnahme eines Abführmittelspots am Restaurant vorbei.

55 Serendipity 3.

225 East 60th Street, NY 10022,
zwischen Second & Third Avenue
✆ (212) 838-3531
www.serendipity3.com

So-Do 11.30-24 Uhr, Fr 11.30-1 Uhr, Sa 11.30-2 Uhr
$10-$25

Hier gibt es neben paradiesischen Leckereien und Eiskreationen auch eine phantasievolle Küche. Im angeschlossenen Shop erhält man darüber hinaus Artikel der verschiedensten Art: Kosmetika, Weine, T-Shirts – um nur einiges zu nennen.

Filme

- 1996 **Tage wie dieser**
  R: Michael Hoffman, D: Michelle Pfeiffer, George Clooney

  Nachdem es die alleinerziehenden Michelle Pfeiffer und George Clooney nicht schaffen, ihre Kinder pünktlich zu einem Schulausflug abzuliefern, müssen sie nun Job und Kinderbetreuung in Einklang bringen. Da George einen Termin hat, geht Michelle mit den beiden Kindern ein leckeres Eis essen.
- 2001 **Weil es Dich gibt**
  R: Peter Chelsom, D: John Cusack, Kate Beckinsale

  Das letzte paar Handschuhe, nach dem John Cusack und Kate Beckinsale im Weihnachtskaufrausch greifen, führt ihren Weg zusammen. Da ist das Serendipity als Paradies für süße Sünden gerade richtig, um diese Bekanntschaft zu vertiefen.

56 Sofia's Restaurant

228 West 47th Street, NY 10036
✆ (212) 840-5000, Fax (212) 596-6850
www.edisonhotelnyc.com

Das amerikanische Restaurant befindet sich im Edison Hotel. Das Haus wurde 1931 errichtet.

Film

- 1972 **Der Pate**
  R: Francis Ford Coppola, D: Marlon Brando, Al Pacino, Diane Keaton
  Ein Rivale des Paten wird dort mit einem Messer an den wunderschönen Tresen der Bar genagelt und danach erdrosselt.

57 Stage Deli

834 Seventh Avenue, NY 10019, Nähe 53rd Street
✆ (212) 245-7850
www.stagedeli.com
täglich 6-2 Uhr · $12-$22

Das klassische New Yorker Deli behauptet von sich, das beste Deli in der besten Stadt der Welt zu sein. Dieses Sendungsbewusstsein ist Programm, und so sendet es seine Produkte auf Verlangen an jeden gewünschten Ort.

Film

- 1991 **Lieblingsfeinde – Eine Seifenoper** □
  R: Michael Hoffman, D: Sally Field, Kevin Kline, Whoopi Goldberg, Elisabeth Shue
  Kevin Kline bummelt mit Elisabeth Shue an diesem Lokal vorbei und versucht mit ihr anzubandeln, ohne jedoch zu wissen, dass es sich um seine uneheliche Tochter aus der Beziehung mit Sally Field handelt.

58 Sylvia's

328 Lenox Avenue, NY 10027, Höhe 126th Street
✆ (212) 996-0660,
Fax (212) 427-6389
www.sylviassoulfood.com
Mo-Sa 8.30-22.30, So 11-20 Uhr
$10-$20

14

Das Restaurant von Sylvia Woods ist eine Legende. Ihre einmalige Südstaatenküche macht sie zur *Queen of Soul Food*. Ihre Freude am Kontakt mit Menschen veranlasste sie 1962, ein Restaurant zu eröffnen. Noch heute begrüßt die 18-fache Großmutter ihre Gäste. Dass es hier mittwochs kostenlose Karten für den Talentwettbewerb im *Apollo Theater* gibt, ist ein weiterer Grund, Sylvia zu besuchen.

Film

- 1991 **Jungle Fever**
  R: Spike Lee, D: Wesley Snipes, Annabella Sciorra

  Wesley Snipes sitzt mit seiner Geliebten Annabella Sciorra im Restaurant. Die Bedienung ist langsam und schlampig. Als Wesley die Kellnerin wütend anfährt, erfährt er den Grund: Eine Weiße wie Annabella hat hier nichts zu suchen.

59 Tavern-on-the-Green

Central Park West 67th Street, NY 10023
✆ (212) 873-3200, Fax (212) 580-4265
www.tavernonthegreen.com
Mo-Do 11.30-15/17-22 Uhr, Fr 11.30-15/17-22.30 Uhr,
Sa 10-15/17-22.30 Uhr, So 10-15 & 17-22 Uhr
$22-$49
Weitere Infos in der »Central Park Tour« ▶ S. 294

Das Tavern-on-the-Green, heute ein Weltklasse-Restaurant mit internationaler Küche, wurde 1870 als so etwas wie die Rasenmähergarage des Central Park errichtet. Die ersten Gäste waren Schafe, die den Rasen der Umgebung kurz hielten. Seit 1934 als Restaurant ist es zum beliebten Treffpunkt der Reichen und Berühmten geworden. Aber auch die Powerbroker mögen es, da hier ein Drei-Gänge-Menü in unter einer Stunde serviert wird. An einer großen Sanduhr kann man kontrollieren, ob dieses Versprechen auch eingehalten wird. Der deutsche Chefkoch Michael Schenk beschäftigt zu diesem Zweck 70 Köche in zwei Schichten.

Filme

- 1984 **Ghostbusters – Die Geisterjäger** ☐
  D: Bill Murray, Dan Aykroyd, Harold Ramis, Sigourney Weaver, Rick Moranis

  Rick Moranis ist der nervende Nachbar von Sigourney Weaver im Geisterhaus. Auf der Flucht vor einem Monster versucht er, sich in das Restaurant zu retten. Die hinter verschlossenen Türen sich selbst feiernde feine Gesellschaft bemerkt ihn nicht einmal. Also nimmt das Unglück seinen Lauf.
- 1987 **Wall Street**
  R: Oliver Stone, D: Michael Douglas, Charlie Sheen, Daryl Hannah

  Nachdem der erfolgreiche, aber mit illegalen Tricks arbeitende Starbroker Michael Douglas sich mit seinem Zögling Charlie Sheen eine heftige Schlägerei im Central Park geliefert hat, geht Charlie in die Herrentoilette des Restaurants. Hier

übergibt er der Börsenaufsicht, die ihn vorher verkabelt hatte, die Kassette mit dem belastenden Gespräch, das beide während der Prügelei führten.

- 1989 **New Yorker Geschichten** □
  R: Martin Scorsese, Francis Ford Coppola, Woody Allen, D: Nick Nolte, Rosanna Arquette, Heather McComb, Giancarlo Giannini, Woody Allen, Mia Farrow
  Woody Allen versucht, mit einem Essen im Tavern-on-the-Green eine Annäherung zwischen seiner Mutter und seiner neuen Freundin Mia Farrow, die gleich ihre drei Kinder in die Beziehung mitbringt, zu erreichen. Die mürrische Schwiegermutter in spe hat jedoch an allem etwas auszusetzen. Besonderes Missfallen erregt der im Freien reservierte Tisch.
- 1993 **Die Nacht mit meinem Traummann**
  R: Warren Leight, D: Matthew Broderick, Annabella Sciorra, Jeanne Tripplehorn
  Hier trifft Annabella ihre Schwester, die offensichtlich zur besseren Gesellschaft gehört, beim Essen und erzählt ihr von der Timesharing-Wohnung, in der sie nun zweimal in der Woche malen kann.
- 1999 **Eine schlaflose Nacht in New York**
  R: Sam Weisman, D: Steve Martin, Goldie Hawn, John Cleese, Rudolph W. Giuliani
  Nach einem Horrorabend in New York landen Goldie Hawn und Steve Martin beraubt, gedemütigt und obdachlos im Central Park. Sie flüchten sich in schnellen Sex auf einer Wiese, als um sie, inszeniert von einer Wohltätigkeitsveranstaltung im Restaurant, tausend kleine Lichter erstrahlen. Der wohlgeplante Effekt gerät zur peinlichen Überraschung für alle Beteiligten.

14

»Eine schlaflose Nacht in New York«

15 Filmreif Shoppen

New York geizt auch beim Einkaufen nicht mit Superlativen. Natürlich steht das größte Warenhaus der Welt in Manhattan. Bei *Macy's* am *Herald Square* etwas Bestimmtes zu finden, verlangt jedoch schon etwas Übung.

Fast so korrekt wie das Straßenraster sind die Shops zielgruppengerecht auf ihre Klientel abgestimmt. Nobelgeschäfte gibt es geballt an der *Upper East Side*, besonders in der Madison Avenue und natürlich in *Midtown* in New Yorks mondäner Fifth Avenue. Bei den Shops um den *Times Square* sollte man Vorsicht walten lassen, so manches Angebot spekuliert mit der zu guten Kauflaune der Touristen. Preiswertere *Shopping Malls* und viele große Geschäfte sind rund um Macy's zu finden.

Hippe Shops für Junge Wilde bieten im *East* und *Greenwich Village* ihre neuesten Kreationen feil. Die edleren Varianten kann man dann in Soho aufsuchen.

Preiswerte Jeans und T-Shirts sowie Designermode aus dem letzten Jahr sind dagegen in *Lower Manhattan* zu haben. Leider verlangt der Staat New York 8,25% nicht rückzahlbare *Tax*, vergleichbar mit der deutschen Mehrwertsteuer auf alle Waren. Überquert man zum Einkaufen den Hudson nach *New Jersey*, hat man damit außer Manhattan auch diese lästige Steuer hinter sich gelassen.

1 Audi Park Avenue

250 Park Avenue, NY 10177
© (212) 972-9385

Der schlichte Büroturm, in dem das deutsche Autohaus untergebracht ist, flankiert auf der Westseite das alte *MetLife Building*.

• 2002 **Reine Nervensache 2** □
R: Harold Ramis, D: Robert De Niro, Billy Crystal

Mafia-Boss Robert de Niro soll es ausnahmsweise mal mit ehrlicher Arbeit versuchen. Als Autoverkäufer bietet er einem sehr konservativen Ehepaar eine Limousine mit einem Kofferraumvolumen für drei Leichen an. Als die Kunden nach dem Chef verlangen, erklärt ihnen Robert, der säße in seiner Hose. So stellt sich der gewünschte Verkaufserfolg leider nicht ein.

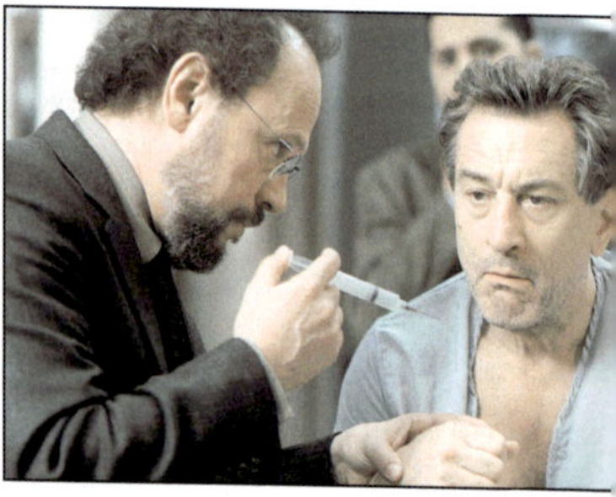

2 Barclay-Rex Pipe Shop

70 East 42nd Street, NY 10165, Höhe Vanderbilt Avenue
© (212) 692-9680 · www.barclayrex.com

Der fast hundertjährige Tabakspezialist bietet alles, was mit diesem »edlen Kraut« in Verbindung gebracht wird. Zigaretten, Zigarillos und Zigarren bis in die feinsten Qualitätsstufen, dazu Pfeifen und Feuerzeuge. Vier Filialen gibt es auf Manhattan.

»Auf der Jagd«

Film

- 1998 **Auf der Jagd** □
  R: Stuart Baird, D: Tommy Lee Jones, Wesley Snipes, Robert Downey Jr.
  Wesley Snipes hat Glück im Unglück. Zu Unrecht wegen Mordes inhaftiert, überlebt er den Absturz des Gefängnisflugzeuges unverletzt und kann fliehen. Um seine Unschuld zu beweisen, muss er nach New York. Im Barclay-Rex Pipe Shop hat er einen Freund. Geld und eine Waffe liegen in seinem Zigarrenschließfach für ihn bereit.

3 Barnes & Noble

33 East 17th Street, NY 10003
Fax (212) 253-0810 · www.barnesandnoble.com

Barnes & Noble ist eine große Medien-Kaufhauskette, die in New York beheimatet ist. Ob Bücher, CDs, Videos oder DVDs, hier findet jeder etwas. Das Angebot an New York-Büchern ist kaum zu überschauen.

Film

- 1997 **Fletchers Visionen**
  D: Mel Gibson, Julia Roberts, Patrick Stewart
  Mel Gibson kauft das allen amerikanischen Schulkindern bekannte Buch »Der Fänger im Roggen«. Der Autor J. D. Salinger zog sich nach dem Erscheinen des Romans 1951 paranoid und eigenbrötlerisch in die Berge zurück und brachte seitdem nichts mehr zu Papier. Durch den Kassen-Scan des Buches wird Mel von seinen Häschern aufgespürt. Als er den Laden verlässt, lauert schon ein Helikopter samt Sondereinsatzkommando auf ihn. Gewitzt rettet er sich in ein vollbesetztes Kino.
- 2000 **Den Einen oder keinen**
  R: Kris Isacsson, D: Freddie Prinze Jr., Julia Stiles, Selma Blair
  Freddie hat wieder einmal eine Affäre mit einer alten Freundin. Was ihn ein wenig stresst: Sie hat Sex am liebsten in den B&N-Buchläden.

15

4 Henri Bendel Store

712 Fifth Avenue, NY 10019-4108,
zwischen 55th & 56th Street
✆ (212) 247-1100 · www.henribendel.com
Mo-Sa 10-20 Uhr, So 12-19 Uhr · Infos in der »Shoppingtour« ▶ S. 324

Filme

- 1994 **2 Millionen Dollar Trinkgeld**
  R: Andrew Bergman, D: Nicolas Cage, Bridget Fonda, Rosie Perez
- 2004 **30 über Nacht**
  R: Gary Winick, D: Jennifer Garner, Mark Ruffalo, Judy Greer

5 Bergdorf-Goodman

754 Fifth Avenue, NY 10019-2581 ☐1
zwischen 57th & 58th Street
✆ 1-800-558-1855 oder (212) 753-7300 · www.bergdorfgoodman.com
Mo-Fr 10-20 Uhr, Sa 10-19 Uhr, So 12-18 Uhr
Weitere Infos in der »Shoppingtour« ▶ S. 324

Filme

- 1981 **Arthur – kein Kind von Traurigkeit**
  R: Steve Gordon, D: Dudley Moore, Liza Minnelli
- 1987 **Der Mann im Hintergrund**
  R: Ridley Scott, D: Tom Berenger, Mimi Rogers

6 Bloomingdale's

1000 Third Avenue, NY 10022 ☐2
zwischen Lexington & Third Avenue
✆ (212) 705-2000 · www.bloomingdales.com
Mo-Fr 10-20.30 Uhr, Sa/So 11-19 Uhr, Nov & Dez täglich 9-22 Uhr
Weitere Infos in der »Shoppingtour« ▶ S. 324

Filme

- 1979 **Manhattan**
  R/D: Woody Allen, D: Diane Keaton
- 1984 **Splash – Jungfrau am Haken**
  R: Ron Howard, D: Tom Hanks, Daryl Hannah, John Candy
- 1996 **Liebe hat zwei Gesichter**
  R/D: Barbra Streisand, D: Jeff Bridges, Pierce Brosnan, George Segal
- 2001 **Weil es Dich gibt**
  R: Peter Chelsom, D: John Cusack, Kate Beckinsale

7 The Corner Bookstore

1313 Madison Avenue, NY 10128, Höhe 93rd Street
✆ (212) 831-3554, Fax (212) 831-2930
Mo-Do 10-20, Fr -19 Uhr, Sa/So 11-18 Uhr

Diesen netten Buchladen gibt es seit 25 Jahren. Seine Spezialitäten sind Kinderbücher und eine große Auswahl an Romanen. Die Buchhändler kennen sich gut aus und sind freundlich. Beides gilt auch für Hampton und Cleo, die beiden Buchladenkatzen.

Filme

- 1991 **Herr der Gezeiten**
  R/D: Barbra Streisand, D: Nick Nolte, Jason Gould

  Nick Nolte und Barbras Sohn Jason Gould gehen in die Buchhandlung, um Geburtstagsgeschenke zu kaufen. Nicht nur Nicks kleine Tochter sondern, wie er von Jason erfährt, auch Barbra hat einen Grund zum Feiern.
- 1996 **Alle sagen I Love You** ☐
  R/D: Woody Allen, D: Goldie Hawn, Julia Roberts, Edward Norton, Drew Barrymore, Natasha Lyonne, Maxwell Caulfield, Alan Alda

  Alan Alda schreitet in Tenniskleidung mit dem Schläger in der Hand zielstrebig am Buchladen vorbei und biegt an der 93rd Street um die Ecke.

»Alle sagen I Love You«

8 Crate & Barrel

Möbel und Einrichtungsgegenstände · Cable Building · 611 Broadway, NY 10012
✆ (212) 780-0004 · www.crateandbarrel.com
Mo-Sa 10-21 Uhr, So 12-19 Uhr

In dem Einrichtungshaus ist von der Zimmer-Kompletteinrichtung bis hin zu nützlichen kleinen Küchenutensilien alles zu haben. Es gibt kaum jemanden, der das Geschäft wieder verlässt, ohne etwas zu kaufen.

Film

- 2005 **Couchgeflüster**
  R: Ben Younger, D: Meryl Streep, Uma Thurman, Bryan Greenberg
  Meryl Streep geht mit ihrem Mann in diesem schicken Einrichtungsgeschäft bummeln. Als sie sieht, wie sich ihr Sohn mit ihrer Therapiepatientin in einem der ausgestellten Betten räkelt, gerät sie in Panik. Schnell reißt sie ihren Mann zu Boden, um mit ihm hinter einem anderen Bett abzutauchen.

9 Dean & DeLuca

560 Broadway, NY 10012-3938,
zwischen Prince & Spring Street, Soho
© (212) 226-6800
www.deandeluca.com
Mo-Sa 9-20 Uhr, So 10-19 Uhr

Dean & DeLuca ist das Schlemmerparadies New Yorks. In die Schlange des ersten, 1977 eröffneten Dean & DeLuca-Geschäfts reihen sich Menschen mit sensiblen Geschmacksnerven bis heute gerne ein. Aus einem Laden mit leckerem Käse (eine prima Verkaufsidee im Land des Cheddars) hat sich eine Feinkostkette entwickelt, die derzeit ihre Fühler auch nach Japan ausgestreckt hat. Hier bekommt man alles, was das Herz begehrt – und von allem das Beste. Für einen Mindesteinsatz von $5 kann man in himmlischen Genüssen schwelgen. Selbstverständlich ist die Preisskala nach oben offen.

Filme

- 1979 **Manhattan** □**1**
  R/D: Woody Allen, D: Diane Keaton, Mariel Hemingway, Michael Murphy, Meryl Streep
  Beim Einkauf im Delikatessengeschäft steckt Woody Allen noch die Zufallsbegegnung mit seinem Freund Michael Murphy und dessen Geliebter Diane Keaton in den Knochen. Leidenschaftlich regt er sich in Gegenwart seiner 17-jährigen Freundin Mariel Hemingway über die pseudointellektuelle Diane auf.

- 1993 **Die Nacht mit meinem Traummann**
  R: Warren Leight, D: Matthew Broderick, Annabella Sciorra, Jeanne Tripplehorn

  Matthew Brodericks Rat wird von allen geschätzt. Er ist der Spezialverkäufer an der Käsetheke. Annabella Sciorra, die unbekannterweise eine Wohnung mit ihm teilt, lässt sich von ihm in Sachen Kaviar beraten. Sie will ihren geliebten, aber unbekannten Mitbewohner perfekt verwöhnen.
- 2005 **Couchgeflüster** □2
  R: Ben Younger, D: Meryl Streep, Uma Thurman, Bryan Greenberg

  Der 23-jährige Bryan Greenberg trifft zufällig Uma Thurman, seine 15 Jahre ältere Liebe, beim Einkaufen wieder. Da gibt es kein Halten mehr, und ohne große Umwege landen beide im Bett…

10 Extreme Video

Sex-Shop · 763 Eighth Avenue, NY 10036-7024, Höhe 45th Street
✆ (212) 977-5101

Der »Hinterhof« des Touristenmagnets *Times Square*, die Eighth Avenue, einst voll von Porno-Kinos und Sex-Shops, passt sich immer mehr den Bedürfnissen des Massentourismus an. Fast die Hälfte des hier befindlichen Gewerbes hat mit Essen und Trinken zu tun. Der Sex-Shop Extreme Video ist eines der wenigen Überbleibsel einer in dieser Gegend aussterbenden Art.

Film

- 1998 **Echt Blond**
  R: Tom DiCillo, D: Daryl Hannah, Matthew Modine, Maxwell Caulfield, Cathrine Keener

  Seine unersättliche Gier nach einer Blondine führt Matthew in die dem Sex-Shop angeschlossene Peepshow. Ob er durch das Guckloch eine echte Blondine zu sehen bekommt, lässt der Film offen.

15

11 F.A.O. Schwarz

767 Fifth Avenue, NY 10153, Höhe 58th Street
✆ (212) 644-9400
www.fao.com

Mo-Mi 10-19 Uhr, Do-Sa -20 Uhr, So 11-18 Uhr

Weitere Infos in der »Shoppingtour« ▶ S. 324

Filme

- 1987 **Baby Boom**
  R: Charles Shyer, D: Diane Keaton, Sam Shepard

- 1988 **BIG**
  R: Penny Marshall, D: Tom Hanks, Elizabeth Perkins
- 1993 **Ein Concierge zum Verlieben**
  R: Barry Sonnenfeld, D: Michael J. Fox, Gabrielle Anwar
- 1995 **Geliebte Aphrodite**
  R/D: Woody Allen, D: Mira Sorvino, F. Murray Abraham, Helena Bonham Carter

12 Fortunoff

681 Fifth Avenue, NY 10019, Höhe 54th Street
© (212) 758-6660 · www.fortunoff.com · Mo-Sa 10-18, Do -19 Uhr, So 12-17 Uhr
Weitere Infos in der »Shoppingtour« ▶ S. 324

Dieses Kaufhaus des Edlen und Schönen hält eine breite Auswahl liebenswerter Dinge bereit. Juwelen, Geschirr, Möbel, Babyartikel und vieles mehr sind zu haben. Ein Briefkasten für $400 lockt die Kauflustigen ebenso wie eine Babyhalskette für $600 – für manchen vielleicht Dinge des täglichen Bedarfs.

Film

- 1987 **Der Mann im Hintergrund**
  R: Ridley Scott, D: Tom Berenger, Mimi Rogers

  Hin- und hergerissen zwischen seiner intakten Familie und der reichen, schönen Mimi Rogers schlendert Personenschützer Tom Berenger an Fortunoff vorbei durch das nächtliche New York.

13 Fulton Fishmarket

205 Water Street, NY 10038, am Pier 17 □1

Von 1835 bis Oktober 2005 wurde hier in aller Herrgottsfrühe Meeresgetier verschiedenster Art gehandelt. Restaurants, Hotels und Feinkostgeschäfte feilschten ab 4 Uhr um die beste Ware. Nach 170 Jahren regen Treibens schloss auch diese New Yorker Institution für immer: »*The New Fulton Fish Market*« befindet sich

»Kevin – allein in New York«

1

2

nun in der *Bronx*. Das Hafenviertel ist für Jetlag-Geschädigte aber immer noch reizvoll. Durch die Zeitverschiebung zu Europa kann man wie gewohnt ausschlafen und dann durch die ungewöhnlich leeren Straßen zum Pier 17 schlendern. Den Sonnenaufgang hinter der *Brooklyn Bridge* zu erleben wird unvergesslich bleiben.

Filme

- 1991 **Herr der Gezeiten**
  R/D: Barbra Streisand, D: Nick Nolte, Jason Gould

  Nach Sonnenaufgang joggt Nick durch den Markt. Fürs Frühstück kauft er ein paar große Garnelen, doch als er sie wäscht, fällt ihm sein jähzorniger Vater wieder ein.
- 1992 **Kevin – allein in New York** □
  R: Chris Columbus, D: Macaulay Culkin, Joe Pesci, Daniel Stern

  Die beiden Gauner Joe Pesci und Daniel Stern kommen, gerade frisch aus dem Knast geflohen und versteckt in einem Fischlaster, auf dem Markt an. Begeistert riechen sie den »Duft« der Freiheit.
- 1998 **Godzilla**
  R: Roland Emmerich, D: Jean Reno, Matthew Broderick, Maria Pitillo

  Godzilla, gerade an Land gekommen, scheint der Hunger zum Fischmarkt zu treiben. Statt friedlich zu fressen, hinterlässt er ein Bild der Verwüstung.
- 2005 **Hitch – Der Date Doktor** □2
  R: Andy Tennant, D: Will Smith, Eva Mendes, Kevin James, Amber Valletta

  Eva, die clevere Klatsch-Kolumnistin, lädt Will zu einer Koch-Party in den Hallen des Marktes ein. Sie und ihr Chef, der samt Gattin angereist ist, wollen Will über die Millionenerbin Amber Valletta aushorchen. Aber auch dieses Date endet unerwartet: Eine Muschelallergie lässt Wills Kopf zu einem unförmigen Etwas anschwellen.

14 Graff Diamonds (früher Boris Le Beau Jewelers)

721 Madison Avenue, NY 10021, zwischen 63rd & 64th Street

✆ (212) 355-9292, Fax (212) 750-3177 · www.graffdiamonds.com

Mo-Fr 10-18 Uhr, Sa 11-17 Uhr

Weitere Infos in der »Shoppingtour« ▶ S. 324

Film

- 1999 **Mickey Blue Eyes**
  R: Kelly Makin, D: Hugh Grant, Jeanne Tripplehorn

15 Juwelier Harry Winston Inc.

718 Fifth Avenue, NY 10019, Höhe 56th Street West
✆ (212) 245-2000, Fax (212) 489-6715 · www.harrywinston.com
Mo-Fr 10-18, Sa -17 Uhr · Weitere Infos in der »Shoppingtour« ▸ S. 324

»Diamonds are a girl's best friends« – dieser Songtitel von Marilyn Monroe ist quasi die Geschäftsgrundlage das »*King of Diamonds*« Harry Winston, der sein Unternehmen 1920 gründete. Seit 1931 schmückt er die Filmstars in seinem Geschäft in der Fifth Avenue mit dem wertvollsten, was man aus Edelsteinen schleifen kann. »Sprich zu mir, Harry Winston, zeig sie mir alle« heißt es in besagtem Song, aber nicht nur Marilyn ist hier schwach geworden, auch Gwyneth Paltrow und Nicole Kidman zählen zum festen Kundenstamm. Ben Affleck kaufte hier den 6,1-Karat-Verlobungsring für Jennifer Lopez. – Wem es gelingt, die Schwellenangst zu überwinden, wird mit dem Anblick des Edelsten belohnt, was die Schmuckwelt zu bieten hat. Einen Kauf werden die meisten jedoch nochmal überschlafen wollen: Der günstigste Ring kostet $6000.

Film

- 1996 **Alle sagen I Love You** □
  R/D: Woody Allen, D: Goldie Hawn, Edward Norton, Drew Barrymore, Natasha Lyonne

  Edward Norton will endlich um die Hand von Drew Barrymore anhalten. Den Ring sucht er gemeinsam mit seiner Schwester Natasha Lyonne bei Harry Winston aus. Doch das Objekt der Begierde ist für ihn unerschwinglich. Aus dem missglückten Kauf entwickelt sich schnell eine Gesangs- und Tanz-Nummer über die Bedürfnislosigkeit seiner Angebeteten.

16 H&H Bagels

2239 Broadway, NY 10024 □
✆ (212) 595-8003, Fax (212) 799-6765
www.hhbagels.com · täglich 24h geöffnet
Weitere Infos in der »Broadway Tour« ▸ S. 311

Das Gebäck mit dem Loch ist eine jüdische Spezialität. Bevor die *Bagels* in den Backofen kommen, werden sie zunächst gekocht. Die vielfältigen Varianten reichen von neutral über kräftig bis süß. H&H ist der größte Bagelhersteller weltweit, aber hier werden nicht nur viele, sondern auch mit die leckersten *Bagels* gebacken. Und wann immer der Appetit kommt: vor verschlossenen Türen steht man bei H&H Bagels nie.

Film

- 1998 **e-m@il für Dich** ☐
  R: Nora Ephron, D: Meg Ryan, Tom Hanks, Greg Kinnear
  Die E-Mail-Beziehung zwischen Tom Hanks und Meg Ryan ist voller Poesie und Romantik. Tom beschreibt, wie er nachts mit seinem Hund an dem Bäcker in seiner Straße vorbeigeht und ein feiner Nebel aus Mehlstaub in der Luft liegt.

17 Krizia

769 Madison Avenue, NY 10021, Höhe East 66th Street
© (212) 879-1211, Fax (212) 472-7612 · www.krizia.net
Mo-Sa 10-18 Uhr · Weitere Infos in der »Shoppingtour« ▶ S. 324

Benannt nach Platos Figur Kritias, einem Mann, der sein ganzes Vermögen für Geschenke an schöne Frauen ausgab, ist diese Modeboutique mit italienischer Mode angenehm schlicht und freundlich. Edle Stoffe und Verarbeitung vereinen sich zu schlichter Eleganz.

Film

- 2000 **15 Minuten Ruhm** ☐
  R: John Herzfeld, D: Robert De Niro, Edward Burns, Karel Roden, Oleg Taktarov
  Die Tschechin Vera Farmiga ist Zeugin des ersten Doppelmordes von Karel Roden und Oleg Taktarov. Um die junge Frau einzuschüchtern, begeben sich die Killer zur Boutique, in der sie arbeitet, und statten ihr einen Besuch ab. Die beiden Ermittler Robert De Niro und Edward Burns sind ihnen schon auf den Fersen, verfehlen sie aber knapp. Als Robert zwei Verdächtige auf der gegenüberliegenden Straßenseite entdeckt, entwickelt sich daraus eine wilde Verfolgungsjagd durch die Madison Avenue.

»15 Minuten Ruhm«

18 La Perla

803 Madison Avenue, NY 10021-6106, Nähe 67th Street
✆ (212) 570-0050 · www.laperla.com
Mo-Sa 10-18, Do -19 Uhr, So 12-17 Uhr

Weitere Infos in der »Shoppingtour« ▶ S. 324

Das Feinste, was man an Wäsche und Dessous bekommen kann, gibt es bei La Perla, der italienischen Legende für das süße Nichts. Auch Nachtwäsche und Bademoden sind zu haben. Wer für eine Garnitur Unterwäsche aallerdings weniger als $200 ausgeben möchte, wird bei La Perla leider nichts finden.

Film

- 1996 **Wer ist Mr. Cutty?** ☐

R: Donald Petrie, D: Whoopi Goldberg, Dianne Wiest, Bebe Neuwirth, Donald Trump

Whoopi Goldberg plaudert mit der kaum bekleideten Bebe Neuwirth, die sich vor dem Spiegel dreht. Unter dem Siegel der Verschwiegenheit gibt Whoopi ihr die Aktienvorlieben ihres nicht vorhandenen Chefs Mr. Cutty preis. Bebe trägt die Informationen wie von Whoopi geplant an ihren Chef weiter.

19 Lord & Taylor

424 Fifth Avenue, NY 10018, Höhe 39th Street
✆ (212) 391-3344 · www.lordandtaylor.com
Mo-Fr 10-20.30, Sa -19 Uhr, So 11-19 Uhr

Neben konservativer Damen-, Herren- und Kinderbekleidung bietet das älteste New Yorker Kaufhaus auch Kosmetik, Geschenke und Juwelen. Perfekter Service und amerikanischer Stil sind die Säulen seines langjährigen Erfolgs.

Film

- 1993 **Hilfe, jeder ist der Größte** ☐

R: James Lapine, D: Michael J. Fox, Cyndi Lauper, Christina Vidal

Das mit allen Wassern gewaschene Mädchen Christina Vidal klaut sich bei Lord & Taylor ihre Weihnachtsgeschenke zusammen. Für ihre Schwester ein Parfüm, für ihren Kinderstaragenten Michael J. Fox eine Uhr. Als sie geschnappt wird, eilt ihr Michael zu Hilfe. Er lässt seinen Charme spielen, und da auch noch der süße Keks-Werbespot von Christina im Fernsehen läuft und sowieso Weihnachten ist, kommt die kleine Diebin noch einmal ungestraft davon.

20 Love Saves The Day

119 Second Avenue, NY 10003-8331, Höhe East 7th Street
© (212) 228-3802

täglich 13-21 Uhr

Am Eingang warnt ein Schild: »Ungezogene Kinder werden als Sklaven verkauft!« Aber nicht nur Kinder laufen hier Gefahr, die Beherrschung zu verlieren, denn der Laden ist vollgestopft mit allem, was Kinder und Jugendliche unentbehrlich finden. Diese Devotionalien gibt es aus fast allen Zeitepochen inklusive Kleidung und einem Archiv aus Time, Life und Playboy-Zeitschriften. Auch die beliebten Flippermaschinen sind zu haben. Sofern man nicht als Sklave verkauft wurde, fällt es einem schwer, dieses Wunderland ohne einen nostalgischen Artikel wieder zu verlassen.

Film

- 1985 **Susan... verzweifelt gesucht** □
  D: Madonna, Rosanna Arquette, Aidan Quinn

  Die gelangweilte Hausfrau Rosanna Arquette verfolgt Madonna schon eine Weile. Im verrückten Secondhand Shop tauscht Madonna ihre Lederjacke gegen ein paar Stiefel. Rosanna, die den Deal beobachtet hat, kauft die Jacke.

21 Luca Luca by Luca Orlandi

690 Madison Avenue, NY 10021-7206, Höhe 62nd Street
© (212) 753-2444, Fax (212) 230-1110
www.lucaluca.com

Mo-Sa 10-18 Uhr

Weitere Infos in der »Shoppingtour« ▶ S. 324

Film

- 2000 **15 Minuten Ruhm**
  R: John Herzfeld, D: Robert De Niro, Edward Burns, Karel Roden, Oleg Taktarov

22 Macy's

151 West 34th Street, NY 10001-2180, zwischen Seventh Avenue & Broadway
© (212) 695-4400 · www.macys.com

Mo-Sa 10-21.30 Uhr, So 11-20.30 Uhr

Zehn Stockwerke, 198.500 Quadratmeter Verkaufsfläche und über 500.000 Artikel. Wer es nicht gesehen hat, kann es sich kaum vorstellen. 1857 eröffnete R. H. Macy seinen ersten kleinen Laden in New York. Nach gut 50 Jahren war die Zeit reif für das gigantischste Warenhausprojekt der Welt. Als ein Konkurrent von den Plänen erfuhr, kaufte er das kleine Eckgrundstück Broadway, Ecke 34th Street. Da Macy's aber der gesamte Block, bis eben auf diese Ecke gehörte, wurde das Warenhaus elegant um den Störenfried herum gebaut. Obwohl der damalige Widersacher schon lange von der Bildfläche verschwunden ist, muss Macy's die Dachfläche des abtrünnigen Gebäudes für teures Geld für seine großen Reklametafeln mieten.

Filme

- 1987 **Radio Days**
  R/D: Woody Allen, D: Mia Farrow, Dianne Wiest, Seth Green

  Nachdem seine Tante Dianne Wiest 50 Silberdollar bei einer Radio Show gewonnen hat, bekommt der kleine Seth Green den größten Chemiebaukasten, der bei Macy's zu haben ist.
- 2004 **New York Taxi**
  R: Tim Story, D: Queen Latifah, Jimmy Fallon, Jennifer Esposito, Gisele Bündchen

  Die wilde Fahrradkurierin Queen Latifah rauscht auf Rekordfahrt durch die Gänge des Kaufhauses. Bald wird sie ähnlich wild ein Taxi durch die Stadt bewegen.

23 Magnolia Bakery

401 Bleecker Street, NY 10014-2452, Höhe 11th Street

✆ (212) 462-2572

Mo 12-23.30 Uhr, Di-Fr 9-23.30 Uhr, Sa/So 10-0.30 Uhr

Die kleine, bodenständige Bäckerei versprüht noch den Charme der vergangenen Jahrhunderte. Für die Nachbarschaft ist sie eine Institution, was oft zu langen Warteschlangen führt. Die hausgemachten Leckereien sind vorzüglich. Besonders die *Cupcakes* werden gelobt. Nicht nur die *Sex and the City*-Girls wurden hier zu Kalorienorgien verführt.

Film

- 2005 **Couchgeflüster**
  R: Ben Younger, D: Meryl Streep, Uma Thurman, Bryan Greenberg
  Bryan steht mit seinem Freund, der jeder Ex, die ihn verlassen hat, eine Torte ins Gesicht knallt, in der Bäckerwarteschlange. Sie diskutieren über die 15 Jahre ältere Uma Thurman, für die Bryan Feuer gefangen hat.

24 Manhattan Mall

100 West 33rd Street, NY 10001, Höhe Sixth Avenue
✆ (212) 465-0500
www.manhattanmallny.com
Mo-Sa 9-21 Uhr, So 11-19 Uhr

Dass in der Stadt der Superlative Shopping Malls zu suchen sind wie die Stecknadel im Heuhaufen, ist verblüffend. Eine der wenigen ist die gläserne Manhattan Mall. Über 7 Etagen erstrecken sich verschiedenste Geschäfte und Imbissmöglichkeiten. Ihre Beliebtheit gründet sich zum Teil auf die zentrale Lage gleich neben Macy's an der Subwaystation 34th Street.

Film

- 1999 **Ticket To Love** □
  R: Richard Wenk, D: Andy Garcia, Andie MacDowell, Richard Bradford
  Andie MacDowell arbeitet als Verkäuferin in der Fernseh- und Video-Abteilung. Andy Garcia, der versucht, ihre lädierte Beziehung wieder ins Lot zu bringen, besucht sie und verkauft einem mürrischen Kunden einen Mega-Fernseher. Zur Belohnung verspricht Andie ihm ein Essen.

25 Maya Schaper Cheese & Antiques

106 West 69th Street, NY 10023
✆ (212) 973-2100

Wie der Name bereits treffend sagt, gibt es in dem kleinen Geschäft sowohl Antiquitäten als auch Käsespezialitäten zu kaufen. Manchmal werden jedoch auch Weinproben angeboten.

Film

- 1998 **e-m@il für Dich**
  R: Nora Ephron, D: Meg Ryan, Tom Hanks, Greg Kinnear
  Durch den Film wurde dieses Geschäft berühmt als der kuschlige, kleine Buchladen »um die Ecke«, der vom bösen Megastore-Manager Tom Hanks in die Pleite getrieben wird.

26 Rizzoli's Bookstore

31 West 57th Street, NY 10019, zwischen Fifth & Sixth Avenue
© (212) 759-2424, Fax (212) 826-9754
www.rizzoliusa.com

Mo-Fr 10-19.30 Uhr, Sa/So 11-19 Uhr

1

In der eleganten, wenn nicht gar besten Buchhandlung New Yorks gibt es im Erdgeschoss eine breite Auswahl von Romanen und Sachbüchern. Der erste Stock ist mit Kunst, Architektur und Design-Büchern gut sortiert. Das Personal ist sehr freundlich und kann fast jede Frage beantworten.

Filme

- 1979 **Manhattan** □
  R/D: Woody Allen, D: Diane Keaton, Mariel Hemingway, Michael Murphy, Meryl Streep

  Woody Allen, der endlich den Mut hatte, seinen nervenden Fernsehjob zu kündigen, befällt auf einmal die Existenzangst. Mit seinem Freund Michael Murphy diskutiert er im Buchladen über seine Zukunft.
- 1985 **Der Liebe verfallen** □1
  R: Ulu Grosbard, D: Robert De Niro, Meryl Streep, Harvey Keitel, Dianne Wiest

  Völlig bepackt mit Weihnachtsgeschenken fällt Robert De Niro in den Bookstore ein. Natürlich ist auch Meryl Streep auf der Suche nach ein paar seitenstarken

»Manhattan«

Geschenken. Am Ausgang kollidieren die beiden miteinander und schaffen es kaum, das Chaos der Präsente zu entwirren. Als alles geordnet scheint, trennen sich die beiden Fremden wieder – aber natürlich sind die gekauften Bücher vertauscht. Ein paar Monate später im Frühling ist Rizzoli der Treffpunkt zu ihrem ersten richtigen Rendezvous.

27 Robert Miller Gallery

524 West 26th Street, NY 10001
© (212) 366-4774 · www.robertmillergallery.com
Mo-Fr 10-18 Uhr

Film

- 2005 **Couchgeflüster**
  R: Ben Younger, D: Meryl Streep, Uma Thurman, Bryan Greenberg
  Uma Thurman und ihr 15 Jahre jüngerer Lover Bryan Greenberg sind zu einer Vernissage in der Gallerie eingeladen. Uma kann den Galleristen für Bryans Bilder interessieren.

28 Ronaldo Maia Flowers

27 East 67th Street, NY 10021,
zwischen Madison & Park Avenue
© (212) 288-1049, Fax (212) 288-7719
Weitere Infos in der »Shoppingtour« ▸ S. 324

Das edle Blumengeschäft betört nun schon seit Jahrzehnten seine anspruchsvolle Klientel an der *Upper East Side* mit floralen Kreationen.

Film

- 1971 **French Connection I** □
  R: William Friedkin, D: Gene Hackman, Roy Scheider, Fernando Rey
  Gene Hackman beschattet den französischen Drogenhändler Fernando Rey. Der betritt das Blumengeschäft und entkommt so beinahe seinem Verfolger.

29 Saks Fifth Avenue

611 Fifth Avenue, NY 10020, Höhe 50th Street
© (212) 753-4000 · www.saksfifthavenue.com
Mo-Fr 10-20, Sa -19 Uhr, So 12-19 Uhr

Für alle in diesem Teil der Fifth Avenue angesiedelten Geschäfte sind Superlative in Qualität und Preis das Normale. Das seit 1924 mit feiner Designer-Kleidung, Schuhen, Schmuck und Kosmetik gut gefüllte Kaufhaus bildet da keine Ausnahme.

Dass Winona Ryder die Kaufhauskette in einer ihrer Filialen um Waren im Wert von $5140 erleichterte, musste sie mit drei Jahren auf Bewährung, Geldstrafe, Sozialdiensten und einer angeordneten Therapie büßen. Zum Glück sind sich alle einig: Winona Ryder bewährt sich vorbildlich.

15

Filme

- 1985 **Der Liebe verfallen**
  D: Robert De Niro, Meryl Streep, Harvey Keitel, Dianne Wiest
  Meryl Streep und Robert De Niro treffen immer wieder aufeinander, obwohl sie sich nicht kennen. Bei Saks & Company kaufen beide Weihnachtsgeschenke für ihre Ehe-Partner.
- 2000 **Loser – Auch Verlierer haben Glück**
  D: Jason Biggs, Mena Suvari, Greg Kinnear
  Uniprofessor Greg Kinnear will seine junge Freundin Mena Suvari und sich seriös einkleiden, denn seine Eltern haben das Paar eingeladen. Bei ihm gelingt das Vorhaben, bei ihr jedoch nicht.

30 Sonia Rykiel

849 Madison Avenue, NY 10021, Höhe 71st Street

© (212) 396-3060 · www.soniarykiel.com

Mo-Sa 10-18 Uhr

Weitere Infos in der »Shoppingtour« ▶ S. 324

Film

- 1992 **Ehemänner und Ehefrauen**
  R/D: Woody Allen, Mia Farrow, Sydney Pollack, Judy Davis

31 Tiffany & Co.

727 Fifth Avenue, NY 10022, Höhe 57th Street □

© (212) 755-8000
www.tiffany.com

Mo-Fr 10-19 Uhr, Sa 10-18 Uhr, So 12-17 Uhr

Weitere Infos in der »Shoppingtour« ▶ S. 324

Filme

- 1961 **Frühstück bei Tiffany's**
  R: Blake Edwards, D: Audrey Hepburn
- 1969 **Asphalt-Cowboy**
  R: John Schlesinger, D: Dustin Hoffman, John Voight
- 1993 **Ein Concierge zum Verlieben**
  R: Barry Sonnenfeld, D: Michael J. Fox, Gabrielle Anwar
- 1993 **Schlaflos in Seattle**
  R: Nora Ephron, D: Meg Ryan, Tom Hanks, Ross Malinger, Bill Pullman
- 2002 **Liebe auf Umwegen – Sweet Home Alabama**
  R: Andy Tennant, D: Reese Witherspoon, Patrick Dempsey, Candice Bergen

32 Tower Records

692 Broadway, NY 10012, Höhe 4th Street, Greenwich Village
www.tower.com

Weitere Infos in der »Broadway Tour« ▶ S. 311

Die seit 2004 schwer angeschlagene kalifornische Musikkaufhauskette Tower Records musste wegen finanzieller Probleme bis Ende 2006 sämtliche Filialen in den USA schließen. Nur in Mexiko, Kolumbien, Japan und Irland gibt es noch Geschäfte. Dadurch ist es nun auch mit glamourösen Signierstunden von Popikonen wie Madonna vorbei. Ein kleiner Trost bleibt: Das Internetportal wurde gesondert verkauft, und hier kann man immer noch Musik, Filme und Bücher zu günstigen Preisen erstehen.

Film

- 1990 **Mo' Better Blues**
  R/D: Spike Lee, D: Denzel Washington, Joie Lee, Wesley Snipes
  Denzel Washingtons Freundin arbeitet als Verkäuferin bei Tower Records. Sein Gegenspieler Wesley Snipes legt einen ganzen Berg CDs auf ihren Verkaufstisch, um sie zu umgarnen. Doch wie peinlich, seine goldene *American Express Card* ist gesperrt.

33 Tower Records

1961 Broadway, NY 10023, Höhe 66th Street
Auch diese Filiale ist der Pleite des Mutterkonzerns zum Opfer gefallen.

Film

- 1986 **Hannah und ihre Schwestern**
  R/D: Woody Allen, D: Mia Farrow, Michael Caine, Barbara Hershey, Dianne Wiest
  Woody spaziert durch die dunkle Nacht und sieht Dianne im hell erleuchteten Laden in den Schallplatten stöbern. Er geht zu ihr und sie erinnern sich, dass sie die schlimmste Nacht ihres Lebens zusammen verbracht haben. Da Dianne Woody ihr neues Drehbuch vorlesen will, verabreden sie sich für den folgenden Abend.

34 Trump Tower

725 Fifth Avenue, NY 10019 □
zwischen 56th & 57th Street
✆ (212) 832-2000
www.trumponline.com

Shops Mo-Sa 10-18 Uhr, Gebäude täglich 8-22 Uhr

Infos in der »Shoppingtour« ▶ S. 324

Filme

- 1985 **Der Liebe verfallen**
  R: Ulu Grosbard, D: Robert De Niro, Meryl Streep, Harvey Keitel, Dianne Wiest
- 1997 **Im Auftrag des Teufels**
  R: Taylor Hackford, D: Keanu Reeves, Al Pacino, Charlize Theron

35 Vesuvio Bakery

160 Prince Street, NY 10012-5339, zwischen Thompson Street & West Broadway
✆ (212) 925-8248

So-Fr 8-19 Uhr, Sa -23 Uhr

Die kleine Bäckerei trotzt seit 1920 allen hektischen New Yorker Zeitenwenden. Hier scheint die Uhr still zu stehen. Die Ladenausstattung ist noch die ursprüngliche, und die vielen Sorten Brot werden noch nach denselben leckeren Rezepten hergestellt wie damals. Wer der Touristenabfütterung im schicken Soho entgehen will, bekommt hier einen original italienischen Imbiss.

Filme

- 1991 **Herr der Gezeiten**
  R/D: Barbra Streisand, D: Nick Nolte, Jason Gould
  Nick Nolte kommt nach New York, um seine Schwester zu pflegen. Sie liegt nach einem Selbstmordversuch im Krankenhaus. Ein wenig Zeit bleibt aber auch für vergnügliche Dinge: In der Bäckerei kauft Nick zwei prall gefüllte Tüten mit Gebäck.
- 2000 **Loser – Auch Verlierer haben Glück** □
  R: Amy Heckerling, D: Jason Biggs, Mena Suvari, Greg Kinnear
  Mena Suvari und Jason Biggs beschließen, sich einen kostenlosen, aber schönen Tag zu machen. Der für Studenten freie Besuch des MoMA macht sie hungrig. Zum Glück stapeln sich vor der Bäckerei die Baguettes. Im Vorbeigehen schnappt sich Mena eine der leckeren Brotstangen.

36 Village Cigars

110 Seventh Avenue South, NY 10014, Höhe Christopher Street
© (212) 242-3872

Das für die New Yorker Fangemeinde der gepflegten Tabaksucht unerlässliche Geschäft führt eine breite Auswahl von handgedrehten Zigarren und edlen Tabakprodukten.

Film

- 1988 **Das Dreckige Spiel**
  R: Joseph Ruben, D: James Woods, Robert Downey Jr., Yuji Okumoto
  Gleich neben dem Tabakwarenhändler ist die Eingangstür zur Kanzlei von James Woods. Der eigenwillige, aber erfolgreiche Anwalt wird eines Nachts vor seiner Tür von einem Neo-Nazi bewusstlos geschlagen.

37 Yohji Yamamoto's

103 Grand Street, NY 10013, Höhe Mercer Street
© (212) 966-9066, Fax (212) 966-9144 · www.yohjiyamamoto.co.jp

Mo-Sa 11-19 Uhr, So 12-18 Uhr

Der japanische Edeldesigner bietet hier die volle Auswahl seiner Kollektion an. Feinste Materialien, perfekte Verarbeitung und für die Meisten unerschwingliche Preise sind die Produktmerkmale des *King of Black Wool*. Um eingelassen zu werden, klingelt man an der Eingangstür. Innerhalb der Geschäftszeiten wird man freundlich empfangen.

Film

- 1997 **Im Auftrag des Teufels**
  R: Taylor Hackford, D: Keanu Reeves, Al Pacino, Charlize Theron
  Charlize Theron wird von ihren Nachbarinnen zu einer Shoppingtour überredet. Eine ihrer Nachbarinnen zeigt Charlize ihr wirkliches, dämonisches Gesicht.

38 Yves Saint Laurent

855 Madison Avenue, NY 10021, zwischen 70th & 71st Street
✆ (212) 517-7400 · www.ysl.com
Mo-Sa 10-18, Do -19 Uhr · Weitere Infos in der »Shoppingtour« ▶ S. 324

Film

- 1996 **Alle sagen I Love You**
  R/D: Woody Allen, D: Goldie Hawn, Julia Roberts, Edward Norton, Drew Barrymore, Natasha Lyonne, Maxwell Caulfield, Alan Alda

39 Zabar's

2245 Broadway, NY 10024, Höhe 80th Street
✆ (212) 787-2000, Fax (212) 580-4477 · www.zabars.com
Mo-Fr 8-19.30 Uhr, Sa 8-20 Uhr, So 9-18 Uhr
Weitere Infos in der »Broadway Tour« ▶ S. 311

Filme

- 1998 **e-m@il für Dich**
  R: Nora Ephron, D: Meg Ryan, Tom Hanks, Greg Kinnear
- 1979 **Manhattan**
  R/D: Woody Allen, D: Diane Keaton, Mariel Hemingway, M. Murphy, M. Streep

16 Die Lichter der Nacht: Bars, Clubs & Discos

Es gibt keine bessere Möglichkeit, im Film pralles Leben, Liebe und Leidenschaft zu zeigen als im New Yorker Nachtleben. Man schickt die Helden dorthin, wo etwas los ist. In den Bars und Clubs kann man feiern, sich betrinken und natürlich die große Liebe finden. Aber auch für die dunklen Machenschaften der Halbwelt sind diese meist lauten und schlecht beleuchteten Orte wie geschaffen.

1 Baker Street

1152 First Avenue, NY 10021, Höhe 63rd Street
✆ (212) 688-9663 · www.bakerstreetnyc.com
täglich 11-4 Uhr · $4-$16 je Gericht

Der Irish Pub serviert amerikanische Küche. Samstags und sonntags gibt es hier *Rugby on TV*.

Film

- 1887 **Cocktail** □
  R: Roger Donaldson, D: Tom Cruise, Bryan Brown
  Im Pub erlernte Tom Cruise seine Bar-Kunststückchen. Von dieser Bar aus versucht er, seine große Karriere zu starten.

2 CBGB

315 Bowery, NY 10003, zwischen First & Second Street
Patti Smith setzte 2006 mit einem furiosen Konzert den Schlusspunkt unter die Geschichte des legendären Punk Clubs CBGB. Blondie, The Ramones, die Red Hot Chili Peppers, Velvet Underground und viele andere rockten hier das Publikum seit 1973, doch eine Mieterhöhung über mehrere tausend Dollar im Monat bedeutete das Aus. Zunächst sollte der Club samt alter Inneneinrichtung in Las Vegas neu eröffnet werden, aber dann starb der Betreiber. Ein Nachruf: www.cbgb.com.

Film

- 1999 **Summer of Sam**
  R: Spike Lee, D: John Leguizamo, Mira Sorvino, Adrien Brody, Jennifer Esposito
  Im CBGB haben Adrien und seine Freundin Jennifer ihren ersten Auftritt als Punk Band. John und seine Frau Mira sind eingeladen, als die beiden jedoch durchgestylt am CBGB eintreffen, werden sie von johlenden Punks begrüßt. Mira überredet John, lieber in die berühmte Edel-Disco 54 zu fahren.

3 Coyote Ugly

153 First Avenue, NY 10003-2946,
zwischen 9th & 10th Street
✆ (212) 477-4431 · www.coyoteuglysaloon.com
Mo-Do 14-4 Uhr, Fr-So 12.30-4 Uhr

Disco-Bar mit jungen, traumhaft schönen Bar-Girls. Hier steigen täglich Disco-Partys bis zur Schmerzgrenze. Die Bildergalerie der Homepage spricht Bände.

Film

- 2000 **Coyote Ugly**
  R: David McNally, D: Piper Perabo, Adam Garcia, John Goodman
  Kaum ist Piper Perabo als unschuldiges Kleinstadtmädchen nach New York gekommen, wird sie Bar-Girl im Coyote Ugly. Der Laden, in dem jede Nacht das Chaos tobt, wird ihr zweites Zuhause. Mit wilden Tänzen auf der Theke heizt sie die Gäste an.

»Coyote Ugly«

1

2

4 Emerald Inn

205 Columbus Avenue, NY 10023-4012, zwischen 69th &70th Street
© (212) 874-8840

täglich 9.30-4 Uhr

Gemütlicher Irish Pub mit großer amerikanischer Bar. Selten verirrt sich ein Tourist in diese Kneipe. Die meist älteren Herren, die das Lokal bevölkern, bekommen jedoch ordentliche amerikanische Küche serviert.

Film

- 1960 **Das Appartement** □1
  R: Billy Wilder, D: Jack Lemmon, Shirley MacLaine

  Hier löst der allen gefällige Jack Lemmon zu Weihnachten seine Einsamkeit in Alkohol auf und schleppt eine x-beliebige Frau mit zu sich nach Hause.

5 El Flamingo

547 West 21st Street, NY 10011
© (212) 243-2121

Hippe New York Disco. Wer hierherkommt, will sehen und gesehen werden. Während es auf der Tanzfläche heiß hergeht, kann man von der Galerie aus das wilde Treiben beobachten. Bars gibt es auf beiden Ebenen. El Flamingo ist der Lieblingsspielort des Schwulenmusicals »Donkey Show«. Möglicherweise nützt aber alle Hippness nichts: Auch dieser Schuppen scheint von der Schließung bedroht.

Film

- 1998 **Celebrity** □2
  R: Woody Allen, D: Kenneth Branagh, Melanie Griffith, Leonardo DiCaprio, Winona Ryder, Donald Trump, Kate Winslet, Vanessa Redgrave

  Der umtriebige Reporter Kenneth Branagh geht mit dem »polymorph perversen« Model im El Flamingo tanzen, bis er sie an einen großen schwarzen Basketballspieler verliert.

6 Float

240 West 52nd Street, NY 10019,
zwischen Eighth Avenue & Broadway
© (212) 581-0055, Fax (212) 712-0111
www.floatnyc.com

Do-So 22-4 Uhr · Eintritt $20-$25

Weitere Infos in der »Broadway Tour« ▶ S. 311

In diesem noblen, im Herzen New Yorks liegenden Disco-Club treffen sich die Reichen, Schönen und Angesagten. Außerdem finden wechselnde Events statt.

Film

- 2000 **Almost Famous – Fast berühmt ☐1**
  R: Cameron Crowe, D: Billy Crudup, Frances McDormand, Kate Hudson
  Die Band Stillwater feiert sich im Float, als sie es auf die Titelseite des *Rolling Stone Magazine* geschafft haben.

7 Friars Club

57 East 55th Street, NY 10022,
zwischen Park & Madison Avenue
© (212) 751-7272, Fax (212) 355-0217
www.friarsclub.org

Hier residiert die New Yorker Entertainment Bohème. Frank Sinatra war über lange Jahre Präsident des Friars Club. In den prächtigen Zimmern, den eleganten Restaurants und Bars umweht einen der Geist der Show-Business Tradition. Sicher spukt auch noch so mancher Geist durch die heiligen Hallen.

Film

- 1995 **Sonny Boys**
  R: John Erman, D: Woody Allen, Peter Falk, Sarah Jessica Parker
  Hier trifft sich das alte entzweite Komikerpaar Woody Allen und Peter Falk. Beide haben ihre Töchter mitgebracht, sie sollen helfen, ihren alten Streit zu schlichten, denn sie wollen ein letztes Mal gemeinsam in einem Film auftreten.

1

2

8 King Cole Bar

im St. Regis Hotel · 2 East 55th Street, NY 10022-3103
✆ (212) 753-4500 · www.starwood.com
Mo-Do 11.30-1 Uhr, Fr-Sa 11.30-2 Uhr, So 12-24 Uhr

Die sehr noble Bar wird kaum von Touristen aufgesucht. Besetzt ist sie mit aufstrebenden Yuppies und der besseren Gesellschaft. Das könnte vielleicht an den Preisen liegen, die zu den höchsten in der Stadt zählen. Der Legende nach wurde hier in den 1930er-Jahren der Cocktail *Bloody Mary* erfunden.

Film

- 1996 **Der Club der Teufelinnen**
  R: Hugh Wilson, D: Goldie Hawn, Bette Midler, Diane Keaton, Sarah Jessica Parker, Maggie Smith

  In dieser Edeltränke lässt sich Goldie Hawn als schauspielernde Schauspielerin volllaufen. Hauruck wurde sie von der Midlife-Crisis erwischt, als sie zum ersten Mal eine Mutterrolle angeboten bekam.

9 Lenox Lounge

288 Lenox Avenue/Malcolm X Boulevard, NY 10027 □2
zwischen 124th & 125th Street
✆ (212) 427-0253 · www.lenoxlounge.com
täglich 12-4 Uhr

Seit den 1940er-Jahren der berühmteste Jazz Club in Harlem. Jazz-Heroen wie Billie Holiday und Miles Davis haben hier ihre Wurzeln. Aber auch James Baldwin und Malcolm X ließen sich gern hier blicken.

Filme

- 1992 **Malcolm X □3**
  R: Spike Lee, D: Denzel Washington

  Denzel zieht einem widerlichen Aufschneider, der seine Mutter beleidigt, eine Flasche über den Kopf. Archie, ein Harlemer Gangsterboss, zeigt sich von so viel Courage beeindruckt und nimmt ihn unter seine Fittiche.

3

- 2000 **Shaft**
  R: John Singleton, D: Samuel L. Jackson, Richard Roundtree, Christian Bale
  Nach der Verhaftung des weißen rassistischen Mörders lässt sich Detektiv Samuel L. Jackson von seinen Freunden in der Lenox Lounge feiern. Hier trifft er auch seinen Onkel Richard Roundtree. Er ist der original Shaft.

10 McSorley's Old Ale House

15 East 7th Street, NY 10003, zwischen Second & Third Avenue
✆ (212) 474-9148 · www.mcsorleysnewyork.com

Mo-Sa 11-1 Uhr, So 13-1 Uhr

Dieser 1854 eröffnete *Irish Workingman's Saloon* ist die älteste Bierbar New Yorks. Hier scheint die Zeit stehen geblieben zu sein. Sogar während der Prohibition konnte legal Bier ausgeschenkt werden: Das Old Ale House hatte die einzige Lizenz. Die einschneidendste Veränderung fand jedoch 1970 statt. Die Frauenbewegung erstritt ein Urteil des *United States Supreme Court* und zwang die Betreiber, Frauen an diesen heiligen Ort zu lassen. Abraham Lincoln und John Lennon sind nur zwei berühmte Namen auf der beeindruckenden Gästeliste.

Film

- 1991 **Auf die harte Tour** □
  R: John Badham, D: Michael J. Fox, James Woods, Stephen Lang, Annabella Sciorra
  Der New Yorker Polizist James Woods landet in dieser Bar, nachdem das Rendezvous mit seiner Freundin Annabella in einer Schlägerei mit ein paar Saufkumpanen endete. Actionschauspieler Michael, der bei James eigentlich für eine Filmrolle das Polizeihandwerk erlernen soll, ist ihm gefolgt und gibt James Flirtunterricht. Ganz Schauspieler verwandelt sich Michael in all seinen Gesten in eine Frau. James ist derart peinlich berührt, dass es fast schmerzt.

»Auf die harte Tour«

11 National Arts Club

15 Gramercy Park South, NY 10003, am Irving Place
✆ (212) 475-3424
www.nationalartsclub.org

Der am Gramercy Park gelegene Privatclub ist der Mittelpunkt des New Yorker Kunstbetriebs. In ihm sind viele Künstler und Kunstinteressierte vereint. Fast täglich gibt es aber auch Veranstaltungen für Nichtmitglieder. Zumeist sind es Vorträge oder Ausstellungen zu allen nur denkbaren Sparten der Kunst. Ein aktueller Terminplan findet sich auf der Homepage.

Filme

- 1993 **Manhattan Murder Mystery** □
  R/D: Woody Allen, D: Diane Keaton, Alan Alda, Anjelica Huston

  Diane Keaton besucht mit ihrem Freund Alan Alda eine Weinprobe im Club. Als sie aus dem Fenster schaut, sieht sie ihre verstorbene Nachbarin in einem Bus vorbeifahren.

- 1999 **Die Thomas Crown Affäre**
  R: John McTiernan, D: Pierce Brosnan, Rene Russo, Ben Gazzara, Faye Dunaway

  Bei einer Wohltätigkeitsveranstaltung für das *Metropolitan Museum* im National Arts Club spendet Pierce ein Ersatzbild für das von ihm gestohlene. Rene, die clevere Versicherungsdetektivin, nimmt hier Kontakt zu Pierce auf. Sie lässt durchblicken, dass sie mehr über den Meisterdieb aus dem Museum weiß.

12 New York Yacht Club

37 West 44th Street, NY 10036
✆ (212) 382-1000, Fax (212) 391-6368
www.nyyc.org

Er ist wohl der berühmteste Segelclub der Welt. Wer hier Mitglied werden will, hat allein eine Aufnahmegebühr von $5000 zu berappen. Der New York Yacht Club ist auch Ausrichter der härtesten Segelregatta der Welt, dem *Americas Cup*. Seine Siegestrophäe hat das Haus bis 1983 praktisch nie verlassen. Nach 132 Jahren wurde sie dann endlich einmal von Australien gewonnen. Seitdem ist die Trophäe heiß umkämpft. 2003 war ein Jahr der besonderen Schmach: Die riesengroße, aber ästhetisch umstrittene Silberkanne ging zum ersten Mal an ein Land ohne Zugang zum Meer, an die Schweiz.

Film

- 1986 **Hannah und ihre Schwestern**
  R/D: Woody Allen, D: Mia Farrow, Michael Caine, Barbara Hershey, Dianne Wiest

Auch der New York Yacht Club ist eine Sehenswürdigkeit der Architekturfahrt, die Mia Farrow und Dianne Wiest mit dem jungen verführerischen Architekten unternehmen.

13 O'Neal's Balloon (jetzt: Iridium Jazz Club)

48 West 63rd Street, NY 10023-7003, Höhe Columbus Avenue
✆ (212) 582-2121 · www.iridiumjazzclub.com

Der Jazz Club befindet sich im Keller des Empire Hotels. Neben den populären Jazz Events, die zwischen 20 und 30 Dollar Eintritt kosten, kann man eine gute französisch/amerikanische Küche genießen. Beachtenswert ist die Weinkarte mit 500 verschiedenen Weinen.

Film

- 1989 **Sea of Love – Melodie des Todes** □1
  R: Harold Becker, D: Al Pacino, John Goodman, Ellen Barkin

  Die beiden New York *Police Detectives* Al Pacino und John Goodman sind auf der Jagd nach einer mörderischen Braut, die auf Kontaktanzeigen antwortet und in der ersten Liebesnacht zum Killer wird. Sie geben selbst eine Anzeige auf. Al betritt das O'Neal's, um hier die potenzielle Mörderin zu treffen.

14 P.H. Vazac's

108 Avenue B, NY 10009, Höhe 7th Street, bekannt als Seven and B □2
✆ (212) 473-8840

täglich 12-4 Uhr, Bier $5

Bunte Vögel bevölkern diese urige Bar im *East Village*. Rocker, Punker und dazwischen die Schickeria; alles ist laut, grell und exaltiert. Zwar gibt es hier nichts zu essen, aber dafür sind die Drinks preiswert.

Filme

- 1974 **Der Pate – Teil 2** □3
  R: Francis Ford Coppola, D: Robert De Niro, Al Pacino, Robert Duvall, Diane Keaton

  Hier soll ein unliebsames Familienmitglied um die Ecke gebracht werden. Der Plan, den Treulosen zu erdrosseln, scheitert, als ein Polizist die Bar betritt.

4

5

6

- 1986 **Crocodile Dundee – Ein Krokodil zum Küssen** □5
  R: Peter Faiman, D: Paul Hogan, Linda Kozlowski

  Paul Hogan, der smarte Krokodiljäger aus dem australischen Outback, landet in dieser wilden Bar. Sein Herz entflammt für ein besonders rassiges Girl. Dass er gerade mit einem Transvestiten anbandelt, wird ihm erst später schmerzlich klar.
- 1987 **Angel Heart**
  R: Alan Parker, D: Mickey Rourke, Robert De Niro

  Hier bekommt Mickey von einer bei der *New York Times* arbeitenden Freundin Bilder von Johnny, den er für den Teufel Robert De Niro ausfindig machen soll.
- 1993 **Schlagzeilen – Je härter, desto besser**
  R: Ron Howard, D: Michael Keaton, Glenn Close, Marisa Tomei, Robert Duvall

  Robert Duvall sitzt an der Bar und nimmt einen Feierabenddrink. Ein kleiner, untersetzter Herr ein paar Stühle entfernt betrinkt sich und erzählt, er hätte noch eine Rechnung offen. Als irgendwann ein Reporterkollege in der Bar erscheint, fällt der kleine Dicke ihn an, prügelt sich mit ihm und schießt haarscharf an ihm vorbei. Der Reporter hatte den unbedeutenden Polizeiabteilungsleiter wochenlang in Artikeln gehänselt. Der Schuss ging durch die Wand und traf, wie dumm, Glenn Close ins Bein.

15 P&G Bar

279 Amsterdam Avenue, NY 10023-2103, Höhe 73th Street
✆ (212) 874-8568 · Weitere Infos in der »Broadway Tour« ▶ S. 311

In dieser Bar treffen sich die Anwohner zum Ausspannen. Wer eine ruhige Atmosphäre liebt, ist hier richtig.

Filme

- 1997 **Donnie Brasco** □4
  R: Mike Newell, D: Al Pacino, Johnny Depp, Anne Heche

  Johnny ist *Undercover Agent* der Polizei und dabei, in die Mafia einzusickern. Von einer Telefonzelle, die vor der Bar steht, ruft er seine Frau an.
- 1999 **Ticket To Love** □6
  R: Richard Wenk, D: Andy Garcia, Andie MacDowell, Richard Bradford

  Andy ist ein Ticketdealer. In der Bar trifft er sich mit seinen Schwarzhändlerfreunden zum Stammtisch.

16 Roxy

515 West 18th Street, NY 10011-2822, Höhe Tenth Avenue
© (212) 645-5156
www.roxynyc.com
Mi *Roller Disco*, Fr & Sa Disco

Jeden Mittwoch läuft für Fans vergangener Jahrzehnte ab 20 Uhr die rasante *Roller Skating Disco*. Wer seine Rollschuhe in Deutschland vergessen haben sollte: man kann hier welche leihen. Freitags ist abtanzen für alle angesagt, die Rollen bleiben im Schrank. Samstags ist *Gay Day* mit New Yorks längster *Gay Dance Party*.

Filme

- 1981 **Sie alle haben gelacht**
  R: Peter Bogdanovich, D: Audrey Hepburn, Sean Ferrer, Ben Gazzara
  Hier beobachten die Detektive Blaine und John die blonde Schöne Dorothy; John kommt ihr durch einen Sturz sehr nahe.
- 1993 **Das Leben – ein Sechserpack**
  R: Fred Schepisi, D: Will Smith, Donald Sutherland, Stockard Channing
  Will lernt ein junges Pärchen im Central Park kennen. Da er vorgibt, im Central Park zu wohnen, geben sie ihm in ihrer Wohnung über dem Roxy Obdach.

17 Scores

333 East 60th Street, NY 10022
© (212) 421-3600
www.scoresshowroom.com
Mo-Sa 19-4 Uhr, So 19-2 Uhr
Eintritt $30, Drinks $8-$15

Wer es besonders heiß mag, für den ist das Scores genau das Richtige. Genügend Kleingeld wäre in dieser Erotik-Bar allerdings wohl nicht fehl am Platz.

Film

- 1997 **Cop Land**
  R: James Mangold, D: Robert De Niro, Sylvester Stallone, Harvey Keitel, Ray Liotta
  In der *Tabledance-Bar* sitzen ein paar Cops aus Manhattan zusammen, um den Alltagsstress 'runterzuspülen. Angetrunken verlässt ein junger Polizist das Scores und fährt mit seinem Auto nach Hause.

18 Studio 54

254 West 54th Street, NY 10019,
zwischen Broadway & Eighth Avenue
✆ (212) 719-1300
www.roundabouttheatre.org
Di-Sa 20 Uhr Mi, Sa-So Matinee 14 Uhr
Weitere Infos in der »Broadway Tour« ▶ S. 311

In den 1970er-Jahren war das Studio 54 die berühmteste Disco der Welt, aber dieses Gebäude hatte schon viele Gesichter. 1927 als *Gallo Opera House* eröffnet und nach dem Börsencrash von 1929 bereits wieder geschlossen, wurde es später das *Casino de Paris*. Danach nutzte man es als *Federal Music Theatre* und *CBS Radio Playhouse & Television Studio*. Heute werden hier Musicals aufgeführt. Die Lounge im ersten Stock kann für Events gemietet werden.

Filme

- 1998 **Studio 54**
  R: Mark Christopher, D: Ryan Phillippe

  Praktisch der gesamte Film dreht sich um das wilde Leben, die Stars und Sternchen im 54. Ein Rausch aus Sex, Drogen und Musik. Ryan Phillippe spielt einen gut aussehenden Vorstadtjungen, der im 54 Begierden und Abgründe der dekadenten High Society kennenlernt.

- 1999 **Summer of Sam** **□1**
  R: Spike Lee, D: John Leguizamo, Adrien Brody, Mira Sorvino, Jennifer Esposito

  Vor der Tür ist ein riesiges Gedränge. Nur die Stars werden eingelassen. Mira und John versuchen, auch hineinzukommen. Von ihrem Versuch entmutigt werden sie vor der Tür von einem wilden Typ zu einer Sex-Orgie abgeschleppt.

19 The 21 Club

21 West 52nd Street, NY 10019,
zwischen Fifth & Sixth Avenue
✆ (212) 582-7200, Fax (212) 586-5065
www.21club.com
Mo-Fr 12-14.30 & 17.30-22, Fr -23 Uhr, Sa 17.30-23 Uhr

Die auf dem Balkon aufgereihten Jockeys machen jeden Vorbeikommenden neugierig auf das, was sich hinter der Fassade verbirgt. Der 21 Club ist einer der Traditionsclubs der Stadt. Die Räumlichkeiten sind sowohl nobel als auch volkstümlich. Eine gemütliche, fast ländliche Atmosphäre herrscht im Herzen des 21, in der Bar. Wände und Decke hängen voll mit Sportantiquitäten und Krimskrams. An den Tischen, an denen sich Reiche und Berühmte drängen, saßen schon Größen wie Humphrey Bogart und Richard Nixon. Im gediegenen Restaurant im ersten Stock geht es wesentlich förmlicher zu. Auf der Homepage des Hauses ist es für jedermann möglich, einen Tisch zu bestellen.

Filme

- 1987 **Wall Street**
  R: Oliver Stone, D: Michael Douglas, Charlie Sheen, Daryl Hannah

  Charlie Sheen wird von Michael Douglas hierher zum Essen beordert: Der junge Börsenaufsteiger erhält von seinem Guru 1 Million Dollar zur freien Spekulation. Danach genehmigt sich Charlie, was für eine Metapher, eine riesige Portion Hackfleisch.
- 1993 **Manhattan Murder Mystery**
  R/D: Woody Allen, D: Diane Keaton, Alan Alda, Anjelica Huston

  Im Club haben Diane und Woody mit ihrem Sohn Geburtstag gefeiert. Als sie aufbrechen, treffen sie Anjelica Huston, eine Schriftstellerin, die von Lektor Woody betreut wird und zu der er ein nicht ganz unverfängliches Verhältnis hat.
- 1996 **Tage wie dieser**
  R: Michael Hoffman, D: Michelle Pfeiffer, George Clooney, Mae Whitman, Alex D. Linz

  Michelle hat im Club 21 eine Besprechung mit ein paar Investmentkunden und ihrem Chef. Sie verspricht ihrem Sohn, dass sie es trotz des Termins zu seinem Fußballspiel schaffen wird. Als die Zeit kaum noch reicht, bricht sie mit Hinweis auf das Spiel das Gespräch ab. Die Herrschaften sind verblüfft, aber beeindruckt.
- 1996 **Wer ist Mr. Cutty?**
  R: Donald Petrie, D: Whoopi Goldberg, Dianne Wiest, Bebe Neuwirth, Donald Trump

  Der frei erfundene Mr. Cutty fährt vor dem Club vor, daher steigt auch niemand aus der Limousine. Die wartende Pressehorde ist geblufft.

»Angel Heart«
(P.H. Vazac's ▸ S. 264)

17 New Yorker »Film«-Theater

Bei New York fällt einem sofort der *Broadway* ein. Aber nicht als Synonym für eine Straße, sondern als Ort von Theater, Musical und Show – im Grunde also all das, was auf Zelluloid festgehalten dann Film heißt. Da die Traumfabrik sozusagen um die Bretter, die die Welt bedeuten, herumgebaut wurde, ist es nicht weiter verwunderlich, dass letztere in Filmen so oft eine Rolle spielen. In oder vor den meisten Spielstätten stand schon einmal eine Kamera. Die Oscar-Abräumer **»Hinter dem Rampenlicht«**, **»Fame«** und **»Chicago«** beweisen, dass Schauspiel und Tanz für große Kassenschlager sorgen können.

1 Apollo Theater

253 West 125th Street, NY 10027
✆ (212) 531-5337
www.apollotheater.com

Dieses 1913 eröffnete Theater ist eines der Wahrzeichen *Harlems* und machte viele Jazz- und Popkünstler weltberühmt. Billie Holiday, Ella Fitzgerald, Luis Armstrong, Count Basie, Duke Ellington und viele andere mehr traten hier auf. Die jeden Mittwoch ab 19.30 Uhr stattfindende Amateur-Nacht sollte man sich nicht entgehen lassen. Hier werden Stars geboren und Dilettanten zerschmettert. Auch Michael Jackson trat in der Amateurnacht auf.

Filme

- 1971 **Shaft**
  R: Gordon Parks, D: Richard Roundtree
  Richard macht sich auf, um in Harlem nach der entführten Tochter eines Gangsterbosses zu suchen. Sein Weg führt ihn auch am Apollo Theater vorbei.
- 1992 **Boomerang**
  R: Reginald Hudlin, D: Eddie Murphy, Halle Berry, Grace Jones, Eartha Kitt
  Vor dem Theater wartet der erfolgsverwöhnte Frauenheld Eddie Murphy vergeblich auf seine Geliebte und Chefin. Liebe am Arbeitsplatz…
- 1992 **Malcolm X** □
  R: Spike Lee, D: Denzel Washington
  Gleich neben dem Apollo hält Denzel Washington als Malcolm X eine flammende Rede an seine schwarzen Brüder und Schwestern.

17

2 Belasco Theatre

111 West 44th Street, NY 10036-4012, zwischen Sixth & Seventh Avenue

© (212) 239-6200 · www.shubertorganization.com/theatres/belasco.asp

Das 1907 im neo-gregorianischen Stil errichtete Haus ist eins der traditionsreichsten im Theaterdistrikt. Der Geist von David Belasco soll von Zeit zu Zeit in der Loge spuken.

Film

- 1994 **Bullets Over Broadway**
  R: Woody Allen, D: John Cusack, Chazz Palminteri, Dianne Wiest, Rob Reiner
  Ein junger, unerfahrener Regisseur versucht, in diesem Theater ein Stück an den Broadway zu bringen. Er hat Glück, die Mafia streckt die Produktionskosten vor, aber dafür verlangt die im wahrsten Sinne des Wortes furchtbar untalentierte Freundin des Gangsterbosses eine der Hauptrollen. Ihr Leibwächter reißt die Inszenierung des Stückes nach und nach an sich und kommt zu der einzig richtigen Entscheidung: Die dilettantische Mimin muss weg – und das auf Mafia-Art.

3 Biltmore Theater

263 West 47th Street, NY 10036

© (212) 582-5340 · http://biltmoretheater.com

Das kleine Juwel der Goldenen Zwanziger hat eine wechselvolle Geschichte. Nachdem es bis in die 1940er-Jahre bei den New Yorkern für seine Musicals beliebt war, wurde es 1952 ein CBS-Studio. Ab 1961 wurde das Gebäude dann wieder als Theater genutzt, in dem Robert Redford zwischen 1963-1967 in 1532 Vorstellungen von »Barfuss im Park« spielte. Nach ein paar weniger erfolgreichen Stücken startete 1968 mit dem Rockmusical »Hair« der nächste Superhit. Innerhalb von fünf Jahren wurde das Stück 1750 mal gegeben. Ein Brand brachte 1987 das vorläufige Aus für das Biltmore. Durch das Engagement der New Yorker Theaterfreunde wurde es 2003 für 18 Millionen Dollar vollständig wieder aufgebaut und ist nun schöner denn je.

»Die Muppets erobern Manhattan«

Film

- 1984 **Die Muppets erobern Manhattan** ☐
  R: Frank Oz, D: Brooke Shields, Liza Minnelli, John Landis

  Die unerschütterlichen Muppets starten aus diesem Theater ihre tierische Broadway-Show.

4 Booth Theatre

222 West 45th Street, NY 10036-3996,
zwischen Broadway & Eighth Avenue ☐
✆ (212) 239-6200 · www.shubertorganization.com

Weitere Infos in der »Broadway Tour« ▶ S. 311

Das kleine, charmante Theater wurde 1913 eröffnet und nach dem Schauspieler Edwin Booth benannt. Das denkmalgeschützte Haus liegt im Herzen des Theaterdistrikts.

Filme

- 1979 **Hinter dem Rampenlicht**
  R: Bob Fosse, D: Roy Scheider, Jessica Lange

  Als Roy Scheiders Freundin von seinem Herzinfarkt erfährt, eilt sie aus dem Theater, um zu ihm ins Hospital zu fahren.
- 1986 **Hannah und ihre Schwestern**
  R/D: Woody Allen, D: Mia Farrow, Michael Caine, Barbara Hershey, Dianne Wiest

  Bei einem Casting im Theater muss Dianne Wiest für eine Rolle vorsingen.
- 1995 **City Hall**
  R: Harold Becker, D: Al Pacino, John Cusack, Bridget Fonda, Martin Landau, Danny Aiello

  Bürgermeister Al Pacino lädt seinen Assistenten John Cusack in ein Musical ein. Al verhandelt dort mit dem Parteiboss Danny Aiello.

5 Carnegie Hall

154 West 57th Street
Mailing Address: 881 Seventh Avenue, NY 10019-3210
✆ (212) 247-7800 · www.carnegiehall.org

Der Stahlmillionär Andrew Carnegie finanzierte diesen Bau eigentlich, um einem Chor eine Heimat zu geben. Am Abend des 9. Mai 1891 hob dann der berühmte russische Komponist Peter Tschaikowsky den Taktstock, um eines der besten Konzerthäuser der Welt zu eröffnen. Auch die *New York Philharmonics* hatten bis zu ihrem Umzug ins *Lincoln Center* hier ihr Zuhause. Anfang der 1960er-Jahre drohte das grandiose Gebäude der New Yorker Abrisswut zum Opfer zu fallen. Der Geiger Isaac Stern konnte mit seinen Freunden in letzter Minute die

Stadt überreden, dieses Denkmal der Musik zu kaufen und zu renovieren. In der Carnegie Hall spielen zu dürfen, kommt einem Ritterschlag gleich. Außerhalb der Vorstellung kann man sich einer Führung anschließen oder das kleine Museum zur Geschichte des Hauses besuchen.

Filme

- 1984 **Bitte nicht heut' Nacht**
  R: Howard Zieff, D: Nastassja Kinski, Dudley Moore, Armand Assante
  Der berühmte Dirigent Dudley Moore gibt ein symphonisches Konzert in der Carnegie Hall. Seine Frau Nastassja Kinski jubelt ihm zu.
- 1999 **Music of the Heart** □1
  R: Wes Craven, D: Meryl Streep, Gloria Estefan
  Meryl Streep interessiert die Kids von *East Harlem* für ihren Geigenunterricht. Mit ihrem Ausbildungsangebot kämpft sie um bessere Zukunftschancen für die Kinder. Um die Abschaffung ihres Unterrichts zu verhindern, lädt Isaac Stern ihr Geigenorchester in die Carnegie Hall ein. Er lässt sie die Aura des alten Hauses spüren. Der Film beruht auf einer wahren Begebenheit.

6 Cherry Lane Theatre

38 Commerce Street, NY 10014,
zwischen Bedford & Barrow Street, Greenwich Village
✆ (212) 989-2020
www.cherrylanetheatre.com

Das Gebäude ist schon sehr alt. Als Scheune einer Farm gebaut, diente es später unter anderem als Brauerei, Tabaklager und Kartonagenfabrik. Seit 1924 ist es eines der ersten *Off-Broadway*-Theater; schon viele Berühmtheiten wie Kevin Bacon und John Malkovich haben hier gespielt.

Film

- 1990 **Mo' Better Blues** □2
  R: Spike Lee, D: Denzel Washington, Joie Lee, Wesley Snipes
  Denzel Washington ist ein ehrgeiziger, eitler Bandleader. Mit seiner Jazzband spielt er in diesem Theater.

7 Delacorte Theater

Central Park, Höhe 80th Street

Weitere Infos in der »Central Park Tour« ▶ S. 294

Der Verleger George T. Delacorte ließ 1962 im Central Park ein provisorisches Theater errichten, um den New Yorkern bei freiem Eintritt die Bühnenkunst näher zu bringen. Hauptsächlich stand Shakespeare auf dem Programm. »*Shakespeare in the Park*« ist bis heute in jedem Sommer eine feste New Yorker Festival-Institution. Kevin Kline, Denzel Washington, Richard Dreyfuss und Michelle Pfeiffer standen hier schon auf der Bühne. Der guten Tradition folgend, sind die Karten immer noch kostenlos. Das *Public Theater* vergibt die Karten: 425 Lafayette Street, nahe des Astor Place.

Film

- 2005 **Hitch – Der Date Doktor**
  R: Andy Tennant, D: Will Smith, Eva Mendes, Kevin James, Amber Valletta

8 Lunt Fontanne Theatre

205 West 46th Street, NY 10036-1497

© (212) 575 9200 · http://luntfontannetheatre.com

Die Spielstätte wurde 1910 als *Globe Theatre* erbaut. Zu Ehren der Schauspieler Alfred Lunt und Lynne Fontanne trägt es seit seiner Renovierung in den späten 1950er-Jahren deren Namen.

Film

- 1990 **King of New York**
  R: Abel Ferrara, D: Christopher Walken, Wesley Snipes

  Christopher Walken wird als King of New York von der Polizei unsanft aus dem Theaterfoyer gezerrt und verhaftet.

9 Lyceum Theatre

149 West 45th Street, NY 10036-4042, zwischen Sixth & Seventh Avenue □

© (212) 239-6200

www.shubertorganization.com/theatres

1903 wurde das nun älteste noch in Betrieb befindliche Theater in New York errichtet. Wie über so vielen Gebäuden der Stadt kreiste auch hier schon die Abrissbirne. Diese Gefahr ist zum Glück schon seit langer Zeit gebannt. Heute steht es unter Denkmalschutz.

17

Filme

- 1999 **Der Talentierte Mr. Ripley** □
  R: Anthony Minghella, D: Matt Damon, Gwyneth Paltrow, Jude Law, Cate Blanchett

  Vor seiner strahlenden Karriere als Hochstapler hat Matt einen Job auf der Herrentoilette des Lyceums.

- 2003 **Mona Lisa Smile** □1
  D: Julia Roberts

  Julia Roberts ist eine rebellische Kunstlehrerin in einem noblen, aber konservativen Mädcheninternat. Eine ihrer Schülerinnen besucht das Theater mit ihrem Freund, einem verheirateten Analytiker, und sieht durch das Glas der Foyertüren den Ehemann einer auf Zucht und Tugend besonders erpichten Mitschülern. Doch der küsst eine fremde Frau.

1

10 Madison Square Garden

4 Pennsylvania Plaza, NY 10001, an der Seventh Avenue zwischen West 31st & 33rd Street

✆ (212) 307-7171 · www.thegarden.com

Diese riesige Keksdose ist eher ein überdachter Rummelplatz für 20.000 Menschen. Der Abriss der *Pennsylvania Station*, die diesem Monstrum weichen musste, hat die Denkmalschützer fast um den Verstand gebracht. Hier findet alles statt, was viele Leute anzieht: Basketball, Tennis, Boxen, Ringen, Zirkus, Hundeschau, Antiquitätenmarkt und dergleichen.

Filme

- 1993 **Manhattan Murder Mystery**
  R/D: Woody Allen, D: Diane Keaton, Alan Alda, Anjelica Huston

  Woody Allen nötigt seine Frau Diane Keaton, sich ein Eishockey-Spiel mit ihm anzusehen. Als Gegenleistung verspricht er, mit ihr in eine Wagner-Oper zu gehen.

- 1998 **Godzilla**
  R: Roland Emmerich, D: Matthew Broderick, Jean Reno

  Der Madison Square Garden ist Godzillas Nest und übervoll mit schlüpfenden kleinen Godzillababys. Nachdem

»Der Talentierte Mr. Ripley«

Manhattan schon fast vollständig in Schutt und Asche liegt, wird auch die riesige Arena mitsamt der Brut bombardiert und dem Erdboden gleich gemacht.

- 2000 **Forrester – gefunden**
  R: Gus Van Sant, D: Sean Connery, Bob Brown, F. Murray Abraham

  Das Endspiel zur Basketball-College-Meisterschaft steigt im Madison Square Garden. Bob Brown hat es in der Hand, mit zwei Freiwürfen am Ende des Spiels über Sieg oder Niederlage zu entscheiden.
- 2003 **Wie werde ich ihn los – in 10 Tagen** □2
  R: Donald Petrie, D: Kate Hudson, Matthew McConaughey

  Die schöne Kate Hudson geht, nachdem sie sich ihr Opfer geangelt hat, mit Matthew McConaughey zu einem Spiel der *New York Knicks*. Die Großbildleinwand zeigt für alle deutlich sichtbar ihre leidenschaftlichen Küsse.
- 2005 **Hitch – Der Date Doktor** □3
  R: Andy Tennant, D: Will Smith, Eva Mendes, Kevin James, Amber Valletta

  Der tapsige Steuerberater Kevin James lädt seine große Liebe Amber Valletta zu einem Spiel der *Knicks* ein. Die Verabredung wird ein voller Erfolg. Kevin kann das Herz seiner geliebten Millionenerbin erobern.

11 Majestic Theatre

247 West 44th Street, NY 10036-3907, zwischen Broadway & Eighth Avenue
✆ (212) 239-6200 · www.shubertorganization.com/theatres/majestic.asp

Weitere Infos in der »Broadway Tour« ▶ S. 311

Eines der besten Theater am Broadway ist das 1927 gebaute Majestic. Es war schon immer für Welterfolge gut: Gegeben wurden hier *Funny Girl*, *Fiddler on the Roof*, *42nd Street*, *Grease* und Das Phantom der Oper.

Film

- 1960 **Das Appartement**
  R: Billy Wilder, D: Jack Lemmon, Shirley MacLaine

  Vergebens wartet der allen dienliche Junggeselle Jack Lemmon vor der Tür des Theaters auf die schöne Fahrstuhlführerin Shirley MacLaine. Zu dieser Zeit wurde gerade »*The Music Man*« gespielt.

12 Metropolitan Opera

Lincoln Center, NY 10023, Höhe 64th Street
✆ (212) 362-6000 · www.metoperafamily.org

Weitere Infos in der »Broadway Tour« ▶ S. 311

Die Met, die durch eine Stiftung reicher Kunstliebhaber errichtet wurde, kostet den amerikanischen Steuerzahler bis heute keinen Cent. 1966 fertiggestellt, ist es das mit Abstand berühmteste Opernhaus auf dem amerikanischen Kontinent. Alle Weltstars reißen sich darum, hier aufzutreten. Jede Premiere ist ein gesellschaftliches Ereignis.

Filme

- 1979 **Manhattan**
  R/D: Woody Allen, D: Diane Keaton, Mariel Hemingway, Michael Murphy, Meryl Streep
- 1984 **Ghostbusters – Die Geisterjäger**
  R: Ivan Reitman, D: Bill Murray, Dan Aykroyd, Harold Ramis, Sigourney Weaver, Rick Moranis
- 1987 **Mondsüchtig**
  R: Norman Jewison, D: Cher, Nicolas Cage, Danny Aiello
- 1987 **Das Geheimnis meines Erfolges**
  R: Herbert Ross, D: Michael J. Fox, Helen Slater
- 1993 **Manhattan Murder Mystery**
  R/D: Woody Allen, D: Diane Keaton, Alan Alda, Anjelica Huston
- 1999 **Being John Malkovich**
  R: Spike Jonze, D: John Cusack, Cameron Diaz, John Malkovich
- 2002 **Liebe auf Umwegen – Sweet Home Alabama**
  R: Andy Tennant, D: Reese Witherspoon, Patrick Dempsey, Candice Bergen

13 Music Box Theatre

239 West 45th Street, NY 10036-3902 · www.shubertorganization.com/theatres
✆ (212) 239-6200

Dieses Haus, in dem auch in den dunkelsten Zeiten des Broadways nie Filme gezeigt wurden, ist von dem Musicalkomponisten und Texter Irving Berlin (*White Christmas*) und dem Produzenten Sam Harris 1920 gegründet worden.

Film

- 1982 **Ein Draufgänger in New York** ◻
  R: Richard Benjamin, D: Peter O'Toole, Mark Linn-Baker

Peter O'Toole spaziert mit Mark Linn-Baker, der ihn für eine Fernsehshow betreut, am Theater vorbei. Peter gibt dem viel jüngeren Mark Unterricht im Anbaggern.

14 New Amsterdam Theatre

214 West 42nd Street, NY 10036
© (212) 703-1040, Fax (212) 703-1085
http://disney.go.com/theatre

Vorverkauf: Mo-Sa 10-20 Uhr, So 11-18.30 Uhr

The Lion King ist der Musical-Dauerbrenner in der 42nd Street. 1997 zog es in das prächtige New Amsterdam Theatre. Sowohl das Theater als auch das Stück sind Eigentum der *Walt Disney Company*, die das Theater Anfang der 1990er-Jahre vor dem endgültigen Verfall bewahrte. Das 1903 erbaute und mit 1747 Sitzen bestückte Haus erlebte mit den legendären *Ziegfeld Follies* des gleichnamigen Bühnenzars die großen Tage des Broadways.

Film

- 1967 **Funny Girl** ☐
  D: Barbra Streisand, Omar Sharif
  Die Theaterdiva Barbra Streisand betritt in der Eröffnungsszene im feinen Pelz das Theater durch den Bühneneingang.

15 New York State Theater

Lincoln Center Plaza, NY 10023, Höhe Broadway
© (212) 970-5570
www.nycopera.com · www.nycballet.com

Weitere Infos siehe »Broadway Tour« ▶ S. 311

Das Theater ist ein Teil des *Lincoln Centers*. Es säumt die *Metropolitan Opera* zu ihrer Linken. Im New York State Theater ist das von George Balanchine gegründete *New York City Ballet* und die *New York City Opera* zu Hause.

Film

- 1973 **Serpico**
  R: Sidney Lumet, D: Al Pacino, Barbara Eda-Young

16 Palace Theatre

1564 Broadway, NY 10036, Höhe 47th Street
© (212) 307-4747 · www.palacetheaternewyork.com

Bereits 1913 eröffnet, hatte das Palace eine wechselvolle Geschichte. Nachdem es 1931 in ein Kino umgewandelt worden war, erstrahlte es 20 Jahre später erneut als Broadwaybühne. Judy Garland, Jerry Lewis, Bette Midler, Shirley MacLaine und

Diana Ross traten hier auf. Mit Musicals wie »Ein Käfig voller Narren«, »Die Schöne und das Biest« oder »AIDA« war das Haus in den letzten Jahren sehr erfolgreich.

Film

- 1979 **Hinter dem Rampenlicht**
  R: Bob Fosse, D: Roy Scheider, Jessica Lange
  Der Film beginnt mit einem großen Casting, in dem die Tänzer auf der Theaterbühne für eine neue Broadway-Show ausgewählt werden.

17 Plymouth Theatre (jetzt: Gerald Schoenfeld Theatre)

236 West 45th Street, NY 10036
✆ (212) 239-6200 · www.shubertorganization.com/theatres/gerald_schoenfeld.asp

Seit 1917 gibt es das Plymouth Theatre, 2005 wurde es umbenannt. Es drängt sich mit sechs weiteren Theatern in der 45th Street zwischen Eighth Avenue und Times Square.

Film

- 1996 **Der Club der Teufelinnen**
  D: Goldie Hawn, Bette Midler, Diane Keaton
  Goldie Hawn, die gefeierte Schauspielerin, ist total am Ende. Zum ersten Mal in ihrer Karriere ist ihr eine Mutterrolle angeboten worden. Sie überwindet ihren Frust und feiert schließlich in dieser Rolle am Plymouth Theatre einen rauschenden Theatererfolg.

18 Radio City Music Hall

1260 Sixth Avenue, NY 10020
✆ (212) 247-4777
www.radiocity.com

Ihren Mythos begründete diese mit über 6000 Plätzen gigantische Showbühne in den 1930er-Jahren. Die glamourösen Galaprogramme wurden an den Radioapparaten in ganz Amerika verfolgt. Die Veranstaltungen waren fast jeden Abend ausverkauft. Nach einer durch das Fernsehen ausgelösten Flaute konnten engagierte New Yorker Ende der 1970er-Jahre den Abriss des Kino- und Bühnenkomplexes gerade noch verhindern. Nach aufwändigen Restaurierungen sind die hier in loser Folge stattfindenden Shows im nun denkmalgeschützten Haus so populär wie die in alten Tagen.

Filme

- 1972 **Der Pate**
  R: Francis Ford Coppola, D: Marlon Brando, Al Pacino, Diane Keaton
  Durch die Schlagzeile einer Zeitung, die in einem Zeitungsstand vor der Tür der Music Hall liegt, erfährt Al Pacino, dass sein Vater, der Pate Marlon Brando, erschossen wurde.

- 1979 **Manhattan**
  R/D: Woody Allen, D: Diane Keaton, Mariel Hemingway, Michael Murphy, Meryl Streep

  Woody Allens mit Musik von Leonard Bernstein unterlegte Filmouvertüre ist eine visuelle Hommage an die Stadt. Da fehlt die Radio City Music Hall natürlich nicht.
- 1987 **Radio Days**
  R/D: Woody Allen, D: Mia Farrow, Diane Keaton, Julie Kavner, Michael Tucker, Seth Green

  Der kleine Seth Green besucht mit seinen Eltern Julie Kavner und Michael Tucker eine Kinovorstellung in der Radio City Music Hall. Das prächtige Foyer kommt ihm vor wie der Himmel.
- 1992 **Kevin – allein in New York**
  R: Chris Columbus, D: Macaulay Culkin

  Macaulay Culkin streift allein durch New York, um sich die Stadt anzusehen. Auch an der Radio City Music Hall spaziert er vorbei.
- 2004 **Sky Captain and the World of Tomorrow**
  R: Kerry Conran, D: Gwyneth Paltrow, Jude Law, Giovanni Ribisi, Angelina Jolie

  Die clevere Reporterin Gwyneth Paltrow ist einem Mordkomplott von Wissenschaftlern auf der Spur. Das voraussichtlich nächste Opfer verabredet sich mit ihr im Kinosaal und gibt Informationen über ein die Welt bedrohendes Geheimprojekt preis.

19 Shubert Theatre

225 West 44th Street, NY 10036-3991 · www.shubert-theatre.com

Es ist das Juwel der *Shubert Theatre Organization*, die eine Vielzahl von Theatern betreibt. Benannt ist es nach Sam Shubert, der bei einem Eisenbahnunglück ums Leben kam. Er hatte das Theaterimperium mit seinen Brüdern J.J. & Lee gegründet; legendäre Musicals wie »*A Chorus Line*« und »*CHICAGO*« wurden hier aufgeführt.

Filme

- 1981 **Der Fanatiker**
  R: Edward Bianchi, D: James Garner, Lauren Bacall, Michael Biehn
  Nach der rauschenden Premiere des neuen Broadway-Musicals dringt der psychopathische Fan Michael Biehn in das Theater ein und trachtet seiner angebeteten Lauren Bacall nach dem Leben. Seine Liebe hindert ihn jedoch, sie zu ermorden. So schafft sie es, ihn zur Strecke zu bringen.
- 1994 **Das Wunder von Manhattan** □
  R: Les Mayfield, D: Richard Attenborough, Mara Wilson, Elizabeth Perkins, Dylan McDermott
  Richard Attenborough behauptet, der Weihnachtsmann zu sein. Die Gerichtsverhandlung, in der über seine Zurechnungsfähigkeit entschieden werden soll, erregt großes Aufsehen. Ganz New York solidarisiert sich mit dem Weihnachtsmann. Überall, auch am Shubert Theatre, steht in großen Lettern: »Wir glauben an ihn!«

FILMTHEATER

Untrennbar verbunden mit dem Film ist das Kino. Es lässt sich nicht klären, was eigentlich zuerst da war – ähnlich wie bei Henne und Ei. Jedenfalls aber geben Kinosäle häufig eine beliebte Filmkulisse ab. Die Filmemacher suchen für ihre Handlungen natürlich die attraktivsten Lichtspielhäuser der Stadt heraus.

20 Angelika Film Center

18 West Houston Street, NY 10012
✆ (212) 995-2000
www.angelikafilmcenter.com

Das in *Greenwich Village* beheimatete Programmkino zeigt zum großen Teil *Independent*-Filme. Da das große Foyer schon tagsüber als Café dient, ist es bei den New Yorker Filmleuten sehr beliebt.

Filme

- 1994 **Amateur**
  R: Hal Hartley, D: Isabelle Huppert, Martin Donovan
  Die junge Schriftstellerin Isabelle Huppert gibt gerade ihre frisch entstandene Pornoliteratur zum besten, als der etwas verwirrte Martin Donovan das Café des Kinos betritt. Er wurde gerade aus dem Fenster gestoßen und hat dabei sein Gedächtnis verloren. Bei einem Kaffee lernen sich beide kennen.

• 2001 **Made**
R/D: Jon Favreau, D: Vince Vaughn, Peter Falk

Frisch aus LA herübergekommen, werden Jon und Vince von einer Stretchlimousine am Flughafen JFK abgeholt. Auf ihrer luxuriösen Fahrt ins Hotel kommen sie am hell erleuchteten Angelika Film Center vorbei.

21 Beacon Theater

2124 Broadway, NY 10023
© (212) 496-7070 · www.beacontheater.net

Tickets $25-$100

Weitere Infos in der »Broadway Tour« ▶ S. 311

Direkt gegenüber dem wunderschönen Ansonia Apartmenthaus steht das 1923 erbaute Beacon Theater. Neben Kinovorführungen finden hier viele Jazz- und Rock-Konzerte statt.

Film

• 1991 **Auf die harte Tour**
R: John Badham, D: Michael J. Fox, James Woods, Stephen Lang, Annabella Sciorra

22 Beekman Cinema

1254 Second Avenue, NY 10021, Höhe 65th Street
© (212) 373-2622
www.clearviewcinemas.com

Film

• 1977 **Der Stadtneurotiker** □
R/D: Woody Allen, D: Diane Keaton, Christopher Walken

Der TV-Komiker Woody wartet verzweifelt auf seine sich verspätende Freundin Diane Keaton. Als sie das Kino erreicht, läuft der Film bereits seit zwei Minuten, und das macht es Woody Allen unmöglich, noch hineinzugehen.

23 Cinema Village

22 East 12th Street, NY 10003,
zwischen Fifth Avenue & University Place
© (212) 924-3363
www.cinemavillage.com

Erwachsene $9, Studenten $7, Kinder bis 12 Jahre und Senioren $5,50

Das *Independent*-Kino steht im Herzen von *Greenwich Village* und ist ein altehrwürdiges Filmtheater. Von der Multiplexierung blieb es bislang verschont.

17

Filme

- 2003 **Wie werde ich ihn los – in 10 Tagen** □
  R: Donald Petrie, D: Kate Hudson, Matthew McConaughey
  Kate Hudson und Matthew McConaughey verabreden sich zu einem Kinoabend und sehen »Schlaflos in Seattle«. Sie nervt ihn mit ihrer Eifersucht, bis ein Zuschauer hinter ihnen ausflippt und Matthew niederschlägt.
- 2005 **Couchgeflüster**
  R: Ben Younger, D: Meryl Streep, Uma Thurman, Bryan Greenberg
  Der 23-jährige Bryan Greenberg geht mit einer gleichaltrigen Freundin ins Kino. Hier lernt er die 37-jährige Uma Thurman kennen – es ist Liebe auf den ersten Blick.

24 Loews Lincoln Square Theater

1998 Broadway, NY 10023-5983
✆ (212) 336-5020
www.loewscineplex.com

Weitere Infos in der »Broadway Tour« ▶ S. 311

Das älteste Multiplex-Kino Manhattans beherbergt auch ein IMAX-Kino.

Film

- 2000 **Glauben ist alles**
  R/D: Edward Norton, D: Ben Stiller, Jenna Elfman

25 Village East Cinema

181 Second Avenue, NY 10013, Höhe 12th Street
✆ (212) 529-6799

Das historische Gebäude war einst ein *Yiddish Theater*. Leider wurde inzwischen ein Multiplexkino mit fünf kleinen Sälen daraus. Man sagt, dass Walter Matthau hier seine Filmkarriere als Kartenverkäufer startete.

Film

- 2002 **Untreu**
  R: Adrian Lyne, D: Diane Lane, Richard Gere, Olivier Martinez, Erik Per Sullivan
  Völlig allein im leeren Kino lassen sich Diane Lane und ihr feuriger Liebhaber Olivier Martinez durch den Film nicht beim Liebesspiel stören.

18 Film-Museen

Museen sind geweihte Orte. Hier verbindet sich Kunst mit Historie. Sie zeigen den Stoff, aus dem die Träume früherer Generationen waren, was sie zu idealen Orten für Filmemacher macht. Das haben zahllose Regis-,seure ebenso erkannt, und wen wundert's, kaum eines der berühmten New Yorker Museen wurde ausgelassen.

1 Abigail Adams Smith Museum

jetzt Mount Vernon Hotel & Museum
421 East 61st Street, NY 10021,
zwischen First & York Avenue
✆ (212) 838-6878

Di-So 11-16 Uhr, im August geschlossen
Eintritt $8, Senioren, Studenten & Schüler $7,
Kinder unter 12 Jahren frei

Hier wohnte die Tochter des zweiten US-Präsidenten John Adams. Die Ausstellung zeigt Kunstgewerbliches, Dokumente, Kleider, Möbel und Kunst der Zeit zwischen 1820-1830 aus Amerika und New York. Wer mag, kann im Hotel dieser *Historic Landmark* jetzt auch wohnen.

Film

- 1986 **Hannah und ihre Schwestern** ☐
  R/D: Woody Allen, D: Mia Farrow, Michael Caine, Barbara Hershey, D. Wiest

  Bei einer Party lernen Mia Farrow und Dianne Wiest, die einen Party-Service betreiben, einen jungen, attraktiven Architekten kennen. Er unternimmt mit den beiden eine Stadtrundfahrt zu seinen Lieblingsgebäuden, zu denen auch das Abigail Adams Smith Museum gehört.

2 American Museum of Natural History

Central Park West, NY 10024-5912, Höhe 79th Street
✆ (212) 769-5100 · www.amnh.org
täglich 10-17.45 Uhr
Eintritt Museum und Rose Center $15, Kinder $9, Studenten und Senioren $11
Weitere Infos in der »Central Park Tour« ▶ S. 294

Hier betritt man das größte Naturkundemuseum der Welt, insgesamt sind 36 Millionen Exponate zu bestaunen. Besonders beeindruckend sind die Dinosaurier und der *Star of India*. Bei letzterem geht es nicht um *Bollywood*, sondern es handelt sich, dem Museum angemessen, um den größten geschliffenen Saphir der Welt.

Filme

- 1977 **Der Exorzist II – Der Ketzer** □1
  R: John Boorman, D: Richard Burton, Linda Blair, Louise Fletcher, Max von Sydow
  Richard Burton trifft sich im Museum mit der besessenen Linda Blair.
- 1979 **Manhattan**
  R/D: Woody Allen, D: Diane Keaton, Mariel Hemingway, Michael Murphy, Meryl Streep
  Von einem Gewitter durchweicht, flüchten Woody und eine Freundin Diane Keaton aus dem *Central Park* in das dem Museum angeschlossene Planetarium. Hier finden sie sich plötzlich in einer Mondlandschaft wieder.
- 1982 **American Monster** □2
  R: Larry Cohen, D: Michael Moriarty, David Carradine, Candy Clark, Richard Roundtree
  Der prähistorische Flugsaurier überfliegt das Gebäude. Vermutlich leiten ihn Heimatgefühle.
- 1984 **Splash – Jungfrau am Haken**
  R: Ron Howard, D: Tom Hanks, Daryl Hannah, John Candy
  Im Museum hält die Regierung die liebliche Meerjungfrau Daryl gefangen. Doch Tom Hanks sei Dank, die Flucht gelingt.
- 1992 **Malcolm X**
  R: Spike Lee, D: Denzel Washington, Angela Bassett
  Denzel Washington besucht mit Angela Bassett, seiner Geliebten, das Museum. Von wilden Tieren umgeben erwidert sie seine Leidenschaft.
- 1993 **Hilfe, jeder ist der Größte**
  R: James Lapine, D: Michael J. Fox, Cyndi Lauper, Christina Vidal
  Vor dem Museum bestiehlt das vorwitzige Latino-Mädchen Christina Vidal einen

1

2

Touristen. Als sie geschnappt wird, erzählt sie die traurigsten Geschichten aus ihrer Familie. Kinderstar-Agent Michael J. Fox, der ebenfalls Opfer der kleinen Diebin geworden ist, wittert ein neues Talent und gibt sich bei der verwirrten Touristenmeute als ihr Vater aus.

- 1996 **Tage wie dieser**
  R: Michael Hoffman, D: Michelle Pfeiffer, George Clooney, Mae Whitman, Alex D. Linz
  George geht mit seiner Tochter und Michelles Sohn ins Museum und besichtigt die ausgestopften Affen und Elefanten. Währenddessen managt er seinen Journalistenjob per Handy.

3 Hayden Planetarium's Rose Center for Earth and Space

American Museum of Natural History
Central Park West, NY 10024-5912, Höhe 79th Street
✆ (212) 769-5000
www.amnh.org
täglich 10-17.45 Uhr, Fr 10-20.45 Uhr
Eintritt $12, Kinder (2-12) $7

Das riesengroße, supermoderne Planetarium schließt sich gleich an den Museumskomplex des *American Museum of Natural History* an. In der mit einem Glasquader umhüllten Kugel ist das *Space Theater* untergebracht. Außerdem kann man sich in einer Zeitspirale durch die Evolution führen lassen. Von der Erdgeschichte über den Mond und das Sonnensystem bis zum ganzen Universum folgt ein multimediales Erlebnis dem nächsten.

Filme

- 2000 **Forrester – gefunden**
  R: Gus Van Sant, D: Sean Connery, Bob Brown, F. Murray Abraham
  Bei einem Besuch im Planetarium macht Bob Brown seiner Freundin wenig Hoffnung für die Zukunft ihrer Beziehung. Er ist schwarz und arm, sie dagegen weiß und reich.
- 2002 **Men in Black II**
  R: Barry Sonnenfeld, D: Tommy Lee Jones, Will Smith

Abgekämpft aus der Subway kommend, muss sich Alien-Cop Will Smith erst ein mal auf einer Gartenbank vor dem Planetarium niederlassen. Doch schon kommt sein nervender Partner, der den Platz von Mr. Jones eingenommen hat, wieder hinzu.

- 2004 **Spiderman 2 – Im Netz des Bösen** □
  R: Sam Raimi, D: Tobey Maguire, Kirsten Dunst, Alfred Molina, James Franco
  Tobey wird für ein paar Schnappschüsse zu einer *Society Party* ins Planetarium geschickt. Der Abend wird für ihn jedoch zur Tragödie: Ein Astronaut gibt die bevorstehende Hochzeit mit Kirsten, Tobeys großer Liebe, bekannt, sein Freund ohrfeigt ihn in aller Öffentlichkeit und sein Boss stößt ihn lautstark im Saal herum.

4 Castle Clinton National Monument

26 Wall Street, NY 10005
✆ (212) 344-7220 · www.nps.gov/cacl
täglich 8.30-17 Uhr, Eintritt frei

Aus der 1812 zur Verteidigung New Yorks gebauten voll bewaffneten Festung wurde nie ein Schuss abgegeben. Seit 1821 wurde sie für wesentlich freundlichere Aufgaben verwendet. Erst wurde sie zum Opernhaus umgebaut. Als der letzte Vorhang gefallen war, benutzte man das Castle als Einwanderungshalle. In dieser Funktion durchliefen es 8 Millionen Menschen auf der Suche nach neuem Glück. Danach war es fast 50 Jahre lang das New Yorker Aquarium. Heute ist es eine nationale Gedenkstätte, in der täglich Führungen stattfinden.

Mit Ex-Präsident Clinton hat sein Name nichts zu tun. Es wurde nach einem ehemaligen New Yorker Bürgermeister benannt.

Film

- 1997 **Men in Black** □1
  R: Barry Sonnenfeld, D: Tommy Lee Jones, Will Smith
  Auf einer Bank vor dem Castle weiht Tommy Lee Jones Will Smith in die Geheimnisse des außerirdischen Lebens auf der Erde ein.

»Spiderman 2«

5 Carnegie Mansion/Cooper Hewitt National Design Museum

2 East 91st Street, NY 10128, Höhe Fifth Avenue
✆ (212) 849-8400
www.ndm.si.edu

Di-Sa 10-17, Di -21 Uhr, So 12-17 Uhr
Eintritt $8, Studenten und Senioren $5, Kinder unter 12 J. frei, Di 17-21 Uhr frei

Mit seinen vielfältigen Exponaten ist es das einzige Design-Museum Amerikas. Gezeigt werden in wechselnden Ausstellungen Produkt-Design, Kunsthandwerk, Zeichnungen, Grafiken und Textilien.

Filme

- 1981 **Arthur – kein Kind von Traurigkeit**
  R: Steve Gordon, D: Dudley Moore, Liza Minnelli, Geraldine Fitzgerald
  Im Film ist Dudleys Großmutter Geraldine Fitzgerald im Mansion zuhause.
- 1988 **Die Waffen der Frauen** ☐2
  R: Mike Nichols, D: Melanie Griffith, Harrison Ford, Sigourney Weaver, Alec Baldwin
  Melanie und Harrison schleichen sich auf die in diesem Gebäude stattfindende Hochzeitsfeier, die ein reicher Geschäftsmann für seine Tochter ausrichtet, um ihm ein Geschäft vorzuschlagen.

1

2

6 Fraunces Tavern Museum

54 Pearl Street, NY 10004-2429
✆ (212) 425-1778, Fax (212) 509-3467
www.frauncestavernmuseum.org
Mo-Sa 12-17 Uhr
Eintritt $4, Senioren und Kinder ab 6 Jahren $3

In diesem historischen New Yorker Gebäude verabschiedete George Washington 1789 seine für die Nordstaaten kämpfenden Offiziere offiziell in den amerikanischen Bürgerkrieg. Im ersten Stock befindet sich ein Museum über Geschichte und Kultur Amerikas. Im Erdgeschoss gibt es ein Restaurant.

Film

- 2002 **Ein Chef zum Verlieben** ☐1
  R: Marc Lawrence, D: Sandra Bullock, Hugh Grant
  Im Restaurant bespricht der Milliardär Hugh Grant mit seiner genervten, kündigungswilligen Assistentin Sandra Bullock die Anforderungen an eine mögliche Nachfolgerin.

7 Guggenheim Museum

1071 Fifth Avenue, NY 10128-0173, Höhe 98th Street ☐ ▶ S. 159
✆ (212) 423-3500 · www.guggenheim.org

Sa-Mi 10-17.45 Uhr, Fr 10-19.45 Uhr, Do geschlossen
Eintritt $18, Studenten und Senioren $15, Kinder unter 12 J. frei

In dem weltberühmten Bau von Frank Lloyd Wright, der von Salomon Guggenheim in Auftrag gegeben wurde, ist vor allem moderne Kunst in wechselnden Ausstellungen zu sehen. Der Anbau beherbergt verschiedene feste Sammlungen von großer Attraktivität.

Filme

- 1975 **Die drei Tage des Condors** ☐2
  R: Sydney Pollack, D: Robert Redford, Max von Sydow, Faye Dunaway
  Nach dem gewaltsamen Tod seiner Kollegen taucht Robert Redford erst einmal im Museum ab, um ein paar klare Gedanken zu fassen.
- 1979 **Manhattan**
  R/D: Woody Allen, D: Mariel Hemingway, Diane Keaton, Michael Murphy
  Als Woody Allen und Mariel Hemingway das Museum besuchen, treffen sie zufällig seinen Freund Michael Murphy mit seiner neuen Eroberung Diane Keaton. Sie ist in Kunstfragen grundsätzlich anderer Meinung als Woody Allen.
- 1997 **Men in Black**
  R: Barry Sonnenfeld, D: Tommy Lee Jones, Will Smith
  Will Smith jagt einen Außerirdischen in Menschengestalt. Der rennt die Fassade des Museums hinauf. Will, welch ein Sakrileg, zerschießt die Scheibe der Eingangstür und läuft den Spiralgang hoch bis aufs Dach. Als er den Alien stellt, stürzt der sich hinunter.

1

2

8 Intrepid Sea-Air-Space Museum

Flugzeugträger am Hudson River
Pier 86, Twelfth Avenue & 46th Street, NY 10036 ◻
✆ (212) 245-0072
www.intrepidmuseum.org

1.4.-30.9.: Mo-Fr 10-17, Sa/So -18 Uhr; 1.10.-30.3.: Di-So 10-17 Uhr
Eintritt $14, Studenten und Senioren $10,
Kinder 2-5 Jahre $2, 6-11 Jahre $7, 12-17 Jahre $10

Film

- 1990 **Im Vorhof der Hölle** ◻**3**
  R: Phil Joanou, D: Sean Penn, Gary Oldman, Ed Harris
  Am Key vor dem Flugzeugträger liefert sich die irische Gang, angeführt von Sean Penn, mit ein paar Leuten der italienischen Mafia eine wilde Schlägerei.

9 Metropolitan Museum of Art

1000 Fifth Avenue, NY 10028-0198, Höhe 82nd Street
✆ (212) 535-7710 · www.metmuseum.org

Di-So 9.30-17.30, Fr/Sa -21 Uhr
Eintritt $20, Senioren $15, Studenten $10, Kinder bis 12 J. frei

Weitere Infos in der »Central Park Tour« ▶ S. 294

In dieser Stadt der Superlative kommt man um diesen Superlativ einfach nicht herum. Aus dem Versuch, die Weltkultur in ein Gebäude zu pressen, entstand ein

2

Museum, das kaum noch zu überschauen ist. Wer einen Bildungsurlaub plant, und nicht weiß, wohin: Dieser Kulturtempel reicht aus, um jegliche vorhandene Freizeit zu füllen. Sollte man sich an den bedeutenden Kunstwerken aus allen fünf Kontinenten satt gesehen haben, dann bietet der Dachgarten des Hauses noch eine ganz besondere Attraktion. Neben den hier zu bewundernden Skulpturen kann man einen atemberaubenden Blick über den Central Park und Manhattan genießen. Wie wichtig diese Institution den New Yorkern ist, kann man daran ermessen, dass es das einzige Gebäude ist, das dem sonst unberührbaren Central Park immer wieder Land für neue Anbauten abverlangen kann.

Filme

- 1989 **Harry und Sally**
  R: Rob Reiner, D: Billy Crystal, Meg Ryan
  Meg Ryan und Billy Crystal spazieren durch das Museum. Er, ein wenig albern aufgelegt, versucht, Meg die Räubersprache beizubringen. Als Meg ihm gesteht, dass sie eine Verabredung hat, ist die Leichtigkeit des Tages dahin.
- 1998 **Ein perfekter Mord**
  R: Andrew Davis, D: Michael Douglas, Gwyneth Paltrow, Viggo Mortensen
  Gwyneth Paltrow und Michael Douglas sind ein viel beachtetes Paar der New Yorker Schickeria. Auf einer Party im Metropolitan Museum trifft Gwyneth heimlich ihren Liebhaber Viggo Mortensen, wird dabei aber von Michael überrascht, der sich jedoch noch nichts anmerken lässt.
- 1999 **Die Thomas Crown Affäre**
  R: John McTiernan, D: Pierce Brosnan, Rene Russo, Ben Gazzara, Faye Dunaway
  Dieser Film spielt praktisch im Museum. Der Multimilliardär Pierce Brosnan lässt durch einen perfekten Plan ein Gemälde aus dem Museum verschwinden. Ein zweiter bringt es wieder hinein. Pierce, die Polizei oder die in ihn verliebte Versicherungsdetektivin Rene Russo halten sich fast ständig im Museum auf.
- 2000 **Glauben ist alles** □3
  R/D: Edward Norton, D: Ben Stiller, Jenna Elfman
  Jenna steht vor einer Skulptur im Inneren der Museums und denkt über ihre Beziehung mit Ben nach. Der Freund aus Kindertagen ist mittlerweile ein Rabbi. Aber auch der Dachgarten ist ins Bild gesetzt. Zu dritt spazieren die Hauptdarsteller

3

durch die Skulpturen und genießen die herrliche Aussicht auf die New Yorker Skyline und den Park.

- 2003 **Manhattan Love Story**
  R: Wayne Wang, D: Jennifer Lopez, Ralph Fiennes, Tyler Posey
  Das Zimmermädchen Jennifer Lopez wird von dem verführerischen Senator Ralph Fiennes zu einem Ball am Tempel von Dendur ins Metropolitan Museum eingeladen. Als sie sich vor ihrer eigenen Courage fürchtet und von der Party flieht, holt er sie am Springbrunnen vor der Tür ein. Durch Küsse verzaubert, verbringen sie anschließend die Nacht gemeinsam im Waldorf Astoria.

- 2005 **Hitch – Der Date Doktor** □2
  R: Andy Tennant, D: Will Smith, Eva Mendes, Kevin James, Amber Valletta
  Auf den Stufen zum Eingang trifft sich Will mit Kevin, um hier seinen schwersten Auftrag entgegenzunehmen. Der dicke, sympathische Steuerberater hat sich in die hübsche, junge Millionenerbin Amber verknallt, die von seiner Kanzlei vertreten wird.

10 MoMA – Museum of Modern Art

11 West 53rd Street, NY 10019 □
✆ (212) 708-9400 · www.moma.org
Mi-Mo 10.30-17.30, Fr -20 Uhr
Eintritt $20, Senioren $16, Studenten $12, bis 12 Jahre frei

Die Exponate dieses einzigartigen Museums gehören zum Schönsten und Wertvollsten, was das 20. Jahrhundert zu bieten hatte: Malerei, Fotografie, Architektur, Design, ein Rausch aus Farben und Formen.

Filme

- 1979 **Manhattan**
  R/D: Woody Allen, D: Diane Keaton, Mariel Hemingway, Michael Murphy, Meryl Streep
  Woody trifft auf einer Gala im MoMA die kunstkritische Diane Keaton wieder und begleitet sie nach Hause.

- 2000 **Loser – Auch Verlierer haben Glück**
  R: Amy Heckerling, D: Jason Biggs, Mena Suvari, Greg Kinnear
  Mena Suvari lädt Jason Biggs zu einem Besichtigungsnachmittag ein. Sie stellt sich vor, sie könnten sich aus jedem Raum ein Bild aussuchen.

11 National Museum of the American Indian

One Bowling Green, NY 10004

✆ (212) 514-3700 · www.nmai.si.edu

täglich 10-17, Do -20 Uhr, Eintritt frei

Mitten im brodelnden Finanzdistrikt erinnert das Museum an die andere Geschichte, die der Ureinwohner Amerikas. Aber nicht nur die amerikanischen Indianer sind hier vertreten, auch viele Exponate aus Mittel- und Südamerika geben dem Besucher einen Einblick in die vergangene Zivilisation des Kontinents. Das prunkvolle, als Filmkulisse sehr geschätzte Gebäude war früher das *U.S. Custom House.*

Filme

- 1988 **Die Waffen der Frauen**
  R: Mike Nichols, D: Melanie Griffith, Harrison Ford, Sigourney Weaver, Alec Baldwin
  Hier ist der Firmensitz des Geschäftsmannes, der beabsichtigt, einen Radiosender zu kaufen. Melanie und Harrison betreten das Gebäude, um mit ihm zu verhandeln.
- 1989 **Ghostbusters II** □
  R: Ivan Reitman, D: Bill Murray, Dan Aykroyd, Harold Ramis, Sigourney Weaver, Rick Moranis
  Das Museum ist das Zentrum des Bösen. Hier wird das Gemälde von Figo, dem Dämonen, restauriert.
- 1997 **Fletchers Visionen**
  R: Richard Donner, D: Mel Gibson, Julia Roberts, Patrick Stewart
  Mel Gibson steigt die Treppen zum Eingang empor, um die dort arbeitende Justizangestellte Julia Roberts zu treffen. Er ist wieder einmal einer Verschwörung auf der Spur.

»Ghostbusters II«

- 2000 **Es begann im September**
  R: Joan Chen, D: Richard Gere, Winona Ryder
  Richard Gere läuft seiner unbekannten Tochter bis ins Museum nach, er erkennt sie nicht und fragt deshalb eine Angestellte nach ihr.
- 2005 **Hitch – Der Date Doktor**
  R: Andy Tennant, D: Will Smith, Eva Mendes, Kevin James, Amber Valletta
  Eva Mendes schlendert am Museum vorbei, während sie völlig verliebt mit Will telefoniert.

12 New York Historical Society

170 Central Park West, NY 10024-5152, Höhe 77th Street
© (212) 873-3400 · www.nyhistory.org
Di-So 10-18 Uhr, Fr 10-20 Uhr
Eintritt $10, Senioren $7, Studenten $6, Kinder unter 12 Jahren frei

Im ältesten Museum New Yorks gibt es außer den mit der Geschichte New Yorks verbundenen Kunstgegenständen verschiedene Wanderausstellungen zu sehen. Der Buchladen des Hauses ist gut sortiert.

Film

- 1994 **Quiz Show**
  R: Robert Redford, D: Ralph Fiennes, John Turturro
  Hier tobt die Kongressanhörung gegen Ralph Fiennes und die Quiz-Show.

13 Whitney Museum of American Art

945 Madison Avenue, NY 10021, Höhe 75th Street
© (212) 570-3676 · www.whitney.org
Sa/So & Mi/Do 11-18 Uhr, Fr 13-21 Uhr
Eintritt $15, Studenten und Senioren $10, bis 12 Jahre frei

Gertrude Vanderbilt Whitney gründete dieses Museum für zeitgenössische amerikanische Kunst 1930, nachdem ihre Sammlung vom Metropolitan Museum abgelehnt wurde. Heute ist es das wichtigste Museum seiner Sparte überhaupt. In dem beeindruckenden Gebäude des Bauhausarchitekten Marcel Breuer finden sich außer traditionellen Kunstwerken auch Film, Videokunst und Neue Medien.

Film

- 1979 **Manhattan** □
  R/D: Woody Allen, D: Diane Keaton, Mariel Hemingway, Michael Murphy
  Woody und Diane, nun endlich ein Paar, besuchen in Eintracht das Museum.

19 Central Park Tour

Was ist das Beeindruckendste an New York, die Häuser oder der Park? Ein Stadtpark ohne Häuser ist schlecht vorstellbar, und New York ohne Central Park ist eine Wüste. Das erkannten wohl auch seine Schöpfer. Unter dem Einfluss von Londons Hyde Park und anderen grünen Flächen in Europas Metropolen galt es, um genügend Platz für einen Park zu schaffen, erst einmal, 1500 »arme Schlucker« zu vertreiben, die sich hier in Baracken angesiedelt hatten. Wie oft in Amerika hatten rigorose Taten positive Wirkungen. Auch der himmlische Schöpfer war gegen den amerikanischen Pioniergeist chancenlos. Jeder Berg, jeder Baum, jeder Bach hier ist von Menschenhand geprägt: Millionen Tonnen Material wurden bewegt, um die perfekt gestylte Wildnis zu erschaffen.

Den Besuch auf ein Wochenende zu legen ist ein Muss, denn wirklich bunt machen diesen Park erst die Menschen – ein Gewimmel von Leuten aus allen Teilen der Welt. Hier ist der Mythos vom Schmelztiegel Amerika am ehesten Wirklichkeit geworden.

Filmreif ist der Park auf jeden Fall. Fast jeder Quadratmeter wurde abgelichtet, es wurde gelacht und geweint, geliebt und gelitten, gesungen und getanzt, geraubt und gemordet ...

Einen ganzen Tag Zeit oder besser zwei sollte man sich nehmen, um alles zu entdecken, was sich in diesem unvergleichlichen Park so abspielt. Vieles, was man hier erlebt, meint man schon einmal im Film gesehen zu haben.

Am besten Sie beginnen an der **Subway Station** Central Park West/81st Street, zu erreichen mit den Linien **A-B-C-D**. Hat Sie das Tageslicht wieder, stehen Sie schon vor der ersten Sehenswürdigkeit, dem

1 **American Museum of Natural History**. Einen kurzen Blick zum Himmel sollten Sie schon wagen. 1982 umkreiste das **»American Monster«** das Gebäude, ein urzeitlicher Flugsaurier auf der Suche nach frischer zweibeiniger Nahrung. Ein wesentlich erfreulicheres Fabelwesen war Daryl Hannah in **»Splash – Jungfrau am Haken«**.

Central Park Tour
0 200 m
85th St
79th St
65th St
Central Park S
Central Park W
Columbus Ave
Broadway
5th Ave
Madison Ave
Park Ave
Lexington Ave
3rd Ave
W 91st St
W 87th St
W 86th St
W 85th St
W 83rd St
W 81st St
W 76th St
W 74th St
W 72nd St
W 70th St
W 68th St
W 66th St
W 65th St
W 60th St
W 58th St
W 57th St
E 93rd St
E 91th St
E 89th St
E 87th St
E 85th St
E 84th St
E 82nd St
E 80th St
E 79th St
E 77th St
E 75th St
E 74th St
E 72nd St
E 70th St
E 68th St
E 66th St
E 65th St
E 64th St
E 63rd St
E 62nd St
E 60th St
E 58th St
E 57th St
1
2
3
4
5
6
7
8
9
10
11
12
13
14
15
16
17
18
19
20
21
22
23
24
25
26
27
28

Tom Hanks und der Meerjungfrau gelingt die abenteuerliche Flucht aus dem Museum zurück ins Meer. Aber auch **»Der Exorzist II«** hat sich in diesen Hallen herumgetrieben und Denzel Washington als **»Malcolm X«** stellt hier die Weichen für seine große Liebe. Ein Museumsbesuch ist also empfehlenswert, würde allerdings das Vorhaben einer Central Park Tour unrettbar zunichte machen. Im Kapitel **»Film«-Museen** steht Ausführlicheres dazu.

Einen Blick auf das schicke **Hayden Planetarium's Rose Center for Earth and Space** sollten Sie noch werfen, es schließt in der 81st Street direkt an das Museum an. Schon von außen ist es beeindruckend. Eine Szene in **»Forrester – gefunden«** □2 spielt hinter dieser Glasfassade. Zuflucht suchten sich Diane Keaton und Woody Allen in **»Manhattan«** im Planetarium □1. Beide vertrieb ein Gewitter aus dem Park. Auf unserer Central Park Tour ist das Wetter hoffentlich besser.

Ein Spazierweg links neben der *Transverse Road No. 2* (79th Street), die an den Wochenenden für den Autoverkehr geschlossen ist, führt in den Park. Nach einigen Wegkreuzungen erscheint auf der rechten Seite das

2 **Delacorte Theater**. Unter freiem Himmel werden hier im Sommer Shakespeare-Stücke in Starbesetzung gegeben. Die Vorstellungen gehören zu den wenigen kostenlosen Vergnügen, welche die Stadt zu bieten hat (www.publictheater.org). **»Hitch – Der Date Doktor«** hat hier jedoch anderes zu erledigen. Der angesagte Kuppler Will Smith besucht einen Klienten, der hier für eine Aufführung probt. Ein Abstecher noch weiter nach rechts lohnt sich:

3 Obwohl das **Belvedere Castle** auf der höchsten Erhebung des Central Park steht, ist der Aufstieg leicht zu schaffen. Und weil die New Yorker immer einen Trick auf Lager haben, wurde die Burg kleiner als gewohnt gebaut, so wirkt der »Berg« höher. Doch die Aussicht von der kleinen Burg auf den Park und die Stadt ist überwältigend. Im Inneren des Gemäuers befindet sich das *Central Park Learning Center*. Hier lernen die kleinen Besucher die Tierwelt des Parks kennen. An den Ufern des *Belvedere Lake* oder *Turtle Pond* lassen sich von der Burg aus viele Tiere beobachten. Nicht wundern, wenn einige davon reglos verharren, sie sind aus Bronze. – **»Hannah und ihre Schwestern«** erleben einiges. Eine der Schwestern, Dianne Wiest, spaziert mit Woody Allen am Castle vorbei. Er erzählt der erschreckten Dianne von seinem hilflosen und zum Glück missglückten Selbstmordversuch. Auf demselben Spazierweg reitet **»Ein Draufgänger in New York«**. Das Pferd, auf dem Peter O'Toole und Mark Linn-Baker gemeinsam sitzen, bäumt sich

1

2

passend zu O'Tooles Musketier-Image vor dem Belvedere Castle auf.

Gehen Sie nun auf vertrautem Pfad zurück und vorbei an Theater und Belvedere Lake quer durch den Park zum

4 **Metropolitan Museum of Art**. Den Besuch dieses Kulturtempels ersten Ranges sollte man sich am besten für einen Regentag aufsparen, denn einen vollen Tag braucht man dafür mindestens.

Howard Stern, der vulgäre, durchgeknallte Radio-DJ verbreitet täglich seine **»Private Parts«** über den Äther. In jeder Stadt, in der Howard einen Neubeginn wagt, dreht er einen Clip. Vor dem Museumsbrunnen versucht er sein »Hallo New York«-Video zu produzieren. Doch das junge Model entscheidet sich gegen den geplanten Nacktauftritt, zumal ein Esel die zweite Hauptrolle spielen soll.

Selbstverständlich drehte auch Woody Allen hier. In seinem Musical für Nichtsänger und Nichttänzer **»Alle sagen I Love You«** spielt eine Gesangsnummer mit Drew Barrymore und Edward Norton am Brunnen vor dem Eingang.

»Hitch – Der Date Doktor« Will Smith nimmt auf den Stufen zum Eingang seinen schwersten Auftrag entgegen. Er trifft sich mit Kevin James. Der dicke, sympathische Steuerberater ist in die hübsche, junge Millionenerbin Amber Valletta verknallt, die von seiner Kanzlei vertreten wird.

Meg Ryan und Billy Crystal haben im ehrwürdigen Museum als **»Harry und Sally«** ihren Spaß, und der ist nicht einmal vorgetäuscht. Sie üben hier die Räubersprache. Große Gefühle gibt es in der **»Manhattan Love Story«**: Jennifer Lopez und Ralph Fiennes finden sich endlich bei einer Dinner Party am heiligen Tempel von Dendur. Partys scheint es an gleicher Stelle öfter zu geben, denn auch Michael Douglas und Gwyneth Paltrow lassen sich hier feiern. Aus ist's dann mit der Partylaune, als **»Ein perfekter Mord«** daneben geht. Alles glatt läuft dagegen für Pierce Brosnan. Mit seinem genial-eleganten Kunstraub aus Langeweile löst er **»Die Thomas Crown Affäre«** aus. Richtig blutig wird es bei den **»Nachtfalken«**: Die beiden Cops Billy Dee Williams und Sylvester Stallone helfen bei der Sicherung eines Staatsempfangs. Als die Botschafter das Feld räumen, weicht auch die Anspannung, doch dann fällt ein Schuss – der Einsatzleiter der Polizei wird im Museumsfoyer erschossen.

In der Anfangssequenz von Woody Allens **»Manhattan«** ist alles zu sehen, was dem Meister in New York am Herzen liegt. Auch der Tempel von Dendur hat einen kurzen Schnitt.

Kunsthändler Donald Sutherland und seine Frau Stockard Channing sind zu einem Bankett vor dem Tempel geladen. Sie geben in **»Das Leben – ein Sechserpack«** die mysteriöse Geschichte von ihrem unbekannten Schlafgast Will Smith zum Besten.

»Glauben ist alles« lautet das Motto von Ben Stiller und Edward Norton. Ihre alte Freundin Jenna Elfman macht sich da so ihre Gedanken über die beiden Geistlichen. Und wo ginge das besser als in einem Museum?

Am Springbrunnen vor der Tür kann man wunderbar ausruhen, Menschen beobachten und am ständig präsenten fahrbaren Imbissstand einen Hot Dog essen. Auch Harrison Ford leistet sich **»In Sachen Henry«** einen. – Gegenüber an der 81st Street steht das

5 Stanhope Hotel. Auch hier hat Woody Allen seine Spuren hinterlassen. Im Restaurant *Melrose* sitzen Allens Freunde aus **»Manhattan«**, Diane Keaton und Michael Murphy. Michael will seinen leidenschaftlichen Seitensprung nun endlich beenden.
Leonardo DiCaprio dreht auf Allens Regieanweisung durch und verwüstet sein Hotelzimmer bis zur Unkenntlichkeit, der Grund: Stress mit seiner Freundin. Zusätzlich versucht ein Reporter verzweifelt, sein Skript und ein Interview bei diesem rasenden **»Celebrity«** unterzubringen. Den Kampf **»Für das Leben eines Freundes«** führt Anne Heche in einem erfreulich intakten Hotelzimmer des Hauses.

Einen Block weiter, an der Ecke zur 82nd Street, steht das schöne alte Haus mit der Adresse

6 1009 Fifth Avenue. Leider wird es von seinem klotzigen Nachbarn fast erdrückt. Drinnen wohnt Maggie Smith. **»Der Club der Teufelinnen«** hat in ihr eine glühende Sympathisantin. Ihren Wohlstand verdankt sie den gewinnbringenden Scheidungen von ihren zahlreichen Ehegatten. Natürlich hilft sie Bette Midler und empfängt Sarah Jessica Parker, die Freundin von Bettes Ex-Mann. Maggie Smith ist als Anhängerin des teuflischen Clubs wie geschaffen, schließlich kennt man sie auch als Mrs. McGonagall, Lehrerin an Harry Potters Schule für Zauberei in Hogwarts.

Auch Harrison Ford wohnt mit seiner Familie in eben diesem Haus. Da es mit ihnen aber **»In Sachen Henry«** nicht zum Allerbesten steht, müssen sie das Domizil bald räumen. Sogar die Polizei beobachtet die noble Immobilie, und die Mühe lohnt sich: ein Drogendealer der **»French Connection«** betritt das Haus.

»Alle lieben Oscar«

Nach ein paar Schritten auf der Fifth Avenue Richtung Süden, hinter der *Transverse Road No. 2*, geht es nun wieder in den Central Park hinein. Gegenüber, an der Ecke 79th Street, steht das

7 Ukrainian Institute – auch eine Filmbehausung. Hier wohnen **»Eiskalte Engel«**, die zwei Stiefgeschwister Sarah Michelle Gellar und Ryan Phillippe. Dank endloser Kreditlinie haben die beiden Teenies die Lizenz zum Intrigen schmieden und machen ihren Mitschülern das Leben schwer. Wer sich nun im Park südlich hält, kommt nach ca. 100 Metern zu

8 Alice im Wunderland. An dieser phänomenalen Plastik macht Jeff Bridges Barbra Streisand einen Heiratsantrag, aber sie merken bald: **»Liebe hat zwei Gesichter«**. Die Liebe beschäftigt auch Sigourney Weaver und Bebe Neuwirth, denn **»Alle lieben Oscar«** ☐. Die beiden Freundinnen diskutieren über den *One Night Stand*, den Bebe mit dem 15-jährigen Aaron Stanford hatte. Dass er Sigourneys Stiefsohn ist, verkompliziert die Angelegenheit.

In **»Ich bin nicht Rappaport«** versteckt sich eine junge, drogenabhängige Malerin unter »Alice« vor ihrem Dealer, leider vergeblich.

9 Ein paar Schritte sind es noch bis zum Conservatory Wather. Hier lassen die Modellboot-Fans ihre Liebhaberstücke treiben. Eben noch 13 Jahre alt, wird Jennifer Garner mit einem Schlag erwachsen: **»30 über Nacht«** ☐. Sie genießt ihre neue Situation mit einem Eis in der Hand und spaziert am *Sailboat Pond* vorbei. Jennifer Aniston empfängt zwar **»Liebe in jeder Beziehung«**, hat aber auch ein Problem. Auf einer Bank vor dem *Sailboat Pond* erzählt sie ihrem schwulen Mitbewohner Paul Rudd, dass sie schwanger ist. Auch eine kurze Szene in **»Frühstück bei Tiffany's«** spielt an dieser Stelle. Der **»Eiskalte Engel«** Sarah Michelle Gellar erzählt ihrem schwarzen Liebhaber, ihr Stiefbruder Ryan Phillippe habe sie geschlagen. Mit dieser Falschinformation geimpft, rast ersterer am Ufer vorbei, um Ryan zu stellen.

Wenn Sie dem Weg folgen, der auf halber Höhe vom See wegführt, dann sehen Sie einen bronzenen

»30 über Nacht«

10 Hans Christian Andersen lesend auf einer Bank sitzen. Vor ihm watschelt das hässliche Entlein. Es ist genug Platz, um sich dazu zu setzen und ein wenig in seinem Buch zu schmökern. Ossie Davis und Walter Matthau, dessen Lieblingswitz **»Ich bin nicht Rappaport«** ist, sitzen auf einer Bank vor ihm. Die alten Männer, dem ärztlich verordneten Drogenrausch verfallen, fantasieren, und ihre verflossenen Liebschaften erscheinen ihnen wie in einem Märchen. Ein Film für echte Central-Park-Fans, denn Dreiviertel der Handlung spielt hier.

Wenn Sie stilvoll speisen wollen, ist es von hier aus nur ein kurzer Abstecher zu

11 **Loeb's Boathouse**. Auf der Terrasse sitzt Meg Ryan mit ihren beiden kuppelnden Freundinnen aus **»Harry und Sally«**. Deren Kandidatenvorschläge können Meg jedoch nicht begeistern. – Als Frank Sinatra 1962 am Boathouse vorbei dem **»Botschafter der Angst«** nachjagte, war von einem Nobelrestaurant noch nichts zu erkennen. Boote kann man aber immer noch leihen. Vom Ruderkahn aus sieht Woody Allen **»Manhattan«** mit ganz anderen Augen. Hauptsächlich liegt es aber an seiner intellektuellen Freundin Diane Keaton, in die er nach einigen Wirren nun unsterblich verliebt ist. Die große Liebe nahm für Richard Gere gerade ein tragisches Ende. Mit seiner Tochter im Boot und dem Enkelsohn auf dem Schoß sinnt er dem Vergangenen nach: **»Es begann im September« □1.**

Die Tour führt weiter Richtung Süden bis zum *Inventor's Gate*. Dieser Weg verbindet die 72nd Street durch den Park in Ost-West Richtung. Nach Westen geht es bis zur *Bethesda Fountain*. Bevor der Brunnen in Sicht kommt, lohnt sich ein kleiner Abstecher zur südlich gelegenen

12 **Bandshell,** einer 1923 erbauten Konzertmuschel. Die swingenden und tanzenden Darsteller auf der Bühne, scheinbar entsprungen aus einer griechischen Komödie, stammen aus Woody Allens Phantasie. Sie bilden den Hintergrund für seine **»Geliebte Aphrodite«** Mira Sorvino, die er mit einem Zwiebelfarmer verkuppelt hat. Das junge Paar spaziert an der Bandshell vorbei. Walter Matthau und Ossie Davis bringen auf den Brettern, die die Welt bedeuten, ihren Witz **»Ich bin nicht Rappaport«** zur Aufführung. Die Bänke im Umkreis sind ebenso beliebt. Audrey Hepburns Mann holt sich nichts ahnend von ihrem Liebhaber einen Rat, wie er sie zurückerobern kann. Doch keiner von beiden war je mit Audrey zum **»Frühstück bei Tiffany's«** □2. Ein Mann, ausquartiert von seiner Freundin, hat sich mit seinen sieben Sachen ebenfalls eine Bank gesucht. Aber, wie das Sprichwort schon sagt: **»Ein Single kommt selten allein«**. Dementsprechend findet Steve

»Alle lieben Oscar«

Martin schnell einen mitleidenden Zeitgenossen, mit dem er sich hier regelmäßig trifft. Zu einer abendlichen Radtour mit Freundin im Park entschließt sich **»Mr. Deeds«**. Adam Sandler kauft für sich und seine Geliebte Winona Ryder vor der Konzertmuschel die Fahrräder von zwei vorbeikommenden Jungen, die über den Kaufpreis von je $20.000 mehr als zufrieden sind.

Über das viele Geld hätten sich auch vier Hippies und ein angehender US-Soldat gefreut. Nach durchsungener und durchtanzter Nacht lässt Regisseur Milos Forman seine unvergessliche **»Hair«**-Crew in der Muschel erwachen.

Wenn weder Konzerte noch Filmaufnahmen hier stattfinden, gehört des Areal den Skateboardern und Rollerbladern. Mit ein paar Schritten nach Norden gelangt man zum Wahrzeichen des Central Park, der

13 **Bethesda Fountain**. Sie wurde 1873 eingeweiht und ist heute eine der am häufigsten abgelichteten Sehenswürdigkeiten New Yorks. Der Strom von Besuchern ist endlos, und es vergeht hier wohl kein Tag ohne eine künstlerische Darbietung. So bunt geht es auch in den Filmen zu. Hier eine Aufzählung:

- **»Alle lieben Oscar«:** Aaron Stanford beobachtet seine geliebte Stiefmutter Sigourney Weaver, die am Springbrunnen einem Straßenmusikanten zuschaut.
- **»Green Card«:** Während sie am Springbrunnen vorbeispazieren, pauken Andie MacDowell und Gérard Depardieu ihre Lebensdaten, um vor der Einwanderungskommission zu bestehen.
- **»Hair«:** In der Unterführung wird getanzt, gesungen, gelacht und, wie bei Hippies üblich, Gras geraucht.
- **»Harry außer sich«:** Woody Allen mimt einen Schriftsteller, aus dessen Buch gerade eine Szene verfilmt werden soll. Die Kamera soll eigentlich Robin Williams mit einer Partnerin zeigen, aber Robin ist nur verschwommen zu erkennen, obwohl alles andere scharf gestellt ist – sehr mysteriös.
- **»Herz über Kopf – Fools Rush in«:** Voller Trennungsschmerz sitzt Matthew Perry am Springbrunnen und trauert seiner schwangeren Freundin nach. Aber am Ende wird alles gut.
- **»Ich bin nicht Rappaport«:** Ossie Davis trifft allerlei verrückte Bekannte: Einen Tänzer, der mit einer Gummipuppe tanzt, ein paar Penner, eine drogensüchtige Malerin.
- **»Kevin – allein in New York«:** Macaulay Culkin flieht am Brunnen vor seinen beiden bösartigen Verfolgern.

- **»Kopfgeld«:** Mel Gibson als reicher Fluglinienbesitzer richtet mit seiner Frau rund um den Brunnen einen »Jugend forscht«-Wettbewerb für New York aus. Dieses Gewimmel nutzt eine Gang, um seinen Sohn zu entführen.
- **»Der Marathon-Mann«:** Dustin Hoffman und seine Freundin Marthe Keller kühlen sich am Brunnen die Wunden. Zwei mysteriöse Herren im Anzug haben sie im Park überfallen.
- **»Mr. Deeds« □ 1:** Halsbrecherisch fahren Adam Sandler und Winona Ryder mit ihren soeben erstandenen Fahrrädern die Treppe zum Springbrunnen hinab. Am in die Sommernacht gehüllten Springbrunnen plaudern sie über ihre Vergangenheit und ihre Pläne.
- **»Tage wie dieser«:** Michelle Pfeiffer und George Clooney tanzen mit ihren Kindern durch die Pfützen, bevor sie zu einem Fußballspiel von Michelles Sohn gehen.
- **»2 Millionen Dollar Trinkgeld« □ 2** Nicolas Cage und Bridget Fonda gleiten frisch verliebt mit ihren Rollerblades um den Springbrunnen. Da ja Liebe bekanntlich blind macht, landet Nicolas nach kurzer Zeit im Wasser von *The Lake*.

Die Bethesda Fountain wurde übrigens nach einem heiligen Brunnen in Jerusalem benannt. Darüber hinaus erinnert sie an die während des Bürgerkriegs 1861-1865 gefallenen Marinesoldaten. Nach ein paar Schritten in westlicher Richtung am Ufer von *The Lake* entlang steht man vor der

14 **Bow Bridge**, dem wohl malerischsten Ort des Parks. Wohl aus diesem Grund ist die Brücke bei schönem Wetter ständig von Staffeleien umsäumt. An einem sanften Hügel mit Blick auf die Bow Bridge liegen Barbra Streisand und Jeff Bridges auf einer Decke. Beide sind Professoren an der *Columbia University* und haben sich auf seinen Wunsch hin zu einer Ehe ohne Sex entschlossen. Doch wohin Barbra auch schaut, überall sieht sie schmusende Liebespaare. Sogar einen alten Freund, der sie ewig erfolglos umworben hat, trifft sie hier glücklich mit einer Geliebten. Ihr wird klar: **»Liebe hat zwei Gesichter«**. Auch eines der glamourösen **»Uptown Girls« □** hat Beziehungsstress. Brittany Murphy, schon um ihr Vermögen geprellt, ist nun auch noch ihren süßen Lover los. Der Jungrockstar hatte es vorgezogen, mit seiner Plattenproduzentin ins Bett zu gehen. Verzweifelt stürzt Brittany sich von der Brücke. Das Wasser reicht ihr jedoch nur bis zur Brust. Allen Grund, sich ins Wasser zu stürzen, hätte auch Aaron Stanford, denn **»Alle lieben Oscar«** – auch seine Stiefmutter. Mit der hat er eine Affäre. In Gedanken versunken spaziert Aaron über die Brücke.

»Glauben ist alles«: Edward Nortons Motto will Jenna Elfman ihm nicht so recht glauben. Sie fragt ihren nun zum katholischen Priester gewordenen Freund aus Kindertagen, über die Brücke schlendernd, nach seinem Liebesleben. Das gleiche Thema haben auch Gwyneth Paltrow und Ethan Hawke, sie kennen sich ebenso lang. Er hat **»Große Erwartungen«**, doch Gwyneths Nachricht nimmt er bestürzt auf: Sie wird einen anderen heiraten. Der **»Highlander – Es kann nur einen geben«** trifft nach 100 Jahren auf der Brücke seinen unsterblichen Freund wieder. Anders **»Der Marathon-Mann«**: Dustin Hoffman sitzt mit seiner Freundin auf einer Bank vor der Bow Bridge, als zwei gut gekleidete Herren sich nähern und sie zusammenschlagen. Im zweiten Teil der **»New Yorker Geschichten«** erzählt uns Francis Ford Coppola, wie die kleine Heather McComb luxuriös, aber allein – ihre Eltern jet-setten unablässig durch aller Herren Länder – ihr Leben fristet. Dem reichsten Jungen der Welt, ähnlich einsam wie sie, erzählt sie an der Bow Bridge die Geschichte von Bunny Rabbit. Ein echter Treffpunkt für Filmpaare. Richard Gere trifft sich auf der Brücke mit einer jungen Schönheit, um ihr den Laufpass zu geben, aber im Verborgenen wartet schon eine neue Liebe. Wie man an den fallenden Blättern sehen kann: **»Es begann im September«**.

Sie überqueren die Brücke nicht, sondern folgen dem Spazierweg nach Süden. Auf Cherry Hill geht es nach Westen um die Südspitze von *The Lake* herum zu den

15 **Strawberry Fields**, dem Garten, den Yoko Ono zum Gedenken an John Lennon hier anlegte. Die Pflanzen für dieses Areal spendeten 161 Länder. Am *Imagine*-Mosaik auf einem kleinen Rondell kurz vor dem Ausgang an der 72nd Street treffen sich im Sommer viele Brautpaare, um sich dort fotografieren zu lassen. Hier einen Platz auf einer Parkbank zu bekommen, ist ein Glücksfall.

Wenige Schritte entfernt an der Ecke 72nd Street, gegenüber dem Park, steht das

16 **Dakota Apartments Building**. Als eines der ältesten und prächtigsten Apartmenthäuser New Yorks erlangte es 1980 durch die Ermordung von John Lennon traurige Berühmtheit. Lennon wurde direkt vor der Eingangstür erschossen. Dunkle Geschichten rankten sich schon immer um das Dakota. Auch **»Rosemaries Baby«** erblickt hier das Licht der Welt. Das junge Paar Mia Farrow und John Cassavetes ziehen in das Nachbarapartment einer betagten Satanistensekte. Das beklemmende Innere des Hauses ist wohl jedem Filmfan in Erinnerung. Heutzutage wird auf ehrenwerte Bewohner äußersten Wert gelegt. Will jemand eine der Wohnungen mit bis zu 17 Zimmern kaufen, geht das nur mit Zustimmung der Eigentümergemeinschaft. Madonna hatte hier keine Chance.

Ein paar Jahre später zieht es Mia Farrow wieder zum Dakota, diesmal mit ihrer Filmschwester Dianne Wiest. Ein junger, attraktiver Architekt zeigt ihnen die zu Stein gewordenen Schönheiten New Yorks. Beide haben jedoch hauptsächlich Augen für ihren verführerischen Führer. **»Hannah und ihre Schwestern«** haben's nicht leicht mit der Liebe.

In dem mystischen Thriller **»Vanilla Sky«** wohnt auch der von Alpträumen geplagte Millionenerbe Tom Cruise in einem schmucken Apartment des Hauses.

»Uptown Girls«

Spazieren Sie nun drei Blocks nach Süden bis zur 69th Street.

17 In Haus Nr. **91 Central Park West** ist der Keller aus **»Ich bin nicht Rappaport«**, in dem der Hausmeister Ossie Davis einen uralten Warmwasserboiler immer wieder gangbar macht.

Noch weiter südlich, einige Meter in die 67th Street hinein, steht man vor dem

18 **Hotel und Café des Artistes**. Das Hotel war immer ein Apartmenthaus für bildende Künstler. Zu jeder Wohnung gehört ein Atelier. Die großzügigen Platzverhältnisse wussten auch viele andere Künstler wie Isadora Duncan und Rudolph Valentino zu schätzen. Das Café ist berühmt für seine verführerischen Wandgemälde von Howard Chandler Christy. **»Der Club der Teufelinnen«** nahm hier seinen Ursprung. Nach dem Tod ihrer Freundin aus College-Tagen treffen sich Goldie Hawn, Bette Midler und Diane Keaton, bejammern die Lebenskrisen und beschließen, es ihren untreuen Männern heimzuzahlen.

Heimzahlen will es Woody Allen eher seinem Nachbarn. Besonders Woodys Frau Diane Keaton ist davon überzeugt, dass ihre freundliche Nachbarin das Mordopfer ihres Ehemannes geworden ist. Sie ist entschlossen, die **»Manhattan Murder Mystery«** aufzuklären. Woody verwirrt wie so oft einer Frau die Sinne. Die junge, hübsche Schriftstellerin Anjelica Huston, die er als Lektor betreut, revanchiert sich im Café des Artistes mit ein paar Nachhilfestunden in Poker.

Direkt gegenüber der 67th Street gehen Sie wieder in den Central Park. Nach ca. 100 Metern erreichen Sie

19 **Tavern-on-the-Green**, das Nobelrestaurant im Central Park. Bis in die 1930er-Jahre ein Schafstall, wurde es zu einer der Top-Adressen New Yorks. Aber nur wenige der hier spielenden Stars schafften es, an einem Tisch in diesen heiligen Hallen Platz zu nehmen.

»Eine schlaflose Nacht in New York« verbringen Goldie Hawn und Steve Martin. Ohne Geld und Obdach irren sie durch den dunklen Park. Spontaner Sex verheißt ein wenig Trost. Doch wie ein Blitz aus heiterem Himmel sind sie umgeben von tausend Lichtern. Den Veranstaltern des Wohltätigkeitsdinners ist die Überraschung wirklich geglückt. Die speisende feine Gesellschaft kann nicht nur ein neues Denkmal, sondern auch das fliehende Liebespaar bewundern.

Viel schlimmer geht es Rick Moranis, der von den »**Ghostbusters**« verlassen auf der Flucht vor einem Monster in der Taverne Zuflucht suchen will. Leider sind alle Türen verschlossen, um die gepflegte Gesellschaft drinnen nicht zu stören. Und so nimmt das Unglück seinen Lauf.

Charlie Sheen gelangt wenigstens bis auf die Herrentoilette. Hier befreien ihn die Jungs von der Börsenaufsicht von dem Rekorder, der den belastenden Mitschnitt einer schmerzlichen Unterhaltung mit »**Wall Street**«-Tycoon Michael Douglas enthält. Das schiefe Nasenbein wird sich sicher wieder richten lassen.

Als erstes schafft es, wie kann es anders sein, Woody Allen ins Restaurant. Er lädt seine Mutter zum Essen ein, zusammen mit ihm, seiner Freundin und ihren drei Kindern. Jedoch steht der bestellte Tisch im Garten des Tavern-on-the-Green, und das erzürnt Mama in den »**New Yorker Geschichten**« furchtbar. Annabella Sciorra hat sich hier mit ihrer Schwester zum Essen verabredet, um ihr von der tollen *Timesharing*-Wohnung zu erzählen, die sie nun an zwei Tagen in der Woche benutzt. Die restliche Woche teilen sich zwei Männer das Apartment, von denen einer ein Idiot, der andere ein Märchenprinz ist. Schnell wird ihr klar: Ich will nur eins – »**Die Nacht mit meinem Traummann**«.

Schräg gegenüber der Taverne erstreckt sich die im Sommer dicht bevölkerte Liegewiese

20 **Sheep Meadow** ☐. Woody Allen ist dort, auf der Suche nach der zu ihm passenden Religion, in Verhandlung mit einem Hare-Krishna-Jünger. Aber die Vorstellung, mit einem weiten Gewand auf einem Flughafen herumzutanzen, kommt ihm lächerlich vor. »**Hannah und ihre Schwestern**« sind schon anstrengend genug.

»**30 über Nacht**« wurde Jennifer Garner. Im Nu von einem Teenie zu einer erfolgreichen Frau gereift, führt sie nun die Redaktion eines *Life-Style*-Magazins an. Für das *Re-Design* beauftragt sie ihren Jugendfreund, neue, unkonventionelle Fotos zu machen. Vor der großen Wiese findet das Foto-Shooting statt.

Sich auf der Wiese nackt zu sonnen, wie es im Münchner Englischen Garten gang und gäbe ist, wäre hier unvorstellbar. Die einzigen die das wagten, wenn auch nur nachts, waren Robin Williams und Jeff Bridges in »**König der Fischer**«.

Die krummen Geschäfte an der **»Wall Street«** enden in einer bitteren Feindschaft. Michael Douglas und Charlie Sheen liefern sich eine Schlägerei, bei der Charlie mit einer blutigen Nase scheinbar den Kürzeren zieht. Der wirkliche Verlierer dieses Kampfes wurde oben bereits vermerkt.

Gehen Sie nun südlich über die *Transverse Road No. 1* und bei der nächsten Möglichkeit nach Osten. Nach einem ca. 400 m langen Spaziergang stehen Sie vor einem klingenden Achteck aus Backsteinbögen, dem

21 **Karussell**. Für nur einen Dollar kann man sich auf alten, wunderschön handgeschnitzten Holzpferden im Kreise drehen. Dieses Angebot lassen sich Walter Matthau und Ossie Davis nicht entgehen, zumal die beiden alten Zausel gerade eine Haschzigarette geraucht haben. Sie finden das unglaublich? Alles zu sehen in **»Ich bin nicht Rappaport«**. Es geht aber auch ohne Drogen. **»Alle lieben Oscar«**, nur Aaron Stanford hat sich in seine Stiefmutter Sigourney Weaver verknallt. In einem Tagtraum sieht er sich mit seiner Angebeteten auf dem Karussell im Kreise drehen.

Steve Martin will am Karussell wichtige Geheimunterlagen übergeben. Aber **»Die unsichtbare Falle«** ist schon zugeschnappt. Das Buch mit seinen Geheimunterlagen ist leer.

Jetzt sind es nur noch wenige Schritte nach Westen, und sie stehen vor der wohl berühmtesten Eislaufbahn der Welt. Dem

22 **Wollman Memorial Rink** □ (www.wollmanskatingrink.com). Sicher ist es auch die romantischste Eislaufbahn. Was die Häufung von Liebespaaren angeht, kann mit ihr im Central Park nur die *Bow Bridge* konkurrieren. Aber einer hat nicht die Liebe im Kopf – noch nicht. Macaulay Culkin ist **»Kevin – allein in New York«** □1 und schon wieder auf der Flucht vor den zwei miesen Gangstern.

Die »**Love Story**« **□1** hat in den 1970er-Jahren die Herzen aller Frauen dahinschmelzen lassen: Ryan O'Neal ist ein zauberhafter Eisläufer, seine totkranke Frau Ali MacGraw schaut ihm verliebt zu. Verliebt hat sich auch Kevin Kline, der als New Yorker Cop einen schrulligen Frauenmörder jagt, und zwar in Mary Elizabeth Mastrantonio, die Tochter des Bürgermeisters. Erst schleicht er ihr auf die Eisbahn nach, stürzt unglücklich und wird glücklich von ihr aufgehoben. Nach einem Kaffee geht's dann sofort ins Bett. Diese Affäre steht sicher nicht »**Im Zeichen der Jungfrau**«. Aber wir glauben, anders als die kleine Mara Wilson, immer noch an »**Das Wunder von Manhattan**«. Ihre Mutter Elizabeth Perkins küsst sich am Wollman Memorial Rink das erste Mal mit ihrem Nachbarn Dylan McDermott, dem perfekten Ersatzpapa und Weihnachtsmann-Anwalt. An das Wunder des Schicksals glaubt auch John Cusack, der eislaufend mit seiner frischen Liebe Kate Beckinsale wenige glückliche Stunden verbringt. Danach verlieren sie sich zwar aus den Augen, geben aber die Hoffnung auf ein Wiedersehen jahrelang nicht auf. Und wie das Schicksal es will, gerade als beide einen anderen Partner heiraten wollen, finden sie wieder zueinander. »**Weil es Dich gibt**« ist der Grund für zwei geplatzte Eheschließungen.

1

2

23 Laufen Sie nun nach Osten bis zum **Central Park Zoo**. Woody Allen und seine Frau Helena Bonham Carter hetzen mit dem Kinderwagen am Eingang vorbei. Sie haben keine Zeit für den Zoo, ihre Jobs sind zu stressig und ein Baby haben sie auch noch adoptiert. Die Mutter des Babys ist die »**Geliebte Aphrodite**«, Mira Sorvino.

Jack Nicholson zieht es bei Vollmond in den Zoo. Durch einen Biss zum Werwolf geworden, besucht er hier seine animalischen Freunde. Der Verhaftung durch die Polizei entgeht der »**Wolf**« durch ein paar behende Sprünge. Auch Mia Farrow hat kein Vergnügen am Zoobesuch. Als »**Alice**« verpasst sie ihren Liebhaber am Pinguinbecken. Seinem Drehbuch treu bleibend, lässt Woody Allen den verliebten Joe Mantegna eine Etage tiefer warten. Die Pinguine haben es auch Jennifer Lopez und Ralph Fiennes angetan. Sie spazieren mit JLo's aufgewecktem Sohn Tyler Posey am Becken der Südpolbewohner vorbei. Es ist unverkennbar, hier bahnt sich eine »**Manhattan Love Story**« an. Gleich nebenan am Seelöwenbecken trifft sich die schwangere Jennifer Aniston mit dem Vater ihres Kindes. »**Liebe in jeder Beziehung**« bestimmt zwar ihr Leben, doch eine gemeinsame Zukunft mit ihrem Ex hat sie nicht im Sinn. Das Baby will sie lieber mit ihrem schwulen Freund großziehen. Der kleine Tierpark scheint für Dates wie geschaffen. »**Hitch – Der Date Doktor**« wird von der Klatschreporterin Eva Mendes mit Hilfe eines Strohmannes zu einer Verabredung vor das Robbengehege gelockt. Ernüchtert muss sie feststellen, dass ihre große Liebe Will Smith dort erscheint. Dass er der gerissene Date Doktor ist, will ihr nicht in den Kopf. Verletzt verlässt sie den Park. Noch vergnügt ist »**Der Marathon-Mann**« Dustin Hoffman. Er hat das erste Date mit seiner jungen, blonden Freundin im Zoo. Der Albtraum beginnt jedoch schon wenig später…

Nun haben Sie den Central Park dreimal in Ost-West-Richtung durchquert und südlich der 81st Street, dem interessantesten Teil des Parks, die schönsten Punkte angesteuert.

Die übrigen sehenswerten Filmschauplätze liegen am Rande des Central Park. Gehen Sie nun die Fifth Avenue in Richtung Süden entlang. An der Ecke 63th Street ist er fast noch zu riechen, »**Der Duft der Frauen**«. In der Fifth Avenue 817 wohnt die edle Liebesdienerin, die Al Pacino als sein letztes Liebesabenteuer aufsucht. Zwei Blocks weiter in der 61st Street steht das *Hotel Pierre* mit dem gleichnamigen Café. Im Kapitel Hotels ist es ausführlich beschrieben ▶ S. 183. *Tiger Lady* Diane Keaton bekommt von einer englischen Verwandten per Testament das Sorgerecht für ein Baby übertragen. Als sie mit ihrem importierten »**Baby Boom**« beim Lunch mit einem einflussreichen Geschäftsmann erscheint, gibt es die ersten Probleme. Das Baby, das schnell an der Garderobe abgegeben wurde, will einfach keine Ruhe geben. Wahrscheinlich ist dieses Restaurant der richtige Ort für große Geschäfte. Whoopi Goldberg, die als männlicher Finanztycoon verkleidet unglaubliche Börsenerfolge feiert, versucht am Eingang zum Restaurant, allerdings noch ungetarnt, ihr erstes Finanzprojekt bei einem Investmentbanker unterzubringen. Zu diesem Zeitpunkt fragt sich noch keiner: »**Wer ist Mr. Cutty?**« Aber nicht nur Finanzgeschäfte enden manchmal tragisch. Ryan O'Neal hilft vor der Tür seiner todkranken Frau Ali MacGraw ins Taxi. Das ist schon fast das Ende der »**Love Story**«.

Nun nähern Sie sich dem südöstlichen Ende des Central Parks. An der Ecke Fifth Avenue/59th Street steht das *Sherry-Netherland Hotel*. Sicher haben hier schon viele »**New Yorker Geschichten**« stattgefunden. In der Story von Francis Ford Coppola wohnt die Tochter eines berühmten Flötisten im Hotel wie in einem goldenen Käfig. Sie hat alles und bekommt alles geboten. Das einzige, was ihr fehlt, ist die Nestwärme ihrer unablässig durch die Welt reisenden Eltern.

An der Südost-Spitze des Parks erhebt sich auf einem massiven Steinsockel ein großes, goldenes Reiterstandbild. Es ist der Bürgerkriegsheld

24 **General William Tecumseh Sherman**. Zu seinen Füssen saß Jeff Bridges mit einem großen Pinocchio. Schon reichlich betrunken führt Jeff den langnasigen Holzmann in die tieferen Gedanken Nietzsches ein. Die Geschichte vom »**König der Fischer**« ist ihm da noch unbekannt.

Ebenfalls auf dem Sockel, aber an einem schönen Sommertag, sitzen zwei junge Frauen und lesen begeistert Sabrinas Ratgeber. Hinter dem »**Good Advice**« **□3** steckt jedoch der joblose Broker Charlie Sheen, der die Tipps für seine durchgebrannte Freundin, die eigentlich als verantwortliche Redakteurin die Feder führt, in die Zeitung bringt.

Macaulay Culkin hat für seine Probleme handfeste Lösungen. Als »**Kevin – allein in New York**« **□2** muss er an dieser Straßenecke seine Verfolger abschütteln, die an der Ampel genau hinter ihm stehen. Er schlägt einer hübschen jungen Dame auf ihr wohlgeformtes Gesäß, die erblickt hinter sich natürlich nur die beiden vermeintlichen Lüstlinge und ohrfeigt sie kräftig. Macaulay nutzt deren Schrecksekunde zur Flucht.

Auch der Fackelmörder aus dem Film »**Money Train**« hetzt hier vorbei. Nach seinem missglückten Attentat auf die als Subway-Ticket-Verkäuferin verkleidete

Polizistin Jennifer Lopez flieht er über diese Kreuzung in den Central Park. Woody Harrelson, Jennifers Cop-Kollege, schießt in die Luft, was ein Pferdegespann durchgehen lässt; es droht, zwei Kinder zu überfahren. Woody kann sie zwar gerade noch retten, aber der Fackelmörder gewinnt an Vorsprung.

Central Park South, die Straße, die das Südende des Parks bildet, ist unsere letzte Station. Direkt neben der *Pulitzer Fountain* ragt das

25 **Plaza Hotel** auf. Die Nummer 1 der Filmhotels in New York ist im Kapitel Hotels ausführlich beschrieben ▸ S. 188. An den auf Fahrgäste wartenden Pferdekutschen schlendern **»Asphalt-Cowboy«** John Voight und sein humpelnder Manager Dustin Hoffman vorbei. John will sich als Profi-Lover in der Stadt verdingen. Schlitzohr Dustin Hoffman zieht ihm dafür erst einmal ein paar Dollar Bearbeitungsgebühr aus der Tasche. Wesentlich eiliger hat es Linda Kozlowski. Sie läuft ihrem Glück in Gestalt von Paul Hogan hinterher. **»Crocodile Dundee«** ◻**1** ist sicher, dass Linda einen anderen liebt und macht sich Richtung *Columbus Circle* auf den Weg nach *Down Under*, seinem australischen Zuhause. Ashley Olsen, in die gleiche Richtung rasend, ist auf der Flucht vor dem Chauffeur einer CD-Fälscher-Gang. **»Ein verrückter Tag in New York«** nimmt für sie und ihre Schwester Mary-Kate einen unheilvollen Verlauf.

26 In 180 Central Park South logiert der **New York Athletic Club**, eine der vornehmsten Sportadressen der Stadt. Turnvater Jahn hat zwar die Fitness-Bewegung erfunden, aber Cary Grant ist als männliches Leitbild wesentlich verführerischer. **»Ein Hauch von Nerz«** umwehte wohl alle Frauen in seiner Gegenwart. Um Doris Day vor einem schmierigen Arbeitsamtsverführer zu retten, stürmt Cary Grant nur mit einem Handtuch bekleidet aus dem Club. Wer als Frau in den 1960ern zu diesem Zeitpunkt noch nicht in Ohnmacht gefallen war, hatte den falschen Optiker. Reiche und schöne Männer gibt es im Club allerdings immer noch.

Auch Hugh Jackman passt genau in diese Kategorie. Der junge Prinz fiel jedoch durch eine Zeitschleuse aus dem 19. Jahrhundert direkt in Meg Ryans Arme. Glücklich, den echten Prinzen in einem Werbespot untergebracht zu haben, wollen sie gegenüber dem Athletic Club ein Taxi besteigen. Doch ein Dieb entreißt Meg ihre Handtasche. Prinz Hugh, ganz von der alten Schule, schnappt sich den Schimmel einer Pferdekutsche und bringt den Dieb hoch zu Ross im Central Park zur Strecke. **»Kate & Leopold«** – ein schönes Märchen für Erwachsene.

27 **240 Central Park South** hatte der nächste »**Superman**« seinen Auftritt. Die angebetete Margot Kidder wohnt in einer herrlichen Penthouse-Wohnung auf diesem Gebäude. Christopher Reeve landet auf der Terrasse und fliegt mit ihr in seinen Armen über das funkelnd nächtliche Manhattan – schöner und ergreifender als jeder Traum. Sie haben es geschafft.

28 Ein paar Schritte weiter am **Columbus Circle** ist das Ende der Central Park Tour. Zum Füße entspannen könnte man sich auf dem Sockel des Denkmals zu Ehren der Seeleute der *USS Maine* niederlassen. Gegenüber steht ein Haus mit dem Charme eines Getreidespeichers. Hinter diesem Haus, das heute leer steht, stampfte der Marshmallow-Mann hervor, eine Kopfgeburt der »**Ghostbusters**« □. Hin und wieder lässt sich mal ein Penner an diesem Platz nieder. Einer von ihnen hörte von hier aus einen »**Wolf**« □ heulen. Kein Grund zur Beunruhigung, es war Jack Nicholson, der bei Vollmond den Werwolf spielte. Wirklich ein guter Platz, um menschliche Studien zu treiben. Woody Allens »**Geliebte Aphrodite**« schlendert, frisch von ihm verkuppelt, mit ihrem Zwiebelbauern am Denkmal vorbei aus dem Park heraus. Am Denkmal vor dem Eingang des Central Park endet der gemeinsame Spaziergang von Julia Stiles und Freddie Prinze Jr. Als ihr bewusst wird, dass sie ihn noch liebt, ergreift sie mit einem Taxi die Flucht. Doch die Einsicht »**Den Einen oder keinen**« kam prompt. Plötzlich steht sie wieder hinter ihm, und das *Happy End* nimmt seinen Lauf.

Sollte ein Betrunkener neben Ihnen sitzen, verzeihen Sie ihm. Edward Norton verlor durch einige Drinks zuviel auf diesen Stufen sein Bekenntnis »**Glauben ist alles**« völlig aus den Augen. Heftiger war da schon der »**Taxi Driver**« Robert De Niro drauf. Er wollte am Columbus Circle den Präsidentschaftskandidaten ermorden, zögert jedoch und sucht sein Heil in der Flucht. Eine schöne Taxifahrerin ist drei jungen Matrosen behilflich, ihren Entschluss »**Heut gehn wir bummeln**« in die Tat umzusetzen. Sie setzt Frank Sinatra, Gene Kelly und Jules Munshin am Subway-Eingang ab, denn die sind auf der Jagd nach *Miss Underground.*

Ecke Broadway & 60th Street ist dieselbe *Subway Station*, die auch »**Crocodile Dundee**« benutzte, um seine Heimreise anzutreten. Auf dem Bahnsteig gibt es dann die schönste Liebeserklärung, die eine schiebende, verschwitzte Menschenmenge hervorbringen kann.

Sie werden den Central Park noch in vielen neuen und alten Filmen entdecken. Ein guter Grund also, einmal wiederzukommen.

»Wolf«

20 Broadway Tour

Die berühmteste Straße New Yorks entstand aus einem Indianerpfad. Den Stadtplanern mit ihren Linealen macht sie einen Strich durch die Rechnung, denn sie ist die einzige Straße, die sich über die gesamte Insel erstreckt und sich nicht in das sonst so sinnvolle rechtwinklige Muster der *Streets* und *Avenues* zwängt. Als von der Wildnis nur noch die Eichhörnchen in den Parks übrig blieben, wurde aus dem »breiten Weg« *The Great White Way*. Diesen Zweitnamen bekam die Straße in den *Golden Twenties* wegen der revolutionären elektrischen Theaterreklamen zwischen 41st und 53rd Street. Ein Mythos aus Glanz und Glamour war geboren. Mit der Erfindung des Kinos begann ein langer schmerzlicher Abstieg. Der Bereich verkam zur Sex- und Drogenmeile. Ende der 1980er-Jahre fanden sich endlich Investoren, die es schafften, den Sumpf trocken zu legen und aus dem historischen Broadwayabschnitt mit 42nd Street und *Times Square* wieder ein Viertel mit Theatern und Touristenattraktionen zu machen. Wer gerne ins Gewimmel taucht, kann hier zu jeder Tages- und Nachtzeit ein Bad nehmen. Wen wundert's, dass kaum ein Film auf ein paar Schüsse von dieser berühmten Magistrale verzichten will. Nur ein kurzes Bild vom Times Square und jeder weiß: Das ist New York.

Es lohnt sich, den Broadway-Spaziergang fernab vom Trubel in der Höhe 80th Street zu beginnen. Von dort aus kann man sich dann von Norden her dem tosenden *Times Square* behutsam nähern.

Zu Ihrem Ausgangspunkt fahren Sie am besten mit einer der roten Subway-Linien 1 oder 9 zur Station Broadway & 79th Street. Bevor Sie den Weg nach Süden nehmen, lohnt es sich, zum Start Ihrer Entdeckungstour noch einen Block nach Norden zu gehen. An der 80th Street angekommen, können Sie sich erst einmal stärken, und zwar im stadtbekannten Delikatessengeschäft

1 **Zabar's**, 2245 Broadway: Ein Feinschmeckertempel als sinnliches Erlebnis. Nicht nur Augen und Nase kommen nicht zur Ruhe, auch die Ohren können sich am babylonischen Stimmengewirr nicht satthören. Außer allem, was sich der New Yorker Gourmet an Köstlichkeiten erträumt, gibt es im ersten Stock noch eine gut sortierte Haushaltswarenabteilung, in der man sich für die perfekte Zubereitung der Gaumenfreuden ausrüsten kann. Gutes Essen scheinen auch Meg Ryan und Tom Hanks nicht zu verschmähen. Beide kaufen in **»e-m@il für Dich«** ☐ zur gleichen Zeit in diesem Schlemmerparadies ein. Meg, die Besitzerin des kuscheligen Kinderbuchladens, will Tom, dem verhassten *Book Megastore Manager*, auf keinen Fall begegnen. Nach einem langen Katz-und-Maus-Spiel gerät Meg mit ihrer Kreditkarte an eine Bargeldkasse. Wie peinlich,

»e-m@il für Dich«

ausgerechnet Tom hilft ihr aus der Patsche. Auch Diane Keaton und Woody Allen schlendern im Film »**Manhattan**« an dem Geschäft vorbei. Sie bewundern ein paar folkloristisch gekleidete Afrikaner, die gerade den Laden verlassen.

Zu Zabar's gehört ein kleiner *Deli*, in dem Sie vortrefflich essen können und, um beim leiblichen Wohl zu bleiben:

2 **H&H Bagels**, 2239 Broadway, gleich auf der anderen Seite der 80th Street, backt die leckersten Bagels der Stadt. Tom Hanks beschreibt in einer »**e-m@il für Dich**« an Meg Ryan auf wunderbare Weise, wie er morgens, wenn das Mehl geliefert wird, mit seinem Hund an dieser Ecke vorbeispaziert und den anbrechenden Tag genießt. In die

3 **Subway Station Broadway/79th Street**, an der Sie eben den Katakomben New Yorks entstiegen sind, flüchtet sich der junge Erfinder Campbell Scott in dem Film »**Die unsichtbare Falle**«. Nachdem ihn seine Firma nicht an den Erträgen seiner Idee beteiligen will, gerät er durch mysteriöse Umstände in die Fänge von FBI und Geheimdiensten. – Zwischen der 78th Street und der 79th Street befindet sich das den ganzen Block ausfüllende, altehrwürdige

4 **Apthorp** Apartmenthaus, 2201-2219 Broadway. Das fast 100 Jahre alte Gebäude ist eine der ersten Wohnadressen der *Upper West Side*. Im Thriller »**Im Zeichen der Jungfrau**« jagt der ein wenig schräge Superbulle Kevin Kline einen mysteriösen Serienmörder. Jeden Monat ist eine tote Frau zu beklagen. Das Dezemberopfer wohnt in diesem Haus. Faye Dunaway und Peter Finch sind im Film »**Network**« zwei Fernsehmacher im Quotenstress. Der tägliche Wahnsinn lässt sie einander näher kommen. Im Apthorp schließlich haben sie ihr Liebesnest.

5 **Ruby Foo's**, 2182 Broadway, zwischen 77th & 78th Street, ist zwar ein sehr beliebtes asiatisches Restaurant. Doch aus Zeitgründen sollte man der Versuchung des hier lecker zubereiteten Sushi widerstehen. So hielt es auch der glücklose Einbrecher Woody Allen in »**Schmalspurganoven**«, obwohl ihn seine Cousine vom Fenster aus zum Essen überreden wollte. – Zwei Blocks weiter zwischen 74th & 75th Street steht das

6 **Beacon Theater,** 2124 Broadway, ein Kino, in dem auch Rock- und Pop-Konzerte stattfinden. Der coole Polizist James Woods versucht es hier »**Auf die harte Tour**«. Er liefert sich einen Show-Down mit dem Partykiller Stephen Lang, und das bei laufender Kinovorstellung. Das Erscheinen des Moviestars Michael J. Fox, der James für ein Rollenstudium zugeteilt wurde, macht die Lage auch nicht unkomplizierter. Doch mit vereinten Kräften wird dann doch alles gut. – Auf der anderen Seite des Broadway zwischen 73rd und 74th Street ist schon das **Ansonia Hotel** zu sehen, das mit seinen Türmen und Zinnen wie eine zu große Pariser Stadtvilla wirkt.

Dieses am Beginn des 20. Jahrhunderts fertig gestellte Luxusapartmenthaus ist ein New Yorker Mythos. Sein Bauherr, ein Sicherheitsfanatiker, ließ aus Brandschutzgründen meterdicke Decken und Wände einziehen. Das dadurch unbeabsichtigt auch schalldichte Ansonia zog weltberühmte Musiker an. Enrico Caruso, Igor Strawinsky und Arturo Toscanini wohnten hier und lobten die Qualität des

Broadway Tour
0 400 m
N
W 86th St
W 83rd St
W 81st St
W 79th St
Broadway
W 78th St
W 77th St
W 75th St
W 73rd St
W 72nd St
W 71st St
W 70th St
W 68th St
W 66th St
W 65th St
W 62nd St
W 60th St
W 58th St
W 57th St
W 56th St
W 55th St
W 54th St
W 52nd St
W 50th St
W 48th St
W 46th St
W 44th St
W 42nd St
Riverside Dr
West End Ave
Amsterdam Ave
Columbus Ave
Central Park W
79th St
West Side Hwy
Freedom Pl
Central Park S
E 57th St
10th Ave
9th Ave
8th Ave
7nd Ave
6th Ave
5th Ave
Madison Ave
Park Ave

Gebäudes in aller Welt. Bridget Fonda glaubte mit ihrem Freund das Glück unter diesem Dach gefunden zu haben. Als ein heftiger Streit die beiden entzweit, gibt Bridget das verhängnisvolle Inserat auf: »**Weiblich, ledig, jung sucht …**«. Die am Anfang so freundliche Mitbewohnerin Jennifer Jason Leigh entpuppt sich Stück für Stück als lebensgefährliche Psychopathin. Das bei den »**Uptown Girls**« □ offenbar sehr beliebte Haus bewohnt auch die noch sorglose Millionärstochter Brittany Murphy mit ihrem niedlichen rosa Ferkelchen. Da die junge Dame offenbar nicht gerne Aufzug fährt, kann man auch eines der spektakulären Treppenhäuser, die den Touristen leider verborgen bleiben, bewundern. Schließlich zerbricht hier Michael Douglas' Familienidylle in dem Film »**Sag kein Wort**«, als seine Tochter aus seinem noblen Apartment entführt wird.

Die hinter einem massiven Bankgebäude hervorscheinende Leuchtschrift gehört zu der

7 **P&G Bar**, 279 Amsterdam Avenue, Ecke 73rd Street. Im Film »**Donnie Brasco**« steht der in die Mafiaszene eingeschleuste Spezialagent Johnny Depp in einer Telefonzelle vor dem Lokal und telefoniert mit seiner einsamen Frau.

In der Bar sitzt der Eintrittskartendealer Andy Garcia nach getaner Arbeit mit seinen Schwarzhändlerfreunden am Stammtisch. Aber Andy will nur eins: das »**Ticket To Love**« zum Herzen von Andie MacDowell.

»**Ein Single kommt selten allein**«: Das Leben verfluchend steht Steve Martin mit seiner gesamten Habe bepackt an der

8 **Subway Station 72nd Street/Broadway**. Nachdem er seine Freundin mit einem anderen im Bett erwischt hat, räumt er das Feld. Doch wie peinlich, gegenüber der Subwaystation trifft Steve Martin seinen Bekannten Steve Lawrence, eingehakt mit Frau und Freundin. Der Frauenheld macht Steve Mut, plaudert aber nebenbei von

»Uptown Girls«

Liebesabenteuern mit Steves Ex-Geliebten. Die Ecke Broadway/72nd Street ist schon oft von Film-Crews heimgesucht worden. Das könnte an den guten und noch dazu preiswerten Hot Dogs von

9 **Gray's Papaya** liegen. Die in ihrem Film nie um eine Mahlzeit verlegenen Meg Ryan und Tom Hanks ließen in **»e-m@il für Dich«** auch den Würstchenimbiss nicht aus. Ganz andere Sorgen haben da Bruce Willis und Jeremy Irons. An einem öffentlichen Telefon in der Nähe haben beide den ersten Kontakt mit dem wahnsinnigen Killer. Der gibt ihnen ein Rätsel auf und hat nur ein Ziel: **»Stirb langsam – Jetzt erst recht«**.

Ob die nächsten vier Blocks wohl filmisches Niemandsland sind? Eine sehr kühne Vermutung, da eine einschlägige Datenbank über 3200 Filme registriert hat, die in New York gedreht wurden. In der Nähe der 68th Street steht das Apartmenthaus mit der Nummer

10 **2000 Broadway**. Hier hat der *self-made* Wallstreet-Millionär Nicolas Cage seine Luxuswohnung. Sein Ankleidezimmer ist der besseren Aussicht wegen jedoch im *Trump Tower*. In einer Traumverwandlung ist er plötzlich ein kleiner Angestellter mit großer Familie, eben der **»Family Man«**. Als er die ihm vertraute *First Class*-Herberge betreten will, wird er vor der Tür von einer Nachbarin und dem *Doorman* in die Flucht geschlagen. – Nur ein paar Schritte sind es nun zum

11 **Loews Lincoln Square Theater**, 1998 Broadway. Der jüdische Rabbi Ben Stiller lädt seine Jugendfreundin Jenna Elfman zum Kinoabend ein. Doch allzu viele Gemeindemitglieder stehen im Foyer, und so gibt es diffizile Verstrickungen.

Bens Motto lautet **»Glauben ist alles«**. Den Glauben an seine Beziehung hat Tom Cruise, der Star-**»Cocktail«**-Mixer □, nach kurzer Zeit verloren. Die superreiche Freundin aus dem hawaiianischen Urlaubsresort behandelt ihn mehr und mehr als Spielzeug. Auf einer Vernissage, die neben dem bereits geschlossenen

12 **Regency Theatre**, 1987 Broadway, stattfindet, wirft Tom erst die Skulpturen durcheinander und trennt sich dann vor der Tür von seiner dollarschweren Freundin. Einen Oscar für das beste Drehbuch bekam Woody Allen für das Familienepos **»Hannah und ihre Schwestern«**. Einsam den abendlichen Broadway herunterschlendernd, trifft er im derweil aufgegebenen Musikshop

13 **Tower Records**, 1961 Broadway, Ecke 66th Street, nach langer Zeit Dianne Wiest wieder. In diesem Film bekam auch sie einen Oscar für die beste Nebenrolle. Zwischen der 62nd und der 65th Street liegt das nächste Broadway-Highlight, das

14 Lincoln Center. Von *New York State Theater* und *Avery Fisher Hall* umrahmt, bildet die *Metropolitan Opera* das Herzstück des Gebäudekomplexes. Dank Film und Fernsehen kennt jeder diesen schlichten Bau mit seinen fünf Rundbögen im Portal. Wer am plätschernden Springbrunnen sitzt, spürt, dass hier Musik in der Luft liegt. In der Ouvertüre des Films **»Manhattan«** sind alle Gebäude seiner Stadt zu sehen, die Woody Allen wichtig sind – natürlich auch die *Met*. Die Liebe zu diesem Haus kann er jedoch nicht in all seinen Filmen durchhalten.

Die kulturinteressierte Hausfrau Diane Keaton löst mit dem gemeinsamen Besuch einer Wagner-Oper ein von ihrem Mann Woody Allen gegebenes Versprechen ein. Sie hatte mit ihm ein Eishockeyspiel im *Madison Square Garden* durchlitten, »Der fliegende Holländer« sollte die Gegenleistung sein. Doch Woody hält nicht bis zum Ende durch, und Diane muss mit ihm die Vorstellung verlassen. Die Langeweile vergeht Woody Allen jedoch schnell, denn beide bekommen es mit der **»Manhattan Murder Mystery«** zu tun.

Auch Cher und Nicolas Cage haben eine Verabredung für einen Opernabend. In **»Mondsüchtig«** verwandelt sich Nicolas' eher unspektakulär scheinende Geliebte in eine atemberaubende Schönheit. Als er vor der Met auf sie wartet, erkennt er sie kaum. Soviel Mühe wurde natürlich belohnt: Cher bekam für diese Rolle einen Oscar.

Auch Helen Slater und Michael J. Fox gönnen sich in **»Das Geheimnis meines Erfolges«** **□1** einen Opernbesuch, denn Michael hat es geschafft, vom Postsachbearbeiter zum Vorstandschef aufzusteigen. Über solch eine Entwicklung in nur 100 Minuten kann man wirklich zufrieden sein.

Auch John Cusack besucht gemeinsam mit John Malkovich die Oper. Er sitzt in dem wirklich skurrilen Film **»Being John Malkovich«** in dessen Kopf. Zugang findet er durch einen kleinen Schacht, der hinter einem Aktenschrank in seinem Büro beginnt. Aber sie kommen nicht als Zuschauer, sie sind Akteure: Malkovich lässt mit Puppenspieler John Cusacks Steuerung im Hirn eine riesige Marionette zum Ballett »Schwanensee« tanzen.

Al Pacino ist der etwas schräge, aber unbestechliche Polizist »**Serpico**«. Seine blonde, schöne Freundin Barbara Eda-Young lädt Al zu einem Ballettabend ins *New York State Theater* ein. Das begeistert ihn so, dass er sogar Ballettstunden nimmt. Bill Murray ist ebenfalls wegen einer schönen Frau hier. Er hat sich mit Sigourney Weaver am Springbrunnen verabredet. Da der Spuk in ihrem Apartment langsam ausufert, wird sie noch einige Hilfe von den »**Ghostbusters**« □**2** benötigen.

Gene Wilder und Kenneth Mars träumen auf dem Springbrunnen tanzend noch vom großen Erfolg. Sie wollen das Stück »**Frühling für Hitler**« am Broadway herausbringen und mit dem Misserfolg die reichen New Yorker Witwen um ihre Beteiligungsdollars bringen. In »**Liebe auf Umwegen – Sweet Home Alabama**« ist Candice Bergen Bürgermeisterin von New York. Bei einem Empfang vor der Oper entdeckt sie am Finger von Reese Witherspoon einen Verlobungsring. Ihr entsetztes Gesicht geht durch alle Zeitungen, denn Reese ist die Freundin ihres Sohnes Patrick Dempsey.

Von Oktober bis Januar befindet sich im Lincoln Center der *Big Apple Circus*. Mia Farrow hat hier in »**Alice**« ein Treffen mit ihrem Lover. Zur Tarnung bringen beide ihre Kinder mit. – Dem Lincoln Center gegenüber liegt das

15 **Café Fiorello**, 1900 Broadway, zwischen 63rd und 64th Street. Dort bekommt man einen Einblick, was »**Hinter dem Rampenlicht**« □**3** alles passiert. Der berühmte Broadway-Regisseur Roy Scheider bricht mitten in den Proben zu seinem neuen Musical mit einem Herzinfarkt zusammen. Flugs wird Ersatz beschafft, doch Roy erholt sich erfreulich schnell. So lädt der Produzent die zweite Besetzung ins Café, um ihn wie das schmutzige Geschirr freundlich, aber gnadenlos wieder abzuservieren.

»**Der Stadtneurotiker**« Woody Allen und Diane Keaton sitzen im

16 **Empire Hotel**, 44 West 63rd Street, Ecke Broadway, blicken auf das *Lincoln Center* und plaudern über alte Zeiten. Als sie sich verabschieden, bleibt Woody an der Ecke stehen und blickt Diane lange nach.

Wer kennt nicht das Kinderspiel Stille Post? In »**Crocodile Dundee – Ein Krokodil zum Küssen**« wird mit dieser Methode eine Liebeserklärung übermittelt. Paul Hogan ist davon überzeugt, dass seine New Yorker Liebe Linda Kozlowski einen anderen heiraten wird. Enttäuscht beschließt er, endlich in seine Heimat Australien zurückzukehren. Er taucht in der Station Broadway and 60th Street in die überfüllte Subway ab, um dort den Zug Richtung Flughafen zu nehmen. Doch Linda jagt ihm nach, sie will das Missverständnis aufklären. Als sie den Bahnsteig erreicht, ist vor lauter Menschen kein Durchkommen. Sie erkennt Paul jedoch in der Mitte des Bahnsteigs, und es bleibt ihr nichts anderes übrig, als ihre Liebeserklärung von Person zu Person bis zu ihm durchgeben zu lassen. Als beide sich endlich in die Arme fallen, jubelt der ganze Bahnsteig.

17 Am **Columbus Circle** wiederum überschlagen sich die Ereignisse. In **»Ghostbusters – Die Geisterjäger«** stampft der turmhohe Marshmallow-Mann auf den Platz (□ ▶ S. 310 – ein Schelm, wer bei dem Anblick an französische Autoreifen denkt), wird gesprengt und begräbt zahlreiche Menschen unter klebriger Masse.

18 Beim **Memorial to Seamen of the Maine**, Broadway, Ecke Central Park South, lässt sich Edward Norton nach einer durchzechten Nacht nieder. Sein Leitspruch **»Glauben ist alles«** scheint dem jungen katholischen Priester entfallen zu sein. Der **»Taxi Driver«** □1 Robert De Niro ist da schon aggressiver. Er will bei einer Wahlkampfveranstaltung an selber Stelle den Präsidentschaftskandidaten ermorden. Als er jedoch merkt, dass die Sicherheitsleute ihn im Visier haben, kann er gerade noch fliehen. Nicht weniger gefährlich gebärdet sich Jack Nicholson. Er streift hier umher und heult fürchterlich, denn er ist der **»Wolf«**. – Nun drei Blocks den Broadway herunter, dort steht das

1

19 **MONY Building**, 1740 Broadway, zwischen 55th und 56th Street. Vom obersten Stockwerk des für Besucher geöffneten Hauses hat man einen wunderbaren Blick über die Stadt. Der **»Asphalt-Cowboy«** und Möchtegern-Gigolo John Voight sieht aus dem Fenster seiner einzigen Kundin das Gebäude samt Temperatur- und Zeitanzeige auf dem Dach zum ersten Mal; danach taucht es immer wieder auf. Sogar beim Scrabblespiel legt John das Wort MONY. Der auf **»New Yorker Geschichten«** □2 abonnierte Woody Allen holt seine langjährige Ehefrau und Mitstreiterin Mia Farrow in diesem Film vor dem Eingang des Hauses ab. – Ganz in der Nähe des Broadway, in der 54th Street, steht das berühmte

20 **Studio 54**, 254 West 54th Street, zwischen Broadway und Eighth Avenue. Über die einst berühmteste Disco der Welt steht schon einiges im Kapitel »Bars und Clubs« (▶ S. 267), aber die Atmosphäre erfasst man im Film **»Studio 54«** natürlich weit besser. Ryan Phillippe kommt als neugieriger Vorstadtjunge in die Disco und steigt zum Liebling der Szene auf. Mira Sorvino und John Leguizamo werden in **»Summer of Sam«** von den schrappigen Türstehern des Studio 54 gar nicht erst eingelassen. Das nutzt ein ebenfalls wartender Freak und lädt beide zu einer wilden Orgie ein. – Sie können von Discos nicht genug kriegen? In der 52nd Street zwischen Broadway und Eighth Avenue ist das

21 **Float** (No. 240 West) einer der aktuell angesagten *Dance Floors*. In **»Almost Famous – Fast berühmt«** tourt der noch minderjährige *Rolling Stone*-Reporter

Patrick Fugit mit einer wilden Rockband durch Amerika. In New York haben sie es geschafft, sie sind die Titelstory des *Rolling Stone*. Das ist ein guter Grund für eine Party im Float.

Hier spaziert man schon mitten im brodelnden Theaterdistrikt. Im Gedränge tummeln sich Touristen und Taschendiebe aller Nationalitäten. Bei so viel Amüsement und Zerstreuung ist wohl jeder, einen Augenblick wenigstens, der Welt entrückt. Ein guter Platz für »**The King of Comedy**« Jerry Lewis:

22 **Paramount Plaza**, 1633 Broadway/51st Street, ist die Adresse seines Büros. – Der Streifen »**Dein Schicksal in meiner Hand**« **□3** zeigt Burt Lancaster als zynisch-machthungrigen Journalisten. Er residiert mit seiner Schwester Susan Harrison im noblen

2

3

23 **Brill Building**, 1619 Broadway, zwischen West 49th und 50th Street. In den 1950er- und 1960er-Jahren hatten hier berühmte Rock- und Pop-Musikverlage ihren Sitz.

Mit der 47th Street erreicht man endlich den berühmten *Time Square*. Seinen Namen hat er von der *New York Times*, die hier ihren Sitz hatte. Vor dem stilechten, inzwischen nur noch auf Filmrollen erhaltenen 1960er-Jahre Deli

24 **Howard Johnson's Shoppers**, 1551 Broadway, an der Ecke 46th Street, verlassen die Zwillinge Mary-Kate und Ashley Olsen ihr »geborgtes« Taxi. Nicht nur für sie ist es »**Ein verrückter Tag in New York**«, denn an gleicher Stelle steigt der brutale »**King of New York**« Christopher Walken ins Yellow Cab. In der Subway hat er gerade einen *Detective* erschossen und flüchtet nun in aller Ruhe. Doch auch er kam nicht ganz ungeschoren davon, und die Polizisten nähern sich mit gezückten Revolvern von allen Seiten. An der Bar sitzt Irene Cara, die für »**Fame**« (Ruhm) alles tun würde. Da spricht sie auch schon ein schmieriger Kerl an und überredet sie zu Probeaufnahmen. Richard Roundtree, der coole Detektiv »**Shaft**«, nimmt sich keine Zeit für einen Kaffee, er kauft sich vor der Tür nur ein paar Maroni. Ein paar Schritte weiter in der 222 West 45th Street zwischen Broadway und Eighth Avenue ist das

25 **Booth Theatre**. Hier hat Dianne Wiest in »**Hannah und ihre Schwestern**« ein Vorsingen. »**Das Appartement**« hat der kleine Büroangestellte Jack Lemmon schon vor einer ganzen Weile verlassen. Der wartet eine Straße weiter vor dem

26 **Majestic Theater**, 247 West 44th Street, zwischen Broadway & Eighth Avenue ganz aufgeregt auf die nette Fahrstuhlführerin Shirley MacLaine. Doch wie schade, sie versetzt ihn.

27 Sicher wird es im Show-Biz-Lokal **Sardi's**, 234 West 44th Street, von diesen beiden Weltstars Karikaturen geben. Die Wände des Lokals sind übersät mit schrägen Porträts berühmter Leute, die hier natürlich auch ein- und ausgehen. Zuweilen geht es sogar tierisch ab. Kermit der Frosch hält hier Hof, als österreichischer Produzent verkleidet. Clever wie er ist, hängt er auch sein Porträt an die Wand. Das von Liza Minnelli muss dafür weichen. Die eingeschleppten Ratten verbreiten in Windeseile das Gerücht, sein Musical sei das heißeste Showprojekt am Broadway. Nur,zu dumm, Liza Minnelli betritt das Restaurant und beschwert sich über den schmachvollen Wechsel an der Wand. Die neugierigen Ratten tauchen auf, und das Chaos ist perfekt. Aber trotz aller Wirrungen sind Kermit und seine Freunde nicht mehr aufzuhalten: **»Die Muppets erobern Manhattan«**.

Das Show-Business erobern will auch der unbekannte *Stand up Comedian* Robert De Niro. Er träumt sich an einen Tisch mit **»The King of Comedy«** Jerry Lewis. Sie sitzen im Sardi's, und Jerry fleht ihn an, seine Show für sechs Wochen zu übernehmen. Vom Personal werden ihnen ihre karikaturistischen Porträts präsentiert. Im Film nur ein Traum, in Wirklichkeit haben diese Zeichnungen sicher ihren Platz neben den vielen anderen Berühmtheiten, die mit frechem Zeichenstift an den Wänden des Lokals verewigt wurden.

Mia Farrow geht achtlos am Lokal vorbei. Vielleicht ist ihr auch von ihrer Arbeit noch etwas flau im Magen. In Woody Allens **»Radio Days«** hat sie gerade die Aufnahme eines Abführmittel-Spots hinter sich gebracht. Sollten Sie dagegen mittlerweile hungrig sein: Im Restaurant-Kapitel stehen entsprechende Empfehlungen.

Gleich hinter dem Kinderparadies *Toys»R«Us* am *Times Square* steht das

28 **Millennium Broadway Hotel**, 145 West 44th Street. In einer Luxus-Suite hatten Wesley Snipes und Nastassja Kinski einen sehr zärtlichen **»One Night Stand«**. Für die beiden anderweitig verheirateten zeitigte diese Nacht unerwartete und weit reichende Folgen.

Zwischen 43rd & 44th Street steht das über einen ganzen Block sich erstreckende

29 **Paramount Building**, 1501 Broadway. Hier residierte die berühmte Filmfirma *Paramount Pictures*. Das prunkvolle *Paramount Theater* wurde in den 1960er-Jahren leider in Büroräume umgewandelt. Der von hier aus seine Fäden ziehende Theateragent, auf den Kermit und seine tierischen Freunde so große Hoffnungen setzen, entpuppt sich als geldgieriger Heiratsschwindler. Als die Polizei ihn festnehmen will, kidnappt er ein Huhn und den langnasigen Gonzo. Eine wilde Jagd durch die Flure des Hauses beginnt. Der Tierquäler wird zwar gestellt, aber ein Engagement ist für Kermit und seine Showtruppe nicht in Sicht. **»Die Muppets erobern Manhattan«** – den Glauben daran haben wenigstens weder Hunde noch Ratten verloren.

Der Glaube dagegen an die sprichwörtlich unbegrenzten Möglichkeiten Amerikas zieht nicht nur freundliche Leute an. Oleg Taktarov und Karel Roden, aus Osteuropa gerade in New York gelandet, sind begeistert von all der zur Schau gestellten Pracht. Der Russe Oleg sieht die Lichtreklamen und sagt: »Schau, der Times

1

2

3

Square, wie im Film!«, und sein tschechischer Freund ist nicht minder beeindruckt. Bevor sie mordend durch die Stadt ziehen, stehlen sie noch schnell eine Videokamera aus einem der überteuerten Elektronik-Shops, um ihre sadistischen Bluttaten aufzuzeichnen. Die Rechnung scheint aufzugehen. Sie verkaufen das Band an eine TV-Station, die in der Nummer

30 **1500 Broadway** ihren Sitz hat. Zur Freude der Mörder und zum Entsetzen der Leute wird die qualvolle Hinrichtung von *Supercop* Robert De Niro über die Großbildschirme auf dem

31 **Times Square** übertragen. Alles, was sie wollen, ist Geld und **»15 Minuten Ruhm«**. Aus den durch die Fensterscheiben im Erdgeschoss gut sichtbaren Studios sendet in Wirklichkeit die *ABC* täglich *Good Morning America* ins ganze Land. Jeden Tag bilden sich vor den Scheiben Touristentrauben, die durch Winken ihre Daheimgebliebenen grüßen wollen. Das nun mit Leuchtreklamen und Großbildschirmen bepflasterte Gebäude war früher das *Claridge Hotel*. Voller Zuversicht und Tatendrang mietete sich **»Asphalt-Cowboy«** John Voight hier ein, der gerade in die Stadt gekommen war. Der naive Provinzcowboy versucht sich an einer Karriere als Profi-Lover. – Auch Pizzabäcker Adam Sandler kommt als Landei in die Stadt. **»Mr. Deeds«** **□1** will das Erbe seines unbekannten Onkels über 40 Milliarden Dollar antreten. Der alte Zausel war, wie alle über die großen Bildschirme verfolgen konnten, am Gipfel des Mount Everest angefroren. – Die Übergabe der Lottomillionen an Streifenpolizist Nicolas Cage können die New Yorker ebenfalls über diese Videowände verfolgen. Das Sensationelle daran: Er gab der Kellnerin Bridget Fonda ein **»2 Millionen Dollar Trinkgeld«** **□2**.

»30 über Nacht« **□3** wurde Jennifer Garner. Nun passiert ihr alles, wovon sie mit 13 geträumt hat. Eine Limousine holt sie zu einer Party ab. Sie fährt, die Aussicht genießend, über den nächtlich funkelnden Times Square.

Die **»Men in Black II«** werden auf den Times Square gespült. Als die böse weibliche Super-Alien die MIB-Zentrale besetzt, springen Will Smith und Tommy Lee in einen Notabfluss. Tropfnass landen sie direkt im brodelnden Times Square-Leben. Einige Filmmeter weiter flüchten sie hier in ihrem fliegenden Super-Mercedes vor der fiesen Universumseroberin.

»Spiderman« Tobey Maguire hat einen wilden Luftkampf auf New Yorks bekanntestem Platz zu bestreiten. Sein Kontrahent ist der mutierte Schurke Willem Dafoe, der auf einer *Open Air Party* Angst und Schrecken verbreitet.

Gegen eine Terrorgruppe kämpft Cop Denzel Washington. Die jagt ein Theater am Times Square in die Luft, in dem sich die Reichen und Schönen New Yorks versammelt hatten; viele Opfer sind zu beklagen. Das ist Grund genug für General Bruce Willis: Er verhängt den **»Ausnahmezustand«**.

Ein besonderer Höhepunkt ist der Jahreswechsel. Zehntausende versammeln sich am Silvesterabend auf dem Times Square, um das neue Jahr zu begrüßen. Dieser schöne Brauch wird für Wesley Snipes zum Problem. Sein bester Freund Woody Harrelson hat den **»Money Train«** entführt. Er muss Woody einholen, um Schlimmeres zu verhindern. Also taucht er mit seinem Motorrad in die *Subway Station* 42nd Sreet. Erschreckte Menschen laufen kreischend zur Seite. Wesley springt mit seiner Maschine vor einem Zug auf die Gleise und rast davon.

Ashley und Mary-Kate Olsen brauchen Hilfe. **»Ein verrückter Tag in New York«** □**1** zerrt ihnen dermaßen an den Nerven, dass sie sich im Gewimmel eine heftige Zickenschlacht liefern und völlig aufgebracht ihrer Wege gehen.

Entspannter dagegen sind **»Crocodile Dundee«** □ Paul Hogan und seine ihm lieb gewordene Reporterin Linda Kozlowski. Nachdem sie einen Hot Dog verdrückt haben, schauen sie mit vielen anderen dem skurrilen Treiben in einem Szenefrisörladen zu. Diese Chance will sich ein Dieb nicht entgehen lassen und reißt einer Frau die Handtasche vom Arm. Paul, der australische Jäger, greift sich eine Konservendose und trifft den flüchtigen Dieb präzise am Kopf. – Alle Times Square-Filmgeschichten zu erzählen, wäre genug Stoff für ein eigenes Buch, darum nur noch ein paar Kurzinfos:

»Crocodile Dundee«

1

2

3

Juliette Binoche wartet auf eine Freundin, sie hat von William Hurt **»Eine Couch in New York«** übernommen. +++ Der verrückte Opa, der nur mit einem Handtuch bekleidet an der Theaterkasse ansteht, ist, wie könnte es auch anders sein, aus einem Woody-Allen-Film. Sein Titel hat die versöhnende Botschaft **»Alle sagen I Love You«**. +++ Mel Gibson kauft des Nachts Zeitungen von einem Rollstuhlfahrer in **»Fletchers Visionen«**. +++ Altmeister Woody Allen grüßt den Times Square mit einem kurzen, schüchternen Schnitt in seiner Ouvertüre zu **»Manhattan«**.

Der kriminellen Karriere von Edward Norton setzte vorerst der Richter ein Ende. **»25 Stunden«** vor Antritt einer siebenjährigen Haftstrafe schreit Edward seinen Hass in den Toilettenspiegel in der Bar seines Vaters. Dort erscheinen die Bilder der ihn abstoßenden Objekte, auch der Trubel auf dem Times Square gehört dazu. +++ Völlig anders erlebt Tom Cruise einen **»Vanilla Sky«**-Alptraum **□2**. Er fährt mit seinem schicken 1960er-Jahre Ferrari durch ein verwaistes New York. Auf dem beeindruckend menschenleeren Times Square stoppt er und rennt schreiend über den Platz.

Auch der Papst thronte schon einmal über dem Platz: Auf den großen Videowänden in **»Ticket To Love«** mit Andy Garcia und Andie MacDowell.

Aber noch einmal zurück zum hier allgegenwärtigen *Show Business*. Die Wohnung des introvertierten schwulen Schauspielschülers Paul McCrane aus **»Fame« □3** ist in der 42nd Street gleich gegenüber dem *New Victory Theater*. Um den Ruhm betrogen fühlt sich die talentlose Tänzerin Lisa. Gerade aus der Ballett-Klasse gefeuert, versucht sie sich vor einen Zug der Subway in der Station 42nd Street zu werfen. Irene Cara und ein Freund singen daneben *I'm singing in the rain*. +++ Lebensbedrohliche Probleme hat auch der ein wenig verrückte Verschwörungstheoretiker Mel Gibson. Er rollt auf dem Bahnsteig der charmanten Justizangestellten Julia Roberts die mörderischen **»Fletchers Visionen« □4** auf. Doch plötzlich weicht er vom Thema ab und macht ihr eine unbeholfene Liebeserklärung, die Julia hilflos zurückweist. Verwirrt und enttäuscht springt Mel in den gerade abfahrenden Zug und lässt seine Angebetete auf dem Bahnsteig zurück. +++ Sollten jemandem die Beine nach der Broadway Tour noch gehorchen: einfach noch ein wenig durch Glanz und Glamour treiben lassen. Zum Ausruhen ist die sich drehende *Sky Bar* in der obersten Etage des *Mariott Marquis Hotels* wie geschaffen. Die faszinierende Aussicht und ein kühler Drink lassen die schmerzenden Füße schnell vergessen.

4

21 Shoppingtour – Wo Stars ihr Geld ausgeben

Shops, in denen New Yorks Filme spielen, sind meist von der edleren Art. Denn wie so viele Filme verkörpern die noblen Verkaufsräume eine Traumwelt, an der jeder nur allzu gern teilhaben möchte. Das ist oft auch möglich, denn kleine Stücke des großen Kuchens können die meisten Urlaubsgeldbeutel wohl aushalten. Das Geschäft mit dem größten Filmruhm überhaupt hat am gleichnamigen Film sicherlich mehr verdient als die Filmemacher. Dass man bis heute trotz alledem beim Juwelier *Tiffany's* auf keiner der riesigen vier Etagen frühstücken kann, bleibt unerklärlich.

Für den Einkaufsbummel sollte man je nach Mentalität zwischen vier Stunden und einer Woche einplanen. Die sachlichen Informationen zu den Geschäften finden sich im Kapitel »Filmreif Shoppen« ▶ S. 236.

Unser Spaziergang beginnt in der Madison Avenue und geht nach Süden. Um den Gutbetuchten auf kurzem Wege ihren Nachschub zu sichern, reihen sich hier in der besten Wohngegend Manhattans die Boutiquen wie Perlen an einer Kette aneinander. Zu erreichen ist die Madison Avenue mit den Bussen 1-4. Zwei Avenues weiter nach Osten in der Lexington Avenue fährt die Subway No. 6. Stilvoller kommt man natürlich mit einer der jederzeit mietbaren schwarzen Limousinen ans Ziel.

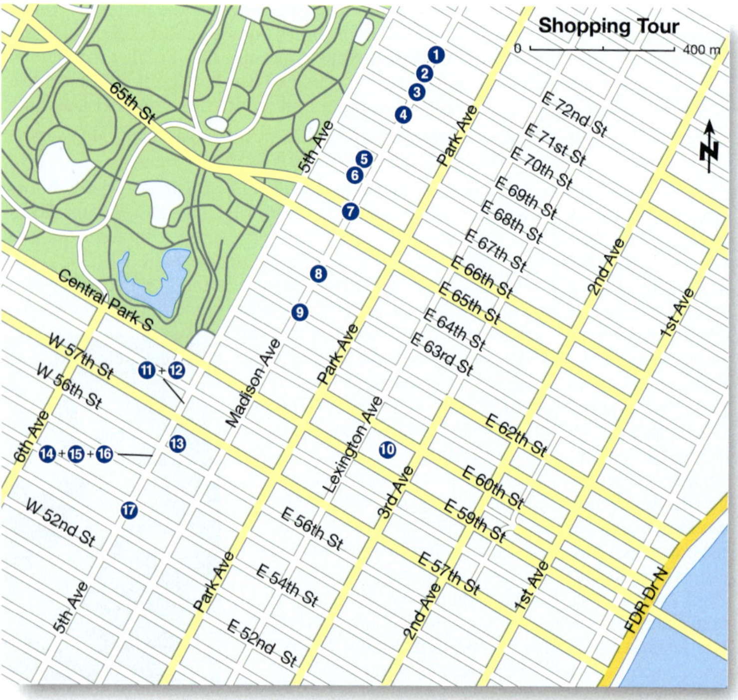

Die Kreuzung Madison Avenue & 72nd Street wird von zwei

1 **Polo Ralph Lauren Stores** dominiert. Die Damen-Boutique residiert im prunkvollen *Rhinelander Mansion*, 867 Madison Avenue, an der Südost-Ecke. Gegenüber im Südwesten werden die Herren gut angezogen. Hier quält sich Sandra Bullock mit dem eher lebensuntüchtigen Milliardär Hugh Grant herum. Als aufstrebende Anwältin will sie ihm weder dabei helfen, seine Sachen auszusuchen, noch für ihn eine neue Frau finden. Von einem **»Chef zum Verlieben«** □ hat Sandra ganz andere Vorstellungen.

In Woody Allens Film **»Alice«** lässt der Meister Mia Farrow und ihren Liebhaber die Damen-Boutique besuchen. Durch ein geheimnisvolles Mittel von Mia Farrows asiatischem Wunderheiler sind beide jedoch unsichtbar. Sie hört ihre Freundinnen über sie tratschen, er schleicht sich treulos zu einem Supermodel in die Umkleidekabine. Woody Allen scheint sich in dieser Gegend wohlzufühlen, denn in dem nur ein paar Schritte entfernten

2 **Yves Saint Laurent** Store, 855 Madison Avenue, lässt er die Puppen tanzen. Sowohl junge Stars als auch viele Damen der Gesellschaft huldigen dem Modekönig. Besonders »*Le Smoking*« ist bei jeder Frau begehrt. Außer edlen Roben werden noch luxuriöse Uhren ($1.500-$16.000) und fein duftende *Cosmetics* angeboten – da heißt es zugreifen, ein Lippenstift sollte drin sein …

»Alle sagen I Love You«: In zuckersüßer Harmonie singen Drew Barrymore und Edward Norton ein Duett. Da tanzen sogar die Schaufensterpuppen mit. – An die Wäsche geht der Meister des intellektuellen New York-Films in **»Ehemänner und Ehefrauen«**. Der mit dem Ehepaar Woody Allen und Mia Farrow befreundete Sydney Pollack kauft im Miederwarengeschäft

3 **Sonia Rykiel**, Madison Avenue, Ecke 71st Street, Dessous für seine Freundin. Zu dumm, dass ihn seine Ehefrau Judy Davis dabei beobachtet.

Treu bleibt Woody Allen dagegen zumindest der Madison Avenue. In der

4 **AKRIS Boutique** (früher *Valentino Boutique*), 835 Madison Avenue, nimmt die als **»Alice«** agierende Mia Farrow das erste Mal die Wunderkräuter ihres Doktors Young ein. Berauschen kann man sich aber auch an den feinen Dessous der

5 **La Perla Boutique**, 803 Madison Avenue. Sollten Sie erst mit zahlreichen Tüten in der Hand aus diesem Rausch erwachen, könnte die Urlaubskasse schon ernsthaften Schaden genommen haben. Whoopi Goldberg schneit hier nur herein, um der geld- und machtgierigen Bebe Neuwirth ein paar Informationen zu entlocken. Diese beschäftigt nur eine Frage: **»Wer ist Mr. Cutty?«**

Nicht nur Blumen sprechen in dem Thriller »**French Connection I**«. Gene Hackman beschattet den französischen Drogenboss Fernando Rey, der das Blumengeschäft

6 **Ronaldo Maia Flowers**, 27 East 67th Street, an der Nordost-Ecke zur Madison Avenue, betritt. Dort geht er ihm fast verloren.

Auch Robert De Niro kämpft für Recht und Ordnung. Er jagt zwei osteuropäische Killer, die nur eins im Sinn haben: »**15 Minuten Ruhm**«. Die junge Tschechin Vera Farmiga ist Zeugin des ersten Doppelmordes von Karel Roden und Oleg Taktarov. Um die Verkäuferin einzuschüchtern, statten die Killer ihr im Modegeschäft

7 **Krizia**, 769 Madison Avenue, einen Besuch ab. Die beiden Ermittler Robert De Niro und Edward Burns sind ihnen zwar auf den Fersen, verfehlen sie aber knapp. Als De Niro die Verdächtigen auf der anderen Straßenseite entdeckt, beginnt eine wilde Verfolgungsjagd über die Madison Avenue. – In den edlen Räumen von

8 **Graff Diamonds**, 721 Madison Avenue, wäre wohl auch eine Menge zu holen gewesen. Dem Briten Laurence Graff gelang es zuerst in London, die Reichen und Schönen zu begeistern. Seitdem expandiert er ständig und gehört auch in Monte Carlo, Moskau, Dubai und New York zu den ersten Juwelieradressen.

Vor seiner Schaufensterscheibe steht der eher schüchterne Hugh Grant. »**Mickey Blue Eyes**« schaut sehnsüchtig auf all die Kostbarkeiten, die er seiner Geliebten Jeanne Tripplehorn nur allzu gerne schenken würde.

Einen Block weiter auf der gegenüberliegenden Seite ist das Modegeschäft

9 **Luca Luca** von Luca Orlandi, 690 Madison Avenue. Dem Anbieter italienischer Damen-Designermode sind seine friedlichen Geschäftspraktiken ausdrücklich zu bescheinigen. Brutaler ging es vor seiner Tür zu. Die jedoch nicht aus Italien, sondern aus Osteuropa stammenden Killer Karel Roden und Oleg Taktarov metzeln vor den Schaufenstern einen Polizisten nieder. »**15 Minuten Ruhm**« erwarten sie sich von ihrer Videodokumentation, auf der sie all ihre Bluttaten festhalten.

An der 60th Street angekommen, hat man die Qual der Wahl. Sollten sowohl Zeitbudget als auch der Kreditrahmen überborden, könnte man drei Blocks weiter östlich im Warenhaus

10 **Bloomingdale's**, 1000 Third Avenue, vorbeischauen. Seit 1872 ist es die Domäne der gehobenen Mittelschicht. Sowohl das Personal als auch die Ausstattung sind freundlich, modisch, frisch, die Schlussverkäufe legendär. Wer keine Angst vor brodelnden Menschenmassen hat, kann in dieser Zeit gute Schnäppchen machen.

Barbra Streisand, immer für eine Überraschung gut, trifft im Verkaufsgetümmel ihre Freundin und erzählt ihr von der unglaublichen platonischen Beziehung zu Jeff Bridges. Für ihren »Geliebten« will sie hier eine Krawatte kaufen. Natürlich stellt sich schnell heraus: **»Liebe hat zwei Gesichter«**.

Auch in Woody Allens Liebeserklärung an **»Manhattan«** trifft sich bei Bloomingdale's Michael Murphy mit seiner Freundin Diane Keaton. Zum letzten Paar schwarzer Handschuhe greifen John Cusack und Kate Beckinsale gleichzeitig. Höflich wie sie sind, wollen beide von ihrer Wahl zurücktreten. Als sich jedoch ein Dritter der Trophäe bemächtigen will, wird er vehement in die Flucht geschlagen. Nur ein paar Szenen später können beide von sich sagen: Ich bin glücklich, **»Weil es Dich gibt«**.

»Splash – Jungfrau am Haken«; in dieser Situation muss sich Tom Hanks erst noch zurechtfinden. Weil Meerjungfrau Daryl Hannah aber, anders als die meisten Frauen, wirklich nichts anzuziehen hat, beschafft sie sich hier ihre Grundausstattung.

Nun sollte man die Third Avenue verlassen und sich der berühmtesten Einkaufsstraße, der Fifth Avenue, zuwenden. Hier tummeln sich Menschen aller Herren Länder. Manche jedoch sind vor Paketen und Einkaufstüten kaum noch zu erkennen. Um noch einmal zu staunen wie in Kindertagen sollte man unbedingt den berühmtesten Spielwarenladen New Yorks,

11 **F.A.O. Schwarz**, im *General Motors Building*, 745 Fifth Avenue/58th Street, erleben. Bekäme ein Kind von einer Zauberfee drei Wünsche erfüllt, ein Spielzeugparadies dieser Art wäre sicherlich dabei. Das vielleicht nicht mehr größte, aber mit Sicherheit berühmteste Spielwarengeschäft der Welt hält auf drei überwältigenden Etagen alles bereit, wovon man als Kind schon einmal geträumt hat – und von Kinder- zu Film-Träumen ist der Weg ja nicht weit.

Die aufstrebende Managerin Diane Keaton ist quasi als Jungfrau in den **»Baby Boom«** geraten. Der Nachlass eines englischen Verwandten bestand aus einem

kleinen Kind, für das sie jetzt zu sorgen hat. Mit einer Wagenladung Babyausstattung rollt sie aus dem Spielzeugkaufhaus. Immer unter Stress steht auch der Hotelangestellte Michael J. Fox. Da er jeden Wunsch erfüllt, ist er **»Ein Concierge zum Verlieben«**. Er besorgt hier eine fast lebensgroße Plüschgiraffe. Warum es ausgerechnet das Logotier des Erzrivalen *Toys»R«Us* sein muss, ist unklar. Tom Hanks, durch eine Wunschmaschine vom Schulkind zum Erwachsenen geworden, findet hier seinen **»BIG« ◻1** Job als Spielzeugtester. Er tanzt mit seinem Boss auf den großen, im Boden eingelassenen Klaviertasten.

Woody Allen trifft seine **»Geliebte Aphrodite«** Mira Sorvino nach langer Zeit bei F.A.O. Schwarz. Beide haben ihre kleinen Kinder dabei. Was ihnen jedoch verborgen bleibt: Jeder hat das Kind des anderen.

Von den Kinderträumen nun zu denen der Erwachsenen. Gleich nebenan ist die Herrenabteilung von

12 Bergdorf-Goodman; das gegenüber in der 754 Fifth Avenue liegende Luxuskaufhaus ist fast ausschließlich für die Damen reserviert. Wer sich's leisten kann und in der New Yorker Gesellschaft etwas darstellen will, geht bei Bergdorf einkaufen. Alle namhaften Designer sind hier vertreten. Der Traum von einem Dior Cocktail-Kleid, das mehr enthüllt als verdeckt, wird für nicht einmal $5000 im Handumdrehen wahr. Aber auch Männer können ihren Spaß haben. Unter persönlicher Betreuung wird ein individuelles Styling-Konzept erarbeitet, das von Kleidung über Accessoires bis zu den passenden Möbeln reicht. John F. Kennedy liebte besonders die im Hause angebotenen Seidenkrawatten.

Auch Liza Minnelli kann der Schönheit dieses Männerschmucks nicht widerstehen. Sie klaut eines der begehrten Stücke und wird prompt ertappt. Der reiche Playboy Dudley Moore eilt ihr charmant zu Hilfe und rettet sie aus der misslichen Lage. In **»Arthur – kein Kind von Traurigkeit«** nimmt so die Liebe ihren Lauf, das *Happy End* ist garantiert. Tom Berenger, **»Der Mann im Hintergrund«**, ist Polizist und dazu abgestellt, die reiche und schöne Mimi Rogers zu schützen, weil sie unfreiwillig Zeugin eines Mafiamordes wurde. Aber nicht nur auf Shoppingtouren beschränkt sich ihr Schutzbedürfnis. Es dauert nicht lange, bis zwischen beiden der Funke überspringt.

Verliebtheit in den Blicken vieler Frauen kann man auch entdecken, wenn sie in die Vitrinen der New Yorker Institution

13 **Tiffany & Co.**, 727 Fifth Avenue, schauen. Der weltberühmte Juwelier führt eine der großen Traditionsmarken Amerikas. Als der erste Laden von Lewis Tiffany und John B. Young am Eröffnungstage, dem 18. September 1837, seine Pforten schloss, hatten sie stolze $4,98 eingenommen. Mit gutem Geschmack, Silber, Gold und Edelsteinen wurde daraus ein Mythos aus Schönheit und Reichtum. Auch Lampen und Geschirr wurden wertvolle Sammlerstücke. Einen gelben Diamanten, mit 287,54 Karat einer der größten, erwirbt Charles Tiffany. Nachdem er mit 90 Facetten veredelt wurde, trägt der immer noch 128,54 Karat schwere Stein den Namen *Tiffany Diamond*. Er ist im 1. Stock des Hauses von jedermann zu bewundern. Getragen wurde er, wenn auch nur für ein paar Augenblicke, von Audrey Hepburn. Bei einer Werbeaktion zum Film **»Frühstück bei Tiffany's«** □**2** hing er um ihren Hals. Den sehnsüchtigen Blick Audrey Hepburns, die morgens mit Abendkleid und Kaffeebecher vor den funkelnden Auslagen steht, wird wohl niemand vergessen. Den erschütterndsten Kontrast erlebt allerdings **»Asphalt-Cowboy«** John Voight. Er sieht vor dem Eingang einen hilflosen Mann liegen, den keiner der vorbeihetzenden Passanten beachtet. **»Ein Concierge zum Verlieben«** ist Michael J. Fox. Der rauscht kurz zu Tiffany's rein, um ein paar Edel-Ohrringe zu kaufen.

Während Tom Hanks noch **»Schlaflos in Seattle«** liegt, suchen Meg Ryan und ihr zukünftiger Gemahl Bill Pullman in der oberen Etage das Porzellan für die gemeinsame Hochzeit aus. Wieder in der großen Juwelierabteilung im Erdgeschoss angekommen, überreicht er Meg den Diamantring seiner Mutter. Nun ist ihre Gewissensnot kaum noch zu steigern. Noch eins drauf setzt der dynamische Jungpolitiker und Sohn der New Yorker Bürgermeisterin Patrick Dempsey in **»Liebe auf Umwegen – Sweet Home Alabama«** □**3**. Er macht seiner geliebten Reese Witherspoon in später Nacht im nur mit dem Personal besetzten Tiffany's einen romantischen Heiratsantrag.

Gleich neben dem Diamantenpalast steht seit 1984 der über 200 m hohe, gläserne

14 **Trump Tower**, der durch seinen terrassenartigen Wald an der Fassade ins Auge fällt. Cafés, Luxusgeschäfte und Restaurants reihen sich auf sechs Etagen zu einer goldenen *Shopping Mall* an- und übereinander. In **»2 Millionen Dollar Trinkgeld«** schleppt Lottomillionär Nicolas Cage, einer Ohnmacht nahe, Berge von Tüten und Kartons: Seine Frau Rosie Perez ist gerade im Kaufrausch. – In einem der edlen Restaurants isst Robert De Niro mit seinem Geschäftsfreund Harvey Keitel. Durch eine Zufallsbegegnung mit Meryl Streep ist Robert **»Der Liebe verfallen«**.

In den höchsten Etagen des Wolkenkratzers befinden sich Luxusapartments für Leute, die es ganz nach oben geschafft haben. Keanu Reeves besucht **»Im Auftrag des Teufels«** das barocke Luxus-Apartment eines superreichen Klienten, den er über Verwicklungen in einen Mordfall befragt. Dieses Domizil soll sich über drei Etagen erstrecken und das Zuhause des filmverrückten Donald Trump sein, der schon in vielen Filmen eine Statistenrolle spielte. Sollte Donald Trump ein paar Juwelen für seine Angebetete benötigen, muss er nur über die Straße zu

15 **Harry Winston** gehen. »Diamonds are a girl's best friends« – dieser Songtitel von Marilyn Monroe ist die Geschäftsgrundlage das *»King of Diamonds«*, der sein Unternehmen 1920 gründete. Seit 1931 schmückt er die Filmstars in seinen Räumen in der 718 Fifth Avenue mit dem Wertvollsten, was man aus Edelsteinen

schleifen kann. Nicht nur Marilyn ist hier schwach geworden, auch Gwyneth Paltrow zählt zum festen Kundenstamm. Wem es gelingt, die Schwellenangst zu überwinden, wird mit dem Anblick des Edelsten belohnt, was die Schmuckwelt zu bieten hat. Ein Kauf sollte jedoch wohl bedacht sein: Will man günstig davonkommen, wären für einen Ring beispielsweise trotzdem noch $6000 auf den Tresen zu blättern.

Das stört Rosie Perez, die Frau von Streifenpolizist Nicolas Cage, nicht im Geringsten. Während ihrer Kauforgie sucht sie nicht nur dieses Geschäft heim, schließlich hat ihr Mann ja im Lotto gewonnen. Zufrieden ist sie mit ihm trotzdem nicht. Die **»2 Millionen Dollar Trinkgeld«** □ an Kellnerin Bridget Fonda kann sie einfach nicht verwinden.

Woody Allens Hang zum Luxus ist auf den ersten Blick wirklich nicht zu erkennen. Doch zumindest in Allens Musical **»Alle sagen I Love You«** will Edward Norton hier die Ringe zum ewigen Glück mit Drew Barrymore kaufen. Leider sind die Objekte der Begierde für ihn zu teuer. Aus dem missglückten Kauf entwickelt sich schnell eine wilde Gesangs- und Tanz-Nummer über die Bedürfnislosigkeit seiner Angebeteten. – Gleich eine Tür weiter in der 712 Fifth Avenue bietet der

16 **Henri Bendel Store** sein Sortiment an. Das kleine, schicke Warenhaus ist etwas für Kenner. Hier gibt es die trendigste Designer-Mode und im ersten Stock jede Menge Tiegelchen und Flaschen für Schönheit und Pflege. Trotz der **»2 Millionen Dollar Trinkgeld«** können sich Lottogewinner Nicolas Cage und seine geltungssüchtige Ehefrau Rosie Perez einen Einkaufsbummel in dem Nobelgeschäft leisten. Auch der Bettler vor der Tür wird nicht vergessen.

Für die nach wie vor Zahlungskräftigen ein letzter Vorschlag. Nur einen Block weiter südlich, Ecke 54th Street, werden ebenfalls feinste Waren angeboten:

17 **Fortunoff**, 681 Fifth Avenue, ist das Kaufhaus des Edlen und Schönen. Es hält eine breite Auswahl liebenswerter Dinge bereit: Juwelen, Geschirr, Möbel, Babyartikel sind zu haben und vieles mehr. Ein Briefkasten für $400 lockt die Kauflustigen ebenso wie die Babyhalskette für $600. Tom Berenger, **»Der Mann im Hintergrund«** □, hat allerdings anderes vor als einzukaufen: Er schlendert einfach vorbei.

Anhang

Filmtitel von A-Z

Die folgende Liste sortiert die Titel, ohne etwaige Artikel am Titelanfang zu berücksichtigen.

A

B

C

D

E

1986 **Highlander – Es kann nur einen geben**
(O: Highlander)
R: Russell Mulcahy, D: Christopher Lambert, Sean Connery
S. 73, 150, 303

1993 **Hilfe, jeder ist der Größte** (O: Live With Mikey)
R: James Lapine, D: Michael J. Fox, Cyndi Lauper, Christina Vidal
S. 112, 137, 138, 246, 284

1979 **Hinter dem Rampenlicht** (O: All That Jazz)
R: Bob Fosse, D: Roy Scheider, Jessica Lange
S. 103, 104, 145, 205, 271, 278, 317

2005 **Hitch – Der Date Doktor** (O: Hitch)
R: Andy Tennant, D: Will Smith, Eva Mendes, Kevin James, Amber Valletta
S. 18, 19, 28, 29, 33, 42, 59, 73, 119, 148, 154, 161, 178, 243, 273, 275, 291, 293, 296, 297, 307

1999 **Hochzeit mit Hindernissen** (O: The Best Man)
R: Spike Lee, D: Taye Diggs, Nia Long
S. 178

1991 **Hudson Hawk** (O: Hudson Hawk)
R: Michael Lehmann, D: Bruce Willis, Andie MacDowell, Danny Aiello
S. 16

I

1996 **Ich bin nicht Rappaport** (O: I'm Not Rappaport)
R: Herb Gardner, D: Walter Matthau, Ossie Davis
S. 142, 148, 151, 152, 154, 299, 300, 301, 304, 306

2002 **Igby** (O: Igby Goes Down)
R: Burr Steers, D: Kieran Culkin, Jeff Goldblum, Susan Sarandon
S. 75, 162, 212, 224

1997 **Im Auftrag des Teufels** (O: The Devil's Advocate)
R: Taylor Hackford, D: Keanu Reeves, Al Pacino, Charlize Theron
S. 15, 22, 40, 48, 52, 54, 58, 114, 147, 159, 168, 254, 256, 329

2001 **Im Bann des Jade Skorpions**
(O: The Curse of the Jade Scorpion)
R/D: Woody Allen, D: Dan Aykroyd, Helen Hunt
S. 127, 230

1990 **Im Vorhof der Hölle** (O: State of Grace)
R: Phil Joanou, D: Sean Penn, Gary Oldman, Ed Harris
S. 38, 105, 213, 289

1989 **Im Zeichen der Jungfrau** (O: January Man)
R: Pat O'Connor, D: Kevin Kline, Susan Sarandon, Harvey Keitel, Danny Aiello
S. 44, 138, 154, 307, 312

1996 **Independence Day** (O: Independence Day)
R: Roland Emmerich, D: Will Smith, Bill Pullman, Jeff Goldblum
S. 79

1991 **In Sachen Henry** (O: Regarding Henry)
R: Mike Nichols, D: Harrison Ford
S. 88, 161, 188, 189, 298

1997 **In Sachen Liebe** (O: Addicted To Love)
R: Griffin Dunne, D: Meg Ryan, Matthew Broderick, Tcheky Karyo, Kelly Preston
S. 37, 62, 68, 82, 211, 231

J

1973 **James Bond – Leben und sterben lassen**
(O: Live and Let Die)
R: Guy Hamilton, D: Roger Moore, Jane Seymour
S. 129

1995 **Jeffrey** (O: Jeffrey)
R: Christopher Ashley, D: Steven Weber, Patrick Stewart, Sigourney Weaver
S. 67, 77

1991 **Jungle Fever** (O: Jungle Fever)
R: Spike Lee, D: Wesley Snipes, Annabella Sciorra
S. 177, 181, 234

K

2001 **Kate und Leopold** (O: Kate and Leopold)
R: James Mangold, D: Meg Ryan, Hugh Jackman
S. 17, 309

1992 **Kevin – allein in New York**
(O: Home Alone 2: Lost in New York)
R: Chris Columbus, D: Macaulay Culkin
S. 18, 20, 75, 88, 97, 99, 152, 155, 188, 190, 212, 243, 279, 301, 306, 308

1933 **King Kong und die Weisse Frau** (O: King Kong)
R: Merian C. Cooper, Ernst B. Schoedsack, D: Fay Wray, Robert Armstrong
S. 79

1976 **King Kong** (O: King Kong)
R: John Guillermin, D: Jeff Bridges, Jessica Lange
S. 20, 25

1983 **The King of Comedy** (O: The King of Comedy)
R: Martin Scorsese, D: Robert De Niro, Jerry Lewis, Sandra Bernhard
S. 96, 106, 232, 319, 320

1990 **King of New York** (O: King of New York)
R: Abel Ferrara, D: Christopher Walken, Wesley Snipes
S. 49, 88, 102, 103, 108, 189, 216, 273, 319

1991 **König der Fischer** (O: The Fisher King)
R: Terry Gilliam, D: Jeff Bridges, Robin Williams
S. 88, 126, 153, 155, 156, 188, 189, 305, 308

1996 **Kopfgeld** (O: Ransom)
R: Ron Howard, D: Mel Gibson, Rene Russo, Gary Sinise
S. 152, 302

1979 **Kramer gegen Kramer** (O: Kramer vs. Kramer)
R: Robert Benton, D: Dustin Hoffman, Meryl Streep, Justin Henry
S. 51, 52, 128

L

1993 **Das Leben – ein Sechserpack**
(O: Six Degrees of Seperation)
R: Fred Schepisi, D: Will Smith, Donald Sutherland, Stockard Channing
S. 55, 61, 77, 153, 182, 229, 266, 297

1994 **Leon – Der Profi** (O: Léon)
R: Luc Besson, D: Jean Reno, Natalie Portman, Gary Oldman, Danny Aiello
S. 55, 112, 141, 173, 199, 215

2002 **Liebe auf Umwegen – Sweet Home Alabama**
(O: Sweet Home Alabama)
R: Andy Tennant, D: Reese Witherspoon, Patrick Dempsey, Candice Bergen
S. 68, 114, 253, 276, 317, 329

1996 **Liebe hat zwei Gesichter**
(O: The Mirror Has Two Faces)
R/D: Barbra Streisand, D: Jeff Bridges, Pierce Brosnan, George Segal, Lauren Bacall
S. 58, 117, 148, 151, 173, 180, 226, 239, 299, 302, 327

1998 **Liebe in jeder Beziehung**
(O: The Object of My Affection)
R: Nicholas Hytner, D: Paul Rudd, Jennifer Aniston
S. 299, 307

1984 **Der Liebe verfallen** (O: Falling In Love)
R: Ulu Grosbard, D: Robert De Niro, Meryl Streep, Harvey Keitel, Dianne Wiest
S. 91, 114, 121, 125, 250, 252, 254, 329

1991 **Lieblingsfeinde – Eine Seifenoper** (O: Soapdish)
R: Michael Hoffman, D: Sally Field, Kevin Kline, Whoopi Goldberg, Elisabeth Shue
S. 88, 94, 189, 233

1992 **Light Sleeper** (O: Light Sleeper)
R: Paul Schrader, D: Willem Dafoe, Susan Sarandon
S. 96, 102, 191, 228

T

U

V

W

XYZ

Original Filmtitel von A-Z

Übersicht der Originaltitel mit dt. Filmtiteln

13 Going On 30 (30 über Nacht)
25th Hour (25 Stunden)
54 (Studio 54)

A

A Couch In New York (Orig.: Un divan à New York / Eine Couch in New York)
A Perfect Murder (Ein perfekter Mord)
Adam's Rib (Ehekrieg)
Addicted To Love (In Sachen Liebe)
After Hours (Die Zeit nach Mitternacht)
Alice (Alice)
All That Jazz (Hinter dem Rampenlicht)
Almost Famous (Almost Famous – Fast berühmt)
Amateur (Amateur)
Analyze That (Reine Nervensache 2)
Angel Heart (Angel Heart)
Anger Management (Die Wutprobe)
Annie Hall (Der Stadtneurotiker)
Armageddon (Armageddon)
Arthur (Arthur – kein Kind von Traurigkeit)
At First Sight (Auf den ersten Blick)
Autumn In New York (Es begann im September)

B

Baby Boom (Baby Boom)
Bad Company (Bad Company – Die Welt in guten Händen)
Bad Lieutenant (Bad Lieutenant)
Barefoot In the Park (Barfuß im Park)
Batman Forever (Batman Forever)
Bed of Roses (Das Rosenbett)
Being John Malkovich (Being John Malkovich)
Big (BIG)
Big Business (Zwei mal Zwei)
Big Daddy (Big Daddy)
Billy Bathgate (Billy Bathgate)
Boiler Room (Risiko – Der schnelle Weg zum Reichtum)
Boomerang (Boomerang)
Breakfast at Tiffany's (Frühstück bei Tiffany's)
Broadway Danny Rose (Broadway Danny Rose)
Bullets Over Broadway (Bullets Over Broadway)

C

Carlito's Way (Carlito's Way)
Catch Me If You Can (Catch Me If You Can)
Celebrity (Celebrity)
Chelsea Girls (Chelsea Girls)
City Hall (City Hall)
Cocktail (Cocktail)
Coming To America (Der Prinz von Zamunda)
Conspiracy Theory (Fletchers Visionen)
Coogan's Bluff (Coogans großer Bluff)
Cop Land (Cop Land)
Coyote Ugly (Coyote Ugly)
Crimes and Misdemeanors (Verbrechen und andere Kleinigkeiten)
Crocodile Dundee (Crocodile Dundee – Ein Krokodil zum Küssen)
Cruel Intentions (Eiskalte Engel)

D

Deconstructing Harry (Harry außer sich)
Desperately Seeking Susan (Susan... verzweifelt gesucht)
Die Hard With a Vengeance (Stirb langsam – Jetzt erst recht)
Don't Say a Word (Sag kein Wort)
Donnie Brasco (Donnie Brasco)
Down To You (Den Einen oder keinen)

E

Eddie (Eddie)
Everyone Says I Love You (Alle sagen I Love You)
Exorcist II, The Heretic (Der Exorzist II – Der Ketzer)

F

Falling In Love (Der Liebe verfallen)
Fame (Fame – Der Weg zum Ruhm)
Fifteen Minutes (15 Minuten Ruhm)
Finding Forrester (Forrester – gefunden)
Fools Rush In (Herz über Kopf – Fools Rush in)
For Love or Money (Ein Concierge zum Verlieben)
Funny Girl (Funny Girl)

G

Ghost (Ghost – Nachricht von Sam)
Ghostbusters (Ghostbusters – Die Geisterjäger)
Ghostbusters II (Ghostbusters II)
Godzilla (Godzilla)
Good Advice (Good Advice – Guter Rat ist teuer)
Great Expectations (Große Erwartungen)
Green Card (Green Card)

H

Hair (Hair)
Hanky Panky (Der Geisterflieger Hanky Panky)
Hannah and Her Sisters (Hannah und ihre Schwestern)
Head Over Heels (Hals über Kopf)
Highlander (Highlander – Es kann nur einen geben)
Hitch (Hitch – Der Date Doktor)
Home Alone 2: Lost in New York (Kevin – allein in New York)
How To Lose a Guy In 10 Days (Wie werde ich ihn los – in 10 Tagen)
Hudson Hawk (Hudson Hawk)
Husbands and Wives (Ehemänner und Ehefrauen)

I

I'm Not Rappaport (Ich bin nicht Rappaport)
Igby Goes Down (Igby)
Independence Day (Independence Day)
It Could Happen to You (2 Millionen Dollar Trinkgeld)
It Runs In the Family (Es bleibt in der Familie)
It Takes Two (Eins und eins macht vier)

J

January Man (Im Zeichen der Jungfrau)
Jeffrey (Jeffrey)
Jungle Fever (Jungle Fever)
Just the Ticket (Ticket To Love)

K

Kate and Leopold (Kate und Leopold)
Keeping the Faith (Glauben ist alles)
King Kong (King Kong und die Weisse Frau)
King Kong (King Kong)

King of New York (King of New York)
Kramer vs. Kramer (Kramer gegen Kramer)

L

Legal Eagles (Staatsanwälte küsst man nicht)
Léon (Leon – Der Profi)
Light Sleeper (Light Sleeper)
Live and Let Die (James Bond – Leben und sterben lassen)
Live With Mikey (Hilfe, jeder ist der Größte)
Living Out Loud (Wachgeküsst)
Loser (Loser – Auch Verlierer haben Glück)
Love Story (Love Story)

M

Made (Made)
Maid In Manhattan (Manhattan Love Story)
Malcolm X (Malcolm X)
Manhattan (Manhattan)
Manhattan Murder Mystery (Manhattan Murder Mystery)
Marathon Man (Der Marathon-Mann)
Mean Streets (Hexenkessel)
Men in Black (Men In Black)
Men in Black II (Men In Black II)
Mickey Blue Eyes (Mickey Blue Eyes)
Midnight Cowboy (Asphalt-Cowboy)
Midnight Run (Midnight Run – Fünf Tage bis Mitternacht)
Mighty Aphrodite (Geliebte Aphrodite)
Miracle on 34th Street (Das Wunder von Manhattan)
Miss Congeniality (Miss Undercover)
Mo' Better Blues (Mo' Better Blues)
Mona Lisa Smile (Mona Lisa Smile)
Money Train (Money Train)
Moonstruck (Mondsüchtig)
Mr. Deeds (Mr. Deeds)
Mrs. Parker and the Vicious Circle (Mrs. Parker und ihr lasterhafter Kreis)
Music of the Heart (Music of the Heart)
My Favorite Year (Ein Draufgänger in New York)

N

Network (Network)
New Jack City (New Jack City)
New York Minute (Ein verrückter Tag in New York)
New York Storys (New Yorker Geschichten)
Night and the City (Die Nacht von Soho)
Nighthawks (Nachtfalken)
Nine 1/2 Weeks (9 1/2 Wochen)
North By Northwest (Der unsichtbare Dritte)

O

On the Town (Heut gehn wir bummeln)
One Fine Day (Tage wie dieser)
One Night Stand (One Night Stand)

P

Prime (Couchgeflüster)
Private Parts (Private Parts)

Q

Q – The Winged Serpent (American Monster)
Quick Change (Ein verrückt genialer Coup)
Quiz Show (Quiz Show)

R

Radio Days (Radio Days)
Raging Bull (Wie ein wilder Stier)
Ransom (Kopfgeld)
Regarding Henry (In Sachen Henry)
Return to Paradise (Für das Leben eines Freundes)
Rosemary's Baby (Rosemaries Baby)
Rumor Has It (Wo die Liebe hinfällt...)

S

Sabrina (Sabrina)
Scent of a Woman (Der Duft der Frauen)
Sea of Love (Sea of Love – Melodie des Todes)
Serendipity (Weil es Dich gibt)
Serpico (Serpico)
Shaft (Shaft)
She's the One (She's the One)
Single White Female (Weiblich, ledig, jung sucht ...)
Six Degrees of Seperation (Das Leben – ein Sechserpack)
Sky Captain and the World of Tomorrow (Sky Captain and the World of Tomorrow)
Sleepers (Sleepers)
Sleepless in Seattle (Schlaflos in Seattle)
Small Time Crooks (Schmalspurganoven)
Smoke (Smoke)
Soapdish (Lieblingsfeinde – Eine Seifenoper)
Someone Like You (Männerzirkus)
Someone To Watch Over Me (Der Mann im Hintergrund)
Something Wild (Gefährliche Freundin)
Spider-Man (Spiderman)
Spider-Man II (Spiderman 2 – Im Netz des Bösen)
Splash (Splash – Jungfrau am Haken)
State of Grace (Im Vorhof der Hölle)
Strangers On the Train (Der Fremde im Zug)
Summer of Sam (Summer of Sam)
Superman (Superman)
Sweet Home Alabama (Liebe auf Umwegen – Sweet Home Alabama)
Sweet Smell of Success (Dein Schicksal in meiner Hand)

T

Tadpole (Alle lieben Oscar)
Taxi Driver(Taxi Driver)
Taxi(New York Taxi)
That Touch of Mink (Ein Hauch von Nerz)
The Anderson Tapes (Der Anderson-Clan)
The Apartment (Das Appartement)
The Associate (Wer ist Mr. Cutty?)
The Best Man (Hochzeit mit Hindernissen)
The Bonfire of the Vanities (Fegefeuer der Eitelkeiten)
The Cotton Club (Cotton Club)
The Cowboy Way (Machen wir's wie Cowboys)
The Curse of the Jade Scorpion (Im Bann des Jade Skorpions)
The Day After Tomorrow (The Day After Tomorrow)
The Devil's Advocate (Im Auftrag des Teufels)
The Devil's Own (Vertrauter Feind)
The Family Man (Family Man)
The Fan (Der Fanatiker)
The First Wives Club (Der Club der Teufelinnen)
The Fisher King (König der Fischer)
The French Connection (French Connection I)
The Freshman (Freshman)
The Godfather (Der Pate)
The Godfather Part II (Der Pate – Teil 2)
The Godfather Part III (Der Pate – Teil 3)
The Great Gatsby (Der große Gatsby)

The Hard Way (Auf die harte Tour)
The King of Comedy (The King of Comedy)
The Lonely Guy (Ein Single kommt selten allein)
The Manchurian Candidate (Botschafter der Angst)
The Mirror Has Two Faces (Liebe hat zwei Gesichter
The Muppets Take Manhattan (Die Muppets erobern Manhattan)
The Night We Never Met (Die Nacht mit meinem Traummann)
The Object of My Affection (Liebe in jeder Beziehung)
The Out-of-Towners (Eine schlaflose Nacht in New York)
The Paper (Schlagzeilen – Je härter, desto besser)
The Prince of Tides (Herr der Gezeiten)
The Producers (Frühling für Hitler)
The Real Blonde (Echt Blond)
The Secret of My Success (Das Geheimnis meines Erfolges)
The Seven Year Itch (Das verflixte siebente Jahr)
The Siege (Ausnahmezustand)
The Spanish Prisoner (Die unsichtbare Falle)
The Sunshine Boys (Sonny Boys)
The Talented Mr. Ripley (Der Talentierte Mr. Ripley)
The Thomas Crown Affair (Die Thomas Crown Affäre)
They All Laughed (Sie alle haben gelacht)
Three Days of the Condor (Die drei Tage des Condors)
Tootsie (Tootsie)
Topaz (Topas)
True Believer (Das Dreckige Spiel)
Twelve Angry Men (Die zwölf Geschworenen)
Two Weeks Notice (Ein Chef zum Verlieben)

U

U.S. Marshals (Auf der Jagd)
Unfaithful (Untreu)
Unfaithfully Yours (Bitte nicht heut' Nacht)
Uptown Girls (Uptown Girls)

V

Vanilla Sky (Vanilla Sky)

W

Wall Street (Wall Street)
When Harry Met Sally (Harry und Sally)
Wolf (Wolf)
Wolfen (Wolfen)
Working Girl (Die Waffen der Frauen)

XYZ

You've Got Mail (e-m@il für Dich)

Fotonachweis

Alle Fotos Hendrik Sachs, außer

Filmszenen und Plakate: dfd Deutscher Fotodienst GmbH, Hamburg

Fotos und Abbildungen von Seite 1, 248, 252, 253, 279, 291, 294, 297, 300, 304, 306, 326 von fotolia.com

Fotos von Seite 2, 3, 6–12 und 341 von Hemera Technologies Inc.

Die Reiseführer von Reise

Reisehandbücher
Urlaubshandbücher
Reisesachbücher
Edition RKH, Praxis

Afrika, Durch, 2 Bde.
Agadir, Marrakesch, Südmarokko
Ägypten individuell
Ägypten/Niltal
Alaska ⇗ Kanada
Algerische Sahara
Argentinien, Uruguay, Paraguay
Äthiopien
Australien – Auswandern
Australien, Osten und Zentrum
Australien, Westen und Zentrum

Baikal, See u. Region
Bali und Lombok
Bali, die Trauminsel
Bangkok
Botswana
Brasilien
Brasilien kompakt

Cabo Verde
Chicago
Chile, Osterinsel
China Manual
Chinas Osten
Costa Rica
Cuba

Djerba & Zarzis
Dominikanische Republik
Dubai, Emirat

Ecuador, Galápagos
Erste Hilfe unterwegs

Fahrrad-Weltführer
Florida
Fuerteventura

Guatemala

Havanna
Hawaii
Honduras
Hongkong, Macau, Kanton

Indien, der Norden
Indien, der Süden
Iran

Japan
Jemen
Jordanien

Kalifornien und USA Südwesten
Kalifornien, Süden und Zentrum
Kambodscha
Kamerun
Kanada, USA
Kanadas Maritime Provinzen
Kanadas Osten, USA Nordosten
Kanadas Westen, Alaska
Kapstadt – Garden Route (Südafrika)
Kapverdische Inseln
Kenia
Kenia kompakt
Kerala (Indien)
Krügerpark – Kapstadt (Südafrika)

Ladakh, Zanskar
Laos
Lateinamerika BikeBuch
Libyen

Malaysia, Singapur, Brunei
Marokko
Mauritius, La Réunion
Mexiko
Mexiko kompakt
Mongolei
Motorradreisen
Myanmar

Namibia
Namibia kompakt
Neuseeland BikeBuch
New Orleans
New York City
New York im Film

Oman
Outdoor-Praxis

Panama
Peru, Bolivien
Peru kompakt
Phuket (Thailand)

Qatar
Queensland (Australien)

Rajasthan (Indien)

San Francisco
Senegal, Gambia
Singapur
Sri Lanka
St. Lucia, St. Vincent, Grenada
Südafrika
Südafrika: Kapstadt – Garden Route
Südafrika: Krügerpark – Kapstadt
Sydney, Naturparks
Syrien

Taiwan
Tansania, Sansibar
Thailand
Thailand – Tauch- und Strandführer
Thailands Süden
Tokyo, Kyoto, Yokohama
Transsib
Trinidad und Tobago
Tunesien
Türkei, Hotelführer
Türkei: Mittelmeerküste

Uganda, Ruanda
USA, als Gastschüler
USA, Kanada
USA, Canada BikeBuch
USA Nordosten, Kanada Osten
USA, der große Süden
USA Südwesten, Kalif., Baja California
USA, Südwesten, Natur u. Wandern
USA, der ganze Westen

Venezuela
Vereinigte Arabische Emirate
Vietnam

Westafrika – Sahel
Westafrika – Küste
Wo es keinen Arzt gibt

Yucatán (Mexiko)

PANORAMA

Australien
Cuba
Rajasthans Palasthotels
Südafrika
Thailands Bergvölker und Seenomaden
Tibet
Vietnam

Know-How auf einen Blick

Wales
Wangerooge
Warschau
Wien

Zypern, der Süden

Wohnmobil-Tourguides

Kroatien
Provence
Sardinien
Südnorwegen
Südschweden

Edition RKH

Durchgedreht – Sieben Jahre im Sattel
Eine Finca auf Mallorca
Geschichten aus dem anderen Mallorca
Mallorca für Leib und Seele
Rad ab!

Praxis

Aktiv Algarve
Aktiv Andalusien
Aktiv Dalmatien
Aktiv frz. Atlantikküste
Aktiv Gardasee
Aktiv Gran Canaria
Aktiv Istrien
Aktiv Katalonien
Aktiv Polen
Aktiv Slowenien
All inclusive?
Bordbuch Südeuropa
Canyoning
Clever buchen, besser fliegen
Clever kuren
Drogen in Reiseländern
Feste Europas
Fliegen ohne Angst
Frau allein unterwegs
Fun u. Sport im Schnee
Geolog. Erscheinungen
Gesundheitsurlaub in Dtl. Heilthermen
GPS f. Auto, Motorrad
GPS Outdoor-Navigation
Handy global
Höhlen erkunden
Hund, Verreisen mit
Inline Skating
Inline-Skaten Bodensee
Internet für die Reise
Kanu-Handbuch
Kartenlesen
Kommunikation unterw.
Kreuzfahrt-Handbuch
Küstensegeln
Langzeitreisen
Marathon-Guide Deutschland
Mountainbiking
Mushing/ Hundeschlitten
Nordkap Routen
Orientierung mit Kompass und GPS
Paragliding-Handbuch
Pferdetrekking
Radreisen
Reisefotografie
Reisefotografie digital
Reisekochbuch
Reiserecht
Respektvoll reisen
Schutz vor Gewalt und Kriminalität
Schwanger reisen
Selbstdiagnose unterwegs
Sicherheit Meer
Sonne, Wind, Reisewetter
Spaniens Fiestas
Sprachen lernen
Survival-Handbuch Naturkatastrophen
Tauchen Kaltwasser
Tauchen Warmwasser
Trekking-Handbuch
Unterkunft/Mietwagen
Vulkane besteigen
Wandern im Watt
Wann wohin reisen?
Wein-Reiseführer Deutschland
Wein-Reiseführer Italien
Wein-Reiseführer Toskana
Wildnis-Ausrüstung
Wildnis-Backpacking
Wildnis-Küche
Winterwandern
Wohnmobil-Ausrüstung
Wohnmobil-Reisen
Wohnwagen Handbuch
Wracktauchen
Zahnersatz, Reiseziel

KulturSchock

Familienmanagement im Ausland
Finnland
Frankreich
Irland
Leben in fremden Kulturen
Polen
Rumänien
Russland
Spanien
Türkei
Ukraine
Ungarn

Europa

Wo man unsere Reiseliteratur bekommt:
Jede Buchhandlung Deutschlands, der Schweiz, Österreichs und der Benelux-Staaten kann unsere Bücher beziehen. Wer sie dort nicht findet, kann alle Bücher über unsere **Internet-Shops** bestellen.
Auf den Homepages gibt es **Informationen** zu allen Titeln:

www.reise-know-how.de oder **www.reisebuch.de**

Eyke Berghahn, Petrima Thomas, Hans-R. Grundmann

Teneriffa

Der richtige Begleiter für alle, die ihre Reise individuell gestalten und Teneriffa auf eigene Faust entdecken wollen:

- Ausführlichste Ortsbeschreibungen & Ausflugsrouten
- 80 Themenkästen und Essays zu allen Wissensbereichen
- Die schönsten Wanderungen, Picknick- und Zeltplätze
- Alles zu Vulkanismus und Vegetation mit Fachglossaren.
- Vokabular »Essen&Trinken« und »Kanarisches Spanisch«
- Die besten Unterkünfte für jeden Geldbeutel
- Zahlreiche Internetadressen

4. Auflage 1/2008; 620 Seiten 4-farbig, 320 Fotos, 47 Karten und Grafiken **+Inselkarte+Wanderführer (48 S.)**

ISBN 978-3-89662-237-2 · €22,50

Abbildung Auflage 2006

Abbildung Auflage 2007

Daniel Krasa, Hans-R. Grundmann

Ibiza

Der richtige Begleiter für alle, die ihre Reise individuell gestalten und Ibiza auf eigene Faust erleben wollen:

- High Life und Altstadtnostalgie in Ibiza-Stadt
- Lange Sandstrände und verschwiegene Buchten
- Wanderwege durch romantische Berglandschaft
- Geschichte und Kultur, Mandelblüte und Rotwein
- Alles zu Aktivurlaub und Sport, zu Nightlife und Ibiza Sound
- Die besten Quartiere, Restaurants, Kneipen und Discos
- Ausflugsrouten und viele echte »Geheimtipps«

1. Auflage 3/2007; ca. 336 Seiten 4-farbig, ca. 230 Fotos, 27 Karten und Ortsplän, davon 6 Wanderkarten.

ISBN 978-3-89662-185-6 · €17,50

Frank Ostermair, Sandra Roters

Menorca, die unentdeckte Baleareninsel

Mallorcas kleine Schwester Menorca führt als Reiseziel deutschsprachiger Urlauber ein erstaunliches Schattendasein. Dabei verfügt Menorca über viele wunderbare und selten volle Strände unterschiedlichster Charakteristik bei glasklarer Wasserqualität, über zwei veritable Hafenstädte, Fischerdörfer und Orte im Inselinneren mit eigenem mit Mallorca nicht vergleichbaren Gepräge, landschaftliche und kulturelle Kleinode.
Menorcas touristische Infrastruktur ist ausgezeichnet, ebenso die kulinarische Qualität wie Ambiente vieler Restaurants.

1. Auflage 8/2006; 288 Seiten 4-farbig, ca. 180 Fotos, 31 Karten und Ortspläne.

ISBN 3-89662-206-4 · €17,50